2015

中国国际收支报告

China's Balance of Payments Report

国家外汇管理局国际收支分析小组

BOP Analysis Group

State Administration of Foreign Exchange

责任编辑：张翠华
责任校对：刘　明
责任印制：裴　刚

图书在版编目（CIP）数据

2015中国国际收支报告(China's Balance of Payments Report 2015)/国家外汇管理局国际收支分析小组编．—北京：中国金融出版社，2016.8
ISBN 978-7-5049-8343-5

Ⅰ.①2… Ⅱ.①国… Ⅲ.①国际收支—研究报告—中国—2015
Ⅳ.①F812.4

中国版本图书馆CIP数据核字（2016）第161924号

出版
发行　中国金融出版社

社址　北京市丰台区益泽路2号
市场开发部　(010) 63266347，63805472，63439533　（传真）
网上书店　http://www.chinafph.com　(010) 63286832，63365686　（传真）
读者服务部　(010) 66070833，62568380
邮编　100071
经销　新华书店
印刷　天津银博印刷有限公司
尺寸　210毫米×285毫米
印张　13.25
字数　249千
版次　2016年8月第1版
印次　2016年8月第1次印刷
印数　1-2000
定价　80.00元
ISBN 978-7-5049-8343-5/F.7903
如出现印装错误本社负责调换　联系电话：(010) 63263947

国家外汇管理局
国际收支分析小组人员名单

组　　长：潘功胜
副 组 长：邓先宏　方上浦　杨国中
审　　稿：王允贵　杜　鹏　郭　松　张生会　崔汉忠
统　　稿：王春英　方　文　温建东　周　济　贾　宁　韩　健　赵玉超
执　　笔：
第一部分：刘　畅　覃砾頔　高　铮
第二部分：万晓斐　张青青　李玲青　马玉娟　常国栋
第三部分：杨　灿
第四部分：梁　艳　刘　畅
第五部分：管恩杰
专　　栏：高　雅　赵玉超　朱茂莹　张青青　杨　灿　项丹婼

附录整理：覃砾頔　万晓斐

英文翻译：周海文　王　亮　胡　红
英文审校：Nancy Hearst（美国哈佛大学费正清东亚研究中心）

Contributors to This Report

Head
Pan Gongsheng

Deputy Head
Deng Xianhong   Fang Shangpu   Yang Guozhong

Readers
Wang Yungui   Du Peng   Guo Song   Zhang Shenghui   Cui Hanzhong

Editors
Wang Chunying   Fang Wen   Wen Jiandong   Zhou Ji   Jia Ning
Han Jian   Zhao Yuchao

Authors
Part One: Liu Chang   Qin Lijie   Gao Zheng
Part Two: Wan Xiaofei   Zhang Qingqing   Li Lingqing   Ma Yujuan
Chang Guodong
Part Three: Yang Can
Part Four: Liang Yan   Liu Chang
Part Five: Guan Enjie
Boxes: Gao Ya   Zhao Yuchao   Zhu Maoying   Zhang Qingqing
Yang Can   Xiang Danruo
Appendix: Qin Lijie   Wan Xiaofei

Translators: Zhou Haiwen   Wang Liang   Hu Hong

Proofreader: Nancy Hearst (Fairbank Center for East Asian Research,
Harvard University)

内容摘要

2015 年，国际经济形势依然错综复杂，全球经济复苏势头减弱，主要经济体货币政策进一步分化，国际金融市场波动性上升。我国经济运行保持在合理区间，经济结构继续优化，人民币汇率形成机制更加完善，汇率双向浮动弹性进一步增强。

经常账户顺差处于国际公认的合理区间。2015 年顺差规模为 3 306 亿美元，较上年增长 19%，与 GDP 之比为 3.0%，较上年增长 0.3 个百分点。其中，货物贸易顺差与 GDP 之比为 5.2%，上升 1 个百分点，主要受进口价格回落等影响；服务贸易逆差与 GDP 之比为 1.7%，旅行项下逆差较为突出，与国内居民收入提高、境外消费高涨等因素密切相关。

资本和金融账户（不含储备资产，下同）逆差主要体现了境内主体对外投资的增加和对外负债的减少。2015 年逆差规模为 4 853 亿美元，一方面表现为境内主体参与国际经济活动的活跃度上升，直接投资和证券投资资产继续增加并且比 2014 年多增 53% 和 5.8 倍；另一方面，反映了我国企业对外债务的去杠杆化，如其他投资负债项下由 2014 年的净流入转为净流出，但直接投资项下境外资本保持较大规模净流入。此外，跨境资本流动的波动性较大，外汇储备资产第一季度减少、第二季度增加，下半年又转为较快下降，但第四季度降幅较第三季度收窄。

2016 年，预计我国国际收支将继续呈现经常账户顺差、资本和金融账户逆差的格局，跨境资本流动风险依然总体可控。外汇管理部门将处理好便利化与防风险的平衡，既要服务实体经济发展，提升贸易投资便利化，优化外汇管理服务；又要防范跨境资金流动风险，加强统计监测，强化真实性、合规性要求，依法打击外汇违法违规行为。

Abstract

In 2015 the global economy continued to be complicated by the weak recovery, the diversified monetary policy in the major economies, and the surging fluctuations in international financial markets. China continued to grow at a reasonable rate with an improved economic structure. The RMB exchange–rate regime was further improved with more elasticity.

The current account surplus fell into an internationally recognized reasonable range. In 2015 the current account surplus amounted to USD 330.6 billion, up by 19 percent year on year and accounting for 3 percent of GDP, which was an increase of 0.3 percentage point. In particular, the ratio of the surplus of trade in goods to GDP was 5.2 percent, an increase of 1 percentage point year on year due to the drop in import prices. The ratio of the deficit in trade in services to GDP was 1.7 percent, with a major contribution coming from travel, which was related to the growing revenue of domestic residents and the surging overseas consumption.

The deficit in the capital and financial account (excluding reserve assets, including below) reflected an increase in outward investments and a decrease in the external liabilities of domestic entities. In 2015 the deficit was recorded at USD 485.3 billion. On the one hand, this indicated that domestic entities had become more actively involved in international economic activities. Direct investment and portfolio investment assets grew by 53 percent and 5.8 times year on year. On the other hand, the deficit reflected the deleveraging process of the external debt of Chinese enterprises. For instance, liabilities of other investments changed from a net inflow in 2014 to a net outflow in 2015, but foreign direct investments still recorded significant net inflows. In addition, cross–border capital flows frequently fluctuated. Foreign–reserve assets decreased during the first quarter but then increased during the second quarter. In the second half of the year, foreign–reserve assets dropped rapidly and the rate of their decrease during the fourth quarter was more than that in the third quarter.

In 2016 China's balance of payments will continue to record a surplus in the current account and a deficit in the capital and financial account, with limited cross–border capital flow risks. The SAFE will balance facilitation under foreign exchange administration and risk prevention so that foreign exchange administration will serve the real economy by facilitating trade and investment and preventing cross–border capital flow risks by improving monitoring, compliance, and combating illegal activities.

目　录

一、国际收支概况

（一）国际收支运行环境 …… 2
（二）国际收支主要状况 …… 7
（三）国际收支运行评价 …… 12

二、国际收支主要项目分析

（一）货物贸易 …… 20
（二）服务贸易 …… 26
（三）直接投资 …… 30
（四）证券投资 …… 33
（五）其他投资 …… 36

三、国际投资头寸状况

四、外汇市场运行与人民币汇率

（一）人民币汇率走势 …… 48
（二）外汇市场交易 …… 54

五、国际收支形势展望

附　录　统计资料

一、国际收支 …… 137
二、对外贸易 …… 166
三、外汇市场和人民币汇率 …… 179

四、利用外资 …… 187
五、外债 …… 189
六、国际旅游 …… 191
七、世界经济增长状况 …… 192
八、国际金融市场状况 …… 194

专栏

专栏 1　全球因素影响下新兴经济体分化日益显著 …… 5
专栏 2　从长期看我国国际收支结构的变迁 …… 15
专栏 3　全球贸易艰难“过冬” …… 23
专栏 4　2015 年我国居民境外刷卡支出分析 …… 28
专栏 5　我国企业境外上市市值突破 6 000 亿美元 …… 34
专栏 6　2015 年外债总规模下降，对外偿付风险减小 …… 37
专栏 7　我国银行业对外资产负债情况分析 …… 44

图

图 1-1　2007-2015 年主要经济体经济增长率 …… 2
图 1-2　2007 年以来国际金融市场利率和货币波动率水平 …… 3
图 1-3　2012 年以来全球股票、债券和商品市场价格 …… 4
图 1-4　2008-2015 年我国季度 GDP 和月度 CPI 增长率 …… 4
图 C1-1　2015 年主要新兴经济体货币对美元汇率变动幅度 …… 6
图 1-5　2001-2015 年经常账户主要子项目的收支状况 …… 8
图 1-6　2001-2015 年资本和金融账户主要子项目的收支状况 …… 8
图 1-7　2001-2015 年外汇储备资产变动额 …… 9
图 1-8　1990-2015 年经常账户差额与 GDP 之比及其结构 …… 12
图 1-9　2005-2015 年我国资本和金融账户差额及外汇储备变动 …… 13
图 1-10　2015 年我国跨境资本流动的结构分析 …… 14
图 1-11　2005-2015 年非储备性质的金融账户资本流动情况 …… 14
图 1-12　2015 年末主要国家 / 地区储备余额 …… 15
图 C2-1　对外资产积累中的持有主体 …… 17
图 C2-2　对外资产积累的主要资金来源 …… 17

图 2-1　2001-2015 年我国进出口差额与外贸依存度 …………… 20
图 2-2　进出口差额同比变动中的数量与价格因素 ……………… 21
图 2-3　2000-2015 年我国按贸易方式货物贸易差额构成 ……… 21
图 2-4　2000-2015 年我国按贸易主体货物贸易差额构成 ……… 22
图 2-5　2002-2015 年我国出口商品在发达经济体市场份额变动… 22
图 C3-1　世界出口按规模和价格因素分解 ………………………… 23
图 C3-2　贸易对经济增长的弹性 …………………………………… 24
图 2-6　2004-2015 年货物贸易和服务贸易收支总额比较 ……… 26
图 2-7　2004-2015 年服务贸易收支情况 ………………………… 27
图 2-8　2009-2015 年旅行逆差对服务贸易逆差贡献度 ………… 28
图 C4-1　2015 年我国居民境外刷卡支出交易类型分布图 ……… 29
图 2-9　2000-2015 年直接投资基本情况 ………………………… 30
图 2-10　2000-2015 年直接投资资产状况……………………… 31
图 2-11　2015 年我国非金融部门直接投资资产的分布情况
（按投资目的地、国内行业划分）………………………… 32
图 2-12　2000-2015 年直接投资负债状况……………………… 33
图 2-13　2000-2015 年跨境证券投资净额……………………… 34
图 C5-1　境外上市各行业企业家数（左）及分行业市值占比概况… 35
图 2-14　2000-2015 年其他投资净额…………………………… 37
图 3-1　2004-2015 年末对外金融资产、负债及净资产状况 …… 40
图 3-2　2004-2015 年末我国对外资产结构变化 ……………… 41
图 3-3　2004-2015 年末我国对外负债结构变化 ……………… 42
图 3-4　2005-2015 年我国对外资产负债收益率 ……………… 44
图 C7-1　2015 年第三季度末世界主要国家 / 地区银行业对外资产
负债规模 ………………………………………………… 46
图 4-1　2015 年境内外人民币对美元即期汇率走势…………… 48
图 4-2　2015 年全球主要发达和新兴市场货币对美元双边汇率
变动 ……………………………………………………… 49
图 4-3　1994-2015 年人民币有效汇率走势 …………………… 49
图 4-4　2015 年全球主要发达和新兴市场货币有效汇率变动…… 50
图 4-5　2015 年银行间外汇市场人民币对美元即期交易价波动
情况 ……………………………………………………… 50
图 4-6　境内外市场人民币对美元汇率 1 年期波动率 ………… 51

图 4-7　2015 年境内外人民币对美元汇率价差 ······ 52
图 4-8　境内外人民币对美元即期汇率价差 ······ 52
图 4-9　2013 年以来境内外市场 1 年期人民币对美元汇率 ······ 53
图 4-10　2013 年以来境内人民币与美元利差（6 个月期限）······ 53
图 4-11　中国外汇市场交易量 ······ 54
图 4-12　中国与全球外汇市场的交易产品构成比较 ······ 55
图 4-13　2012-2015 年银行对客户远期结售汇交易量 ······ 55
图 4-14　2015 年银行对客户远期结售汇的交易期限结构 ······ 56
图 4-15　2006-2015 年中国外汇市场的参与者结构 ······ 58

表

表 1-1　2010-2015 年中国国际收支顺差结构 ······ 7
表 1-2　2015 年中国国际收支平衡表 ······ 10
表 3-1　2015 年末中国国际投资头寸表 ······ 42
表 C7-1　2015 年 12 月末我国银行业对外资产负债结构表 ······ 45
表 4-1　2015 年人民币外汇市场交易概况 ······ 56

Content

I. Overview of the Balance of Payments

(I) The Balance of Payments Environment ········ 62
(II) The Main Characteristics of the Balance of Payments ········ 67
(III) Evaluation of the Balance of Payments ········ 73

II. Analysis of the Major Items in the Balance of Payments

(I) Trade in Goods ········ 84
(II) Trade in Services ········ 90
(III) Direct Investments ········ 96
(IV) Portfolio Investments ········ 99
(V) Other Investments ········ 103

III. International Investment Position

IV. Operation of the Foreign Exchange Market and the RMB Exchange Rate

(I) Trends in the RMB Exchange Rate ········ 118
(II) Transactions in the Foreign Exchange Market ········ 125

V. BOP Outlook

Appendix Statistics

I. Balance of Payments ········ 137
II. Foreign Trade ········ 166

Ⅲ. Foreign Exchange Market and Exchange Rate of RMB …… 179
Ⅳ. Foreign Investment Utilization …… 187
Ⅴ. External Debt …… 189
Ⅵ. International Tourism …… 191
VII. Growth of World Economy …… 192
VIII. International Financial Market …… 194

Boxes

Box 1 Diversified trends become more significant in the emerging economies due to global factors …… 65
Box 2 The evolution of China's BOP structure over the long term …… 78
Box 3 Global trade in the winter …… 87
Box 4 Overseas card-swiping consumption by Chinese residents in 2015 …… 93
Box 5 The market value of shares listed abroad by Chinese enterprises exceeded USD 600 billion …… 101
Box 6 A decrease in the external debt in 2015 with a lower risk of debt payments …… 105
Box 7 The external assets and liabilities of China's banking sector …… 113

Charts

Chart 1-1 Growth rates of the major economies, 2007-2015 …… 62
Chart 1-2 Interest rates and monetary volatility in international financial markets, 2007-2015 …… 63
Chart 1-3 Indices of stocks, bonds, and goods markets, 2012-2015 …… 64
Chart 1-4 Growth rates of the quarterly GDP and the monthly CPI, 2008-2015 …… 65
Chart C1-1 Changes in the exchange rates of the major emerging economies …… 66
Chart 1-5 Major items under the current account, 2001-2015 …… 68

Chart 1–6 Major items under the capital and financial account , 2001–2015 ··· 70
Chart 1–7 The foreign reserve position and growth , 2001–2015 ·················· 70
Chart 1–8 The ratio of the current account balance to GDP and its composition , 1990–2015 ·· 74
Chart 1–9 The balance in the capital and financial account and foreign reserve assets, 2005–2015 ·· 75
Chart 1–10 The structure of cross–border capital flows in 2015 ················· 76
Chart 1–11 Capital flows under the financial account, 2005–2015(excluding reserve assets)··· 76
Chart 1–12 The reserve assets of the major countries and regions at the end of 2015 ·· 77
Chart C2–1 Major holders of external assets ····································· 79
Chart C2–2 Major sources of the accumulation of external assets ················· 80
Chart 2–1 Foreign trade balance and dependence, 2001–2015······················ 84
Chart 2–2 The quantities and price factors impacting the trade balance ········· 85
Chart 2–3 Composition of trade in terms of trade patterns, 2000–2015············ 86
Chart 2–4 Composition of trade in goods in terms of trade participants, 2000–2015 ·· 86
Chart 2–5 Market shares in the advanced economies, 2002–2015 ·················· 87
Chart C3–1 World exports decomposed by the volume and price factors ········· 88
Chart C3–2 The elasticity of trade to economic growth ··························· 89
Chart 2–6 Trade in goods and trade in services, 2004–2015························ 91
Chart 2–7 Trade in services, 2004–2015 ··· 92
Chart 2–8 Contribution of travel to the deficit in trade in services, 2009–2015··· 93
Chart C4–1 Overseascard–swiping consumption by Chinese residents, by type of transaction ··· 94
Chart 2–9 The balance of direct investments, 2000–2015·························· 96
Chart 2–10 Direct investment assets, 2000–2015 ·································· 97
Chart 2–11 The distribution of outward direct investments by the nonfinancial sector in 2015 (in terms of industries and destinations) ·············· 98

Chart 2–12 Direct investment liabilities, 2000–2015 ······ 99
Chart 2–13 Net portfolio investments, 2000–2015 ······ 100
Chart C5–1 An overview of enterprises listed abroad, by number grouped and by industry (LHS) and by market value and grouped by industry ······ 102
Chart 2–14 Net other investments, 2000–2015 ······ 104
Chart 3–1 External assets, liabilities, and net assets, 2004–2015 ······ 108
Chart 3–2 Structural changes in external assets, 2004–2015 ······ 109
Chart 3–3 Structural changes in external liabilities, 2004–2015 ······ 110
Chart 3–4 The yields of external assets and liabilities, 2005–2015 ······ 111
Chart C7–1 External assets and liabilities of banks in major countries and areas in the third quarter 2015 ······ 115
Chart 4–1 Trends in the spot RMB exchange rate against the USD in domestic and offshore markets, 2015 ······ 118
Chart 4–2 Changes in the exchange rates of the major developed economies and the emerging markets against the USD, 2015 ······ 119
Chart 4–3 Trends in the RMB effective exchange rate, 1994–2015 ······ 119
Chart 4–4 Changes in the effective exchange rates of the major developed economies and the emerging markets, 2015 ······ 120
Chart 4–5 The volatility of the spot RMB exchange rate against the USD in the inter–bank foreign exchange market, 2015 ······ 121
Chart 4–6 The volatility of the 1–year RMB exchange rates against the USD in the domestic and offshore markets ······ 122
Chart 4–7 Spread of the RMB exchange rates against the USD in the domestic and offshore markets, 2015 ······ 123
Chart 4–8 Spread of the spot RMB exchange rates against the USD in the domestic and offshore markets ······ 123
Chart 4–9 The 1–year RMB exchange rate against the USD in the domestic and offshore markets, 2003–2015 ······ 124
Chart 4–10 The 6–month interest–rate spread of the domestic RMB and the USD, 2003–2015 ······ 124

Chart 4-11 Trading volume in China's foreign-exchange market …………… 125
Chart 4-12 A comparison of the structure of products in the domestic and global foreign exchange markets …………………………………… 126
Chart 4-13 The trading volume of forward foreign exchange transactions in the client market, 2012-2015 …………………………………… 127
Chart 4-14 The term structure of forward transactions of foreign exchange purchases and sales in the client market, 2015 ………………… 127
Chart 4-15 The structure of participants in China's foreign exchange markets, 2006-2015 ……………………………………………… 129

Tables

Table 1-1 The structure of the BOP surplus, 2010-2015 ……………………… 67
Table 1-2 Balance of payments of 2015 ……………………………………… 71
Table 3-1 China's international investment position at end-December 2015 …… 112
Table C7-1 The structure of external assets and liabilities of China's banking sector at end-December 2015 …………………………………… 114
Table 4-1 Transactions in the RMB/foreign exchange market, 2015 ………… 128

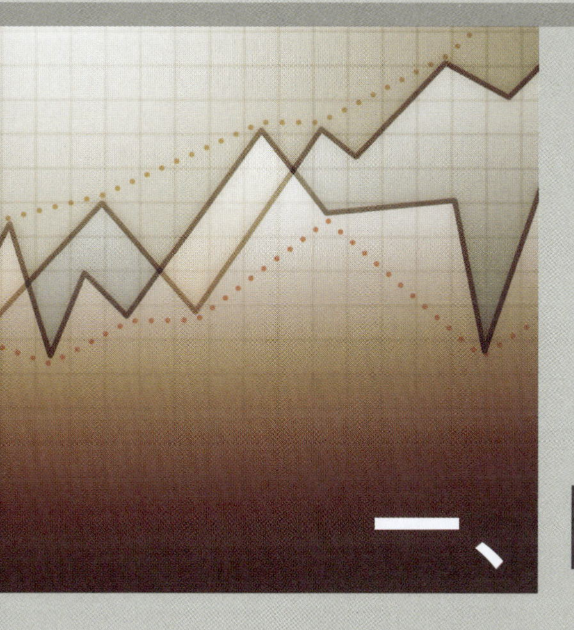

一、国际收支概况

（一）国际收支运行环境

2015 年，我国国际收支面临的国内外经济金融环境错综复杂：世界经济和全球贸易增速放缓，国际金融市场震荡加剧，主要经济体货币政策进一步分化；国内经济在合理区间内运行，但经济发展和结构调整仍面临不少挑战。

世界经济总体复苏势头减弱。美国经济温和复苏，第二季度以来制造业和服务业保持扩张势头，消费增速回升，房地产市场回暖。欧元区经济回归复苏轨道，劳动力市场持续改善，但通胀水平仍然处于低位，欧洲移民潮和巴黎恐怖袭击对欧元区经济也构成一定负面影响。日本经济波动较大，私人消费和净出口大幅萎缩，存在通胀下行压力，经济复苏仍较乏力。新兴经济体增长动能总体减弱，受大宗商品价格持续低迷、美联储加息预期背景下的国际资本流动逆转、地缘政治冲击等因素的影响，部分国家经济甚至出现负增长（见图 1-1）。

全球货币政策进一步分化。2014 年 10 月，美联储结束第三轮量化宽松货币政策后，在美国经济总体复苏背景下，美联储加息问题成为全球焦点。2015 年 12 月，美联储正式启动加息，联邦基金利率目标区间从 0–0.25% 上调 25 个基点至 0.25%–0.5%。欧洲央行多措并举加大宽松力度，扩大资产购买计划规模和范围，12 月下调

图 1-1

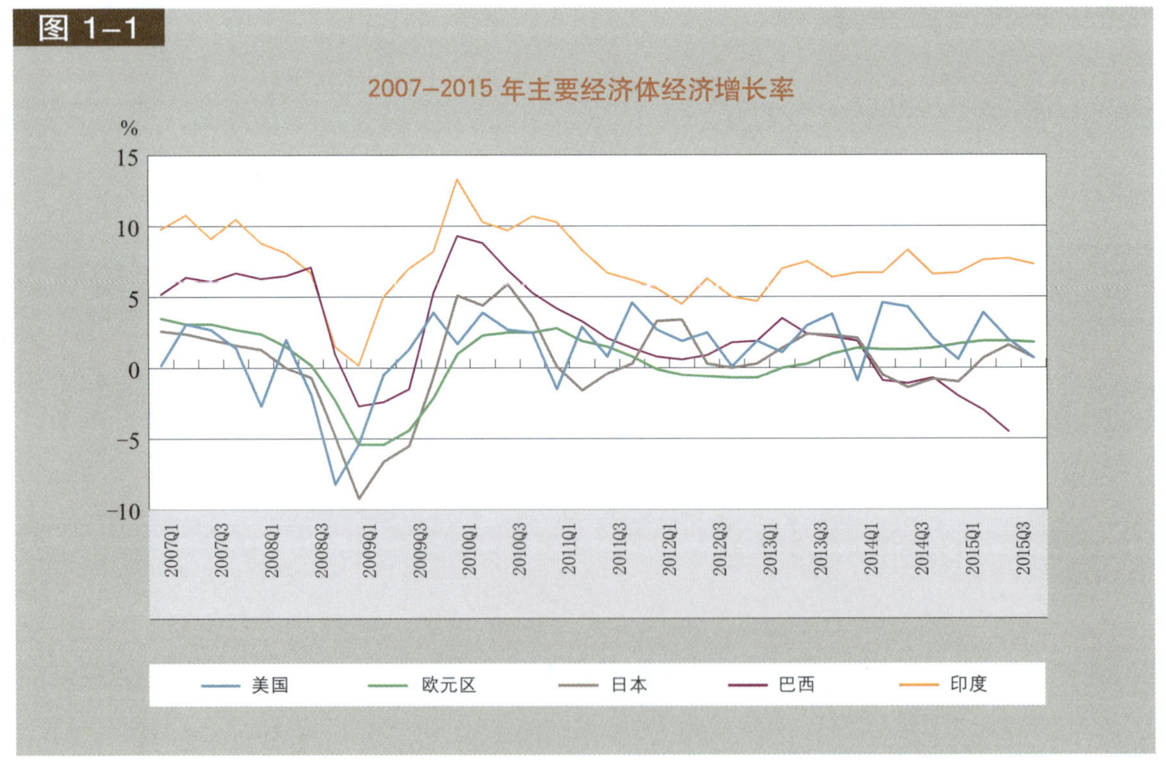

注：美国数据为季度环比折年率，其他经济体数据为季度同比。
数据来源：环亚经济数据库，彭博资讯。

存款便利利率 10 个基点至 -0.3%。日本继续实施“量化和质化宽松货币政策”，维持基础货币年扩张规模为 80 万亿日元。新兴经济体货币政策出现分化，俄罗斯、印度为提振经济和缓解外部冲击，连续下调政策利率；巴西、南非则收紧货币政策，以应对国内通胀压力和美联储加息带来的冲击。

国际金融市场波动性明显上升。2015 年，全球经济复苏前景不明，前期过度宽松货币政策的“后遗症”显现，诱发国际金融市场频繁大幅震荡。受强势美元和美联储加息预期影响，多数经济体货币对美元出现不同程度的贬值，新兴经济体货币对美元普遍大幅贬值，2015 年 JP Morgan 新兴市场货币指数（EMCI）下跌 15.6%，阿根廷、哈萨克斯坦等国家因调整汇率政策，其本币对美元汇率贬值幅度均超过 30%。发达经济体和新兴经济体国债收益率波动加剧，全球股市大幅震荡，大宗商品价格持续低迷，2015 年道琼斯工业平均指数下跌 2.2%，标普 500 指数下跌 0.7%，S&P GSCI 商品价格指数下跌 32.9%（见图 1-2 和图 1-3）。

国内经济运行保持在合理区间。2015 年，我国经济总体运行平稳，国内生产总值（GDP）达到 67.7 万亿元，增长 6.9%，居民消费价格指数（CPI）上涨 1.4%，就业形势基本稳定。经济虽然由高速增长转为中高速增长，但在世界范围内仍属较高水平（见图 1-4）。经济增长的结构和质量不断改善，服务业在国内生产总值中的比

图 1-2

2007 年以来国际金融市场利率和货币波动率水平

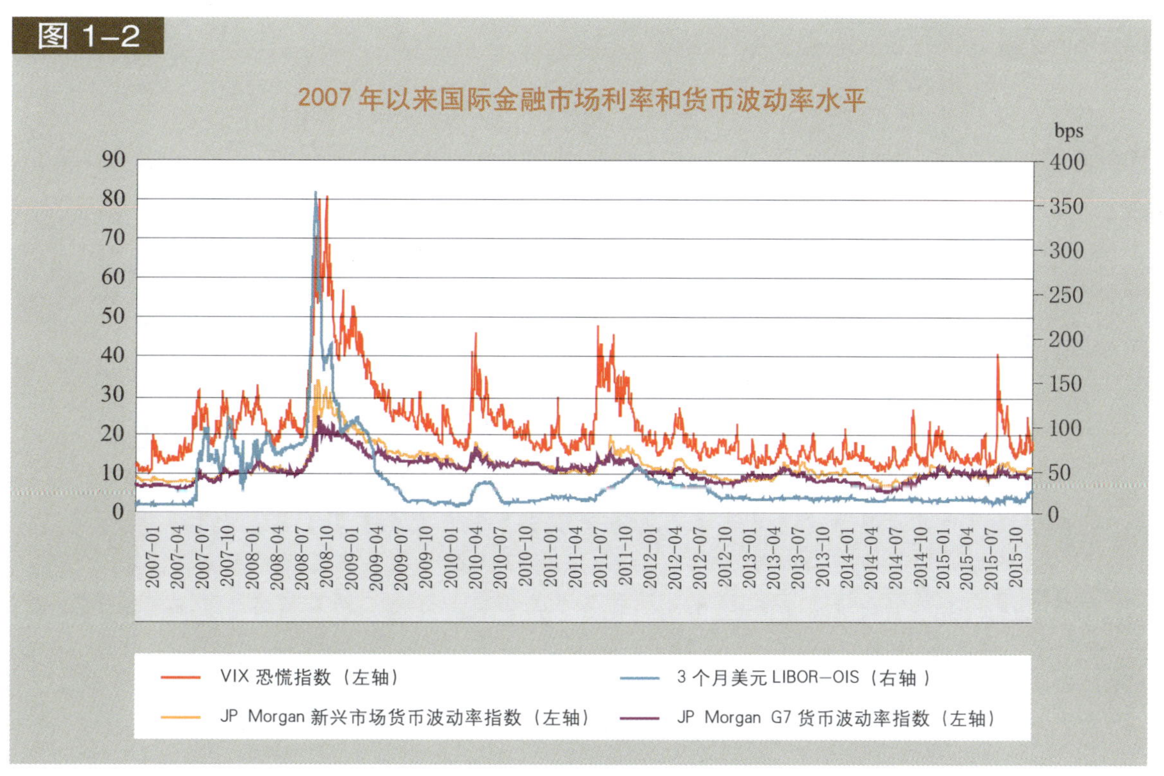

数据来源：彭博资讯。

图 1-3

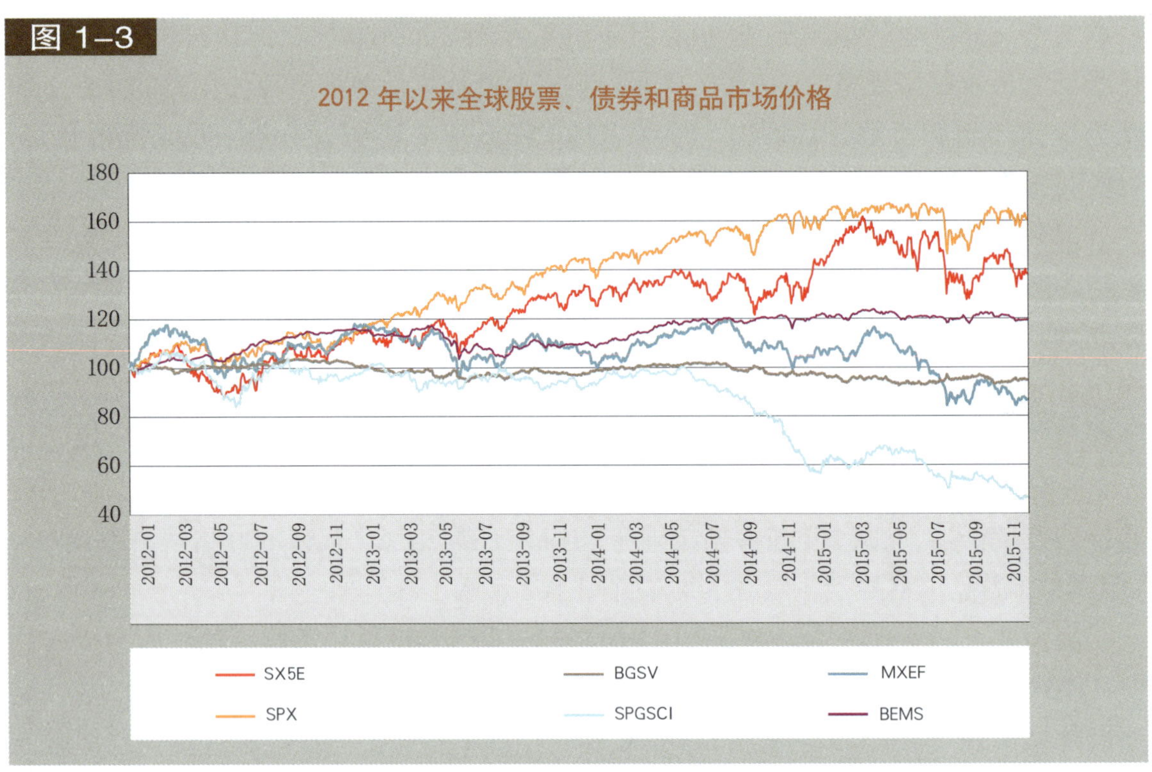

注：BEMS 和 BGSV 分别为彭博新兴市场和发达国家主权债券指数，MXEF 为 MSCI 新兴市场股指，SPX 为美国标准普尔 500 股指，SX5E 为欧元区斯托克 50 股指，SPGSCI 为标准普尔 GSCI 商品价格指数，均以 2012 年初值为 100。

数据来源：彭博资讯。

图 1-4

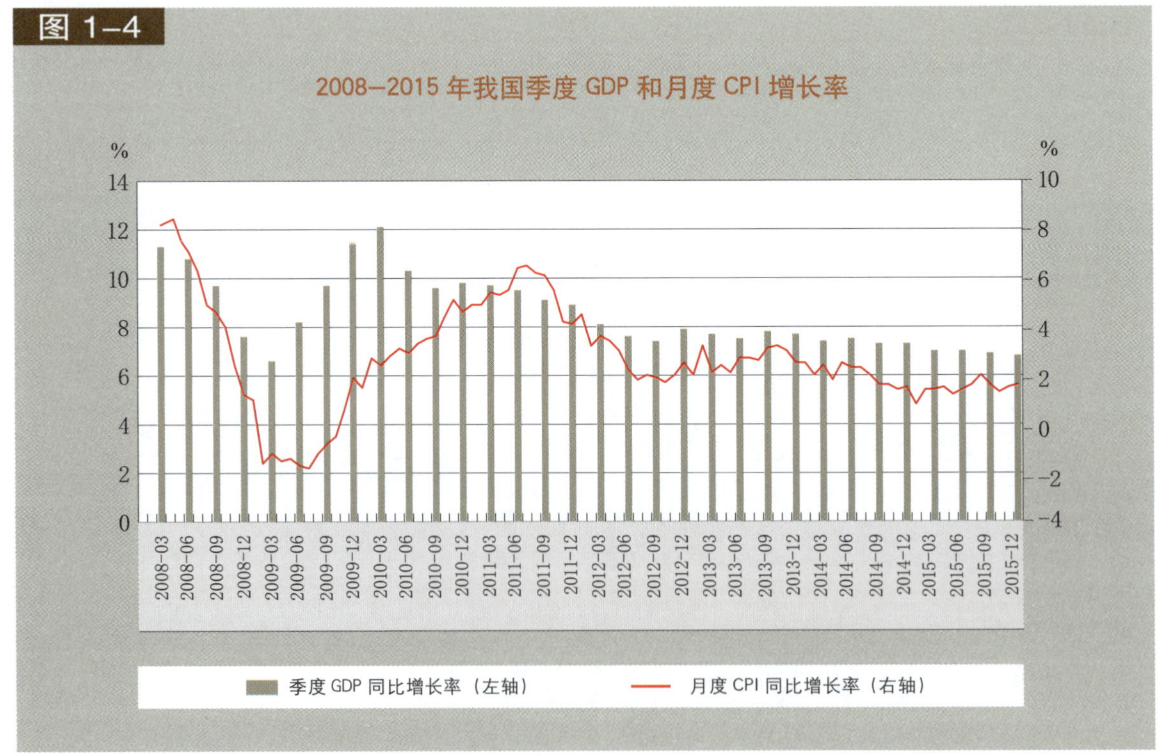

数据来源：国家统计局。

重上升到50.5%，消费对经济增长的贡献率达到66.4%，新兴产业、新兴业态和新商业模式蓬勃发展。2015年，我国继续实施稳健的货币政策，加强预调微调，综合运用各种工具，保持银行体系流动性合理充裕，引导金融机构将更多信贷资源配置到实体经济，特别是国民经济重点领域和薄弱环节。但是，结构性产能过剩、企业成本增加、债务水平继续上升、金融领域风险暴露等问题仍给国内经济带来较大的下行压力。

专栏 1

全球因素影响下新兴经济体分化日益显著

2015年，由于全球因素的影响不均和各国应对能力的差异，新兴经济体之间的分化日益明显。

整体经济增速呈下滑趋势，国别之间分化显著[①]。根据国际货币基金组织的最新估计，新兴经济体和发展中国家的经济增速从2014年的4.6%下降至2015年的4.0%，但各国情况差异较大。2015年，俄罗斯和巴西经济增速分别降至-3.7%和-3.8%；南非小幅降至1.3%；印度经济增速基本持稳于7.3%；波兰和墨西哥则保持了温和增长，经济增速分别升至3.5%和2.5%。

总体通胀温和，绝对水平差异较大。2015年12月，大部分国家通胀率较2014年同期有所下降。从绝对水平来看，俄罗斯和巴西通胀率分别高达12.9%和10.7%，其他主要新兴经济体通胀率均处于较低水平，韩国通胀率尽管小幅回升，但仍保持在1.3%的较低水平，波兰和泰国则持续通缩。

货币对美元贬值，但幅度不一。美联储升息使全球货币环境收紧，美元走强，新兴经济体货币普遍对美元贬值（见图C1-1）。2015年，巴西雷亚尔对美元贬值幅度高达33%，南非兰特对美元贬值25%，俄罗斯卢布、马来西亚林吉特和土耳其里拉贬值幅度也在20%左右。其他货币中，韩元、新加坡元和印度卢比贬值幅度较为温和，处于4%-7%之间。

货币政策以宽松为主，个别国家被动加息。由于经济增长面临外需放缓、全球金融条件收紧的挑战，通胀又较为温和，多数国家的央行选择减息

① 各经济体2015年经济增长数据来自国际货币基金组织《世界经济展望》。

图 C1-1

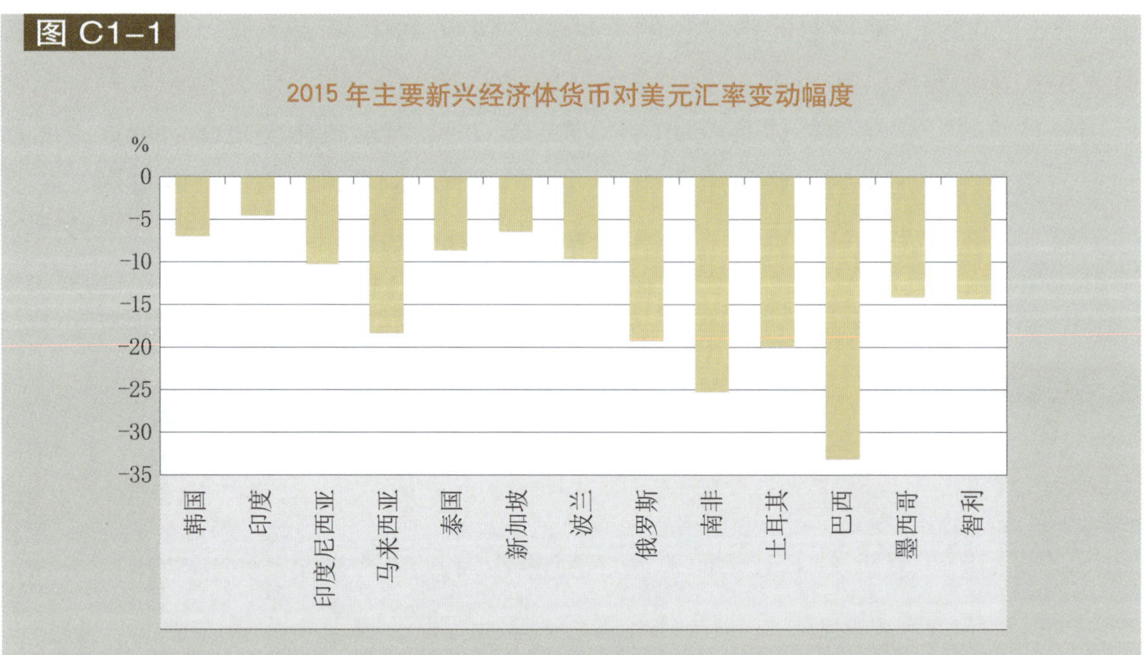

数据来源：彭博资讯。

以支持经济发展，韩国、波兰等国央行在利率已降至历史低位的情况下继续减息；巴西则迫于货币贬值和通胀压力而不得不大幅加息，2015 年加息 5 次，共 250 个基点；基于通胀和宏观审慎的考虑，南非央行年内升息两次，墨西哥央行升息 1 次。

全球和国别因素叠加导致新兴经济体整体偏弱、国别分化的局面。一是全球经济环境使原有发展模式受到挑战，新兴经济体整体潜在增速结构性放缓，导致经济总体偏弱。二是石油和大宗商品价格下跌，石油生产国和消费国之间在经济增长、汇率和通胀方面出现分化。三是由于主要国家增长趋势分化和全球需求格局变化，各新兴经济体出口贸易所受影响不一。四是政策空间差异促成了货币政策取向的分化。各国央行在经济增长、物价和汇率（资本流动）之间艰难权衡，通胀压力不大的国家一般选择让汇率发挥一定的缓冲稳定器作用，并放松货币政策，支持经济增长；但资本流出、货币大幅贬值一旦威胁本国金融体系或通胀前景，央行则不得不放弃对增长的关注，转而收紧货币政策。

（二）国际收支主要状况

2015 年，经常账户顺差 3 306 亿美元，较上年增长 19%；资本和金融账户（不含储备资产，下同）逆差 4 853 亿美元，2014 年为逆差 514 亿美元（见表 1–1）。

表 1–1 2010–2015 年中国国际收支顺差结构

单位：亿美元

项 目	2010 年	2011 年	2012 年	2013 年	2014 年	2015 年
国际收支总差额	5 247	4 016	1 836	4 943	2 260	–1 547
经常账户差额	2 378	1 361	2 154	1 482	2 774	3 306
占国际收支总差额比重	45%	34%	117%	30%	123%	–214%
与 GDP 之比	3.9%	1.8%	2.5%	1.6%	2.7%	3.0%
资本和金融账户差额	2 869	2 655	–318	3 461	–514	–4 853
占国际收支总差额比重	55%	66%	–17%	70%	–23%	314%
与 GDP 之比	4.7%	3.5%	–0.4%	3.6%	–0.5%	–4.5%

数据来源：国家外汇管理局，国家统计局。

货物贸易顺差增长较快。按国际收支统计口径①，2015 年，我国货物贸易出口 21 428 亿美元，进口 15 758 亿美元，分别较上年下降 5% 和 13%；顺差 5 670 亿美元，增长 30%（见图 1–5）。

服务贸易逆差继续扩大。2015 年，服务贸易收入 2 865 亿美元，较上年增长 2%；支出 4 689 亿美元，增长 4%；逆差 1 824 亿美元，扩大 6%，其中运输项目逆差收窄 36%，旅行项目逆差延续扩大态势，增长 38%（见图 1–5）。

初次收入②转为逆差。2015 年，初次收入项下收入 2 278 亿美元，较上年下降 5%；支出 2 732 亿美元，增长 21%；逆差 454 亿美元，2014 年为顺差 133 亿美元。其中，雇员报酬顺差 274 亿美元，增长 6%。投资收益逆差 734 亿美元，扩大 4.9 倍（见图 1–5），其中，我国对外投资的收益为 1 939 亿美元，微降 7%；外国来华投资利润利息、股息红利等支出 2 673 亿美元，增长 20%。

二次收入呈现逆差。2015 年，二次收入项下收入 359 亿美元，较上年下降 13%；支出 446 亿美元，增长 12%；逆差 87 亿美元，2014 年为顺差 14 亿美元（见

---

① 本口径与海关口径的主要差异在于：一是国际收支中的货物只记录所有权发生了转移的货物（如一般贸易、进料加工贸易等贸易方式的货物），所有权未发生转移的货物（如来料加工或出料加工贸易）不纳入货物统计，而纳入服务贸易统计；二是计价方面，国际收支统计要求进出口货值均按离岸价格记录，海关出口货值为离岸价格，但进口货值为到岸价格，因此国际收支统计从海关进口货值中调出国际运保费支出，并纳入服务贸易统计；三是补充部分进出口退运等数据；四是补充了海关未统计的转手买卖下的货物净出口数据。

② 国际货币基金组织《国际收支和国际投资头寸手册》（第六版）将经常项下的“收益”名称改为“初次收入”，将“经常转移”名称改为“二次收入”。

图 1-5

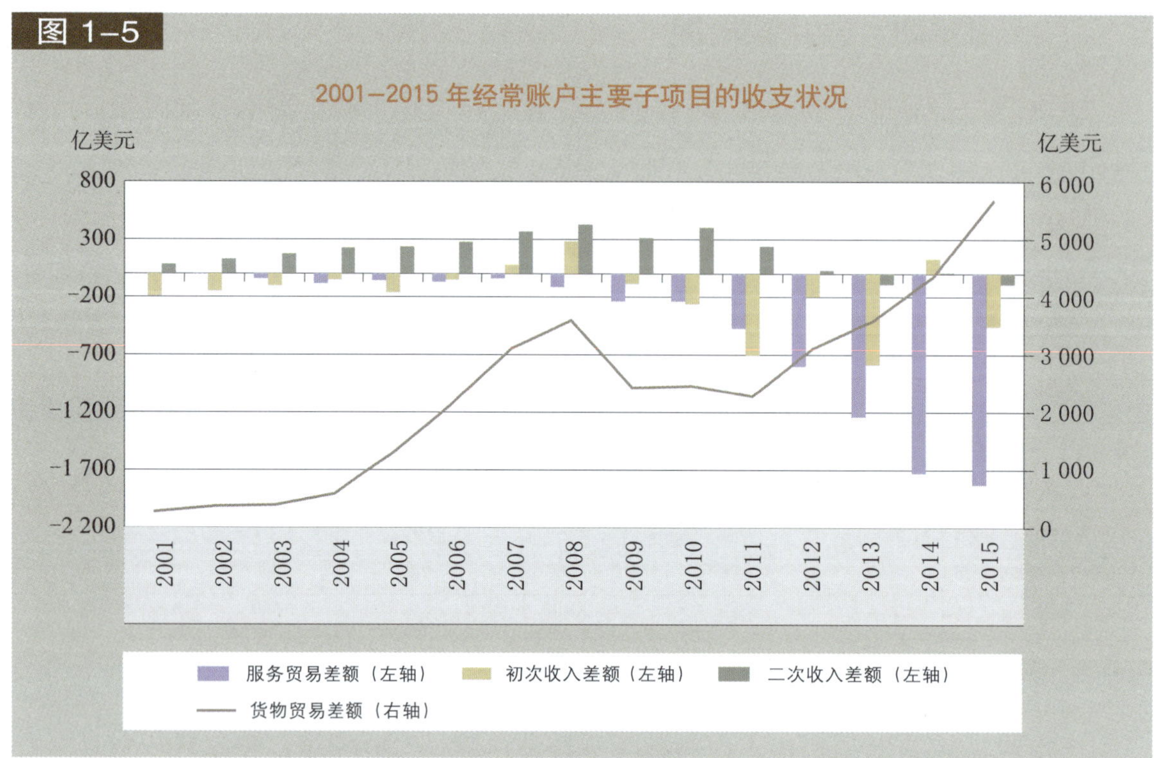

数据来源：国家外汇管理局。

图 1-6

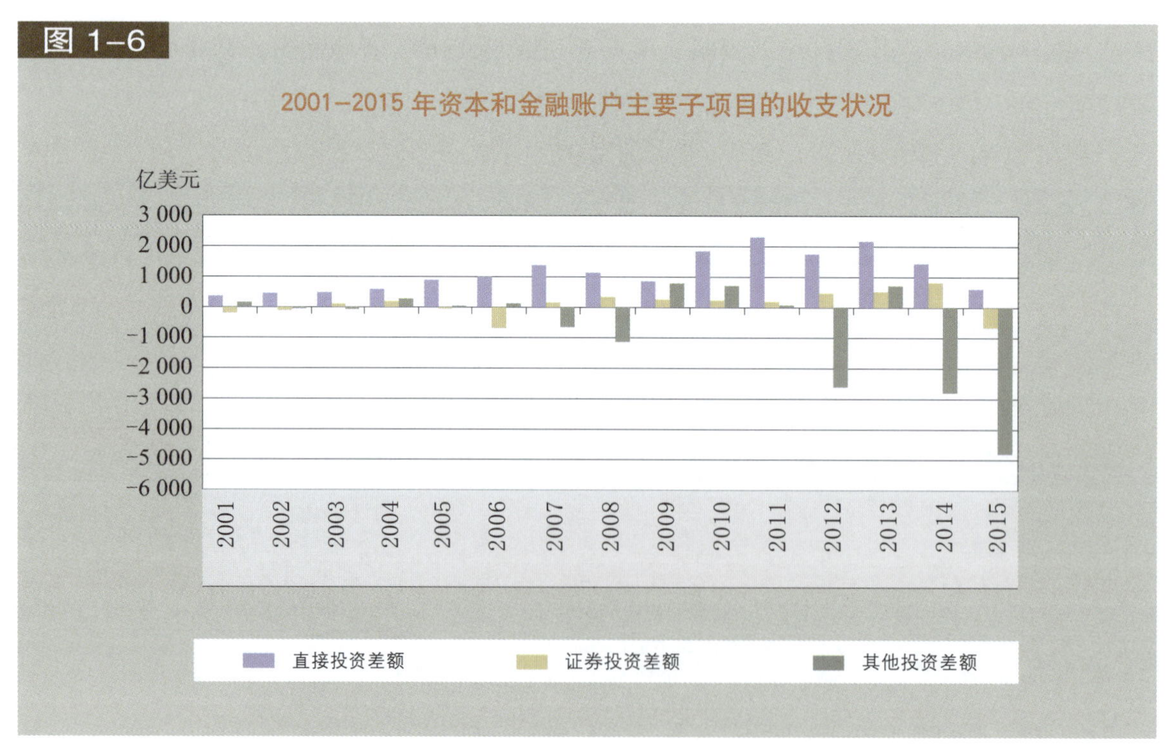

数据来源：国家外汇管理局。

图 1–5）。

直接投资继续表现为顺差。按国际收支统计口径，2015 年，直接投资[①]顺差 621 亿美元，较上年下降 57%（见图 1–6）。其中，直接投资资产净增加 1 878 亿美元，较上年多增 53%，是直接投资顺差下降的主因；直接投资负债净增加 2 499 亿美元，较上年少增 7%。

证券投资转为逆差。2015 年，证券投资为逆差 665 亿美元，2014 年为顺差 824 亿美元（见图 1–6）。其中，我国对外证券投资净流出 732 亿美元，较上年增长 5.8 倍；境外对我国证券投资净流入 67 亿美元，下降 93%。

其他投资逆差大幅扩大。2015 年，其他投资为逆差 4 791 亿美元，较上年增长 72%（见图 1–6）。其中，我国对外的贷款、贸易信贷和资金存放等资产净增加 1 276 亿美元，下降 61%；境外对我国的贷款、贸易信贷和资金存放等负债净减少 3 515 亿美元，2014 年为净增加 502 亿美元。

储备资产有所下降。2015 年，我国储备资产（剔除汇率、价格等非交易价值变动影响，下同）减少 3 429 亿美元。其中，外汇储备资产减少 3 423 亿美元（见图 1–7），2014 年为增加 1 188 亿美元。截至 2015 年末，我国外汇储备余额 33 304 亿美元，较上年末下降 5 127 亿美元。

图 1–7

数据来源：国家外汇管理局。

① 本口径与商务部公布的数据主要差异在于，国际收支统计中还包括了外商投资企业的未分配利润、已分配未汇出利润、盈余公积、股东贷款、金融机构吸收外资、非居民购买不动产等内容。

表 1–2　2015 年中国国际收支平衡表

单位：亿美元

项　　目	行次	2015
1. 经常账户	1	3 306
贷方	2	26 930
借方	3	−23 624
1. A 货物和服务	4	3 846
贷方	5	24 293
借方	6	−20 447
1.A.a 货物	7	5 670
贷方	8	21 428
借方	9	−15 758
1.A.b 服务	10	−1 824
贷方	11	2 865
借方	12	−4 689
1.A.b.1 加工服务	13	203
贷方	14	204
借方	15	−2
1.A.b.2 维护和维修服务	16	23
贷方	17	36
借方	18	−13
1.A.b.3 运输	19	−370
贷方	20	386
借方	21	−756
1.A.b.4 旅行	22	−1 781
贷方	23	1 141
借方	24	−2 922
1.A.b.5 建设	25	65
贷方	26	167
借方	27	−102
1.A.b.6 保险和养老金服务	28	−44
贷方	29	50
借方	30	−93
1.A.b.7 金融服务	31	−3
贷方	32	23
借方	33	−26
1.A.b.8 知识产权使用费	34	−209
贷方	35	11
借方	36	−220
1.A.b.9 电信、计算机和信息服务	37	131
贷方	38	245
借方	39	−114
1.A.b.10 其他商业服务	40	189
贷方	41	584
借方	42	−395
1.A.b.11 个人、文化和娱乐服务	43	−12
贷方	44	7
借方	45	−19
1.A.b.12 别处未提及的政府服务	46	−15
贷方	47	11
借方	48	−26
1.B 初次收入	49	−454
贷方	50	2 278
借方	51	−2 732
1.B.1 雇员报酬	52	274
贷方	53	331
借方	54	−57
1.B.2 投资收益	55	−734
贷方	56	1 939
借方	57	−2 673
1.B.3 其他初次收入	58	7
贷方	59	8

续表

项　　目	行次	2015
借方	60	−2
1.C 二次收入	61	−87
贷方	62	359
借方	63	−446
2. 资本和金融账户	64	−1 424
2.1 资本账户	65	3
贷方	66	5
借方	67	−2
2.2 金融账户	68	−1 427
资产	69	−491
负债	70	−936
2.2.1 非储备性质的金融账户	71	−4 856
资产	72	−3 920
负债	73	−936
2.2.1.1 直接投资	74	621
2.2.1.1.1 直接投资资产	75	−1 878
2.2.1.1.1.1 股权	76	−1 452
2.2.1.1.1.2 关联企业债务	77	−426
2.2.1.1.2 直接投资负债	78	2 499
2.2.1.1.2.1 股权	79	2 196
2.2.1.1.2.2 关联企业债务	80	302
2.2.1.2 证券投资	81	−665
2.2.1.2.1 资产	82	−732
2.2.1.2.1.1 股权	83	−397
2.2.1.2.1.2 债券	84	−335
2.2.1.2.2 负债	85	67
2.2.1.2.2.1 股权	86	150
2.2.1.2.2.2 债券	87	−82
2.2.1.3 金融衍生工具	88	−21
2.2.1.3.1 资产	89	−34
2.2.1.3.2 负债	90	13
2.2.1.4 其他投资	91	−4 791
2.2.1.4.1 资产	92	−1 276
2.2.1.4.1.1 其他股权	93	0
2.2.1.4.1.2 货币和存款	94	−1 001
2.2.1.4.1.3 贷款	95	−475
2.2.1.4.1.4 保险和养老金	96	−32
2.2.1.4.1.5 贸易信贷	97	−460
2.2.1.4.1.6 其他应收款	98	692
2.2.1.4.2 负债	99	−3 515
2.2.1.4.2.1 其他股权	100	0
2.2.1.4.2.2 货币和存款	101	−1 226
2.2.1.4.2.3 贷款	102	−1 667
2.2.1.4.2.4 保险和养老金	103	24
2.2.1.4.2.5 贸易信贷	104	−623
2.2.1.4.2.6 其他应付款	105	−24
2.2.1.4.2.7 特别提款权	106	0
2.2.2 储备资产	107	3 429
2.2.2.1 货币黄金	108	0
2.2.2.2 特别提款权	109	−3
2.2.2.3 在国际货币基金组织的储备头寸	110	9
2.2.2.4 外汇储备	111	3 423
2.2.2.5 其他储备资产	112	0
3. 净误差与遗漏	113	−1 882

注：1. 本表根据国际货币基金组织《国际收支和国际投资头寸手册》（第六版）编制。

2. “贷方”按正值列示，“借方”按负值列示，差额等于“贷方”加上“借方”。本表除标注“贷方”和“借方”的项目外，其他项目均指差额。

3. 本表计数采用四舍五入原则。

数据来源：国家外汇管理局。

（三）国际收支运行评价

经常账户仍保持较大顺差，且依然处于国际公认的合理区间。2015 年，我国经常账户顺差与 GDP 之比为 3.0%，较上年增长 0.3 个百分点。其中，货物贸易顺差增长较快，与 GDP 之比为 5.2%，上升 1.0 个百分点；服务贸易逆差与 GDP 之比为 1.7%，与 2014 年基本持平；初次收入逆差与 GDP 之比为 0.4%，2014 年为顺差且相当于 GDP 的 0.1%（见图 1–8）。其中，货物贸易顺差扩大主要是由于国际市场大宗产品价格下跌导致我国进口商品价格明显回落，这有利于降低我国生产及消费成本；服务贸易尤其是旅行项下持续逆差，主要反映了国内居民收入提高的结果。

跨境资本流动的波动性较大。2015 年第一季度，资本和金融账户（不含储备资产，下同）逆差 1 125 亿美元，外汇储备资产减少 795 亿美元；第二季度，流出压力明显缓解，资本和金融账户逆差 442 亿美元，外汇储备资产转为增加 130 亿美元；第三季度，资本和金融账户净流出再次扩大至 1 626 亿美元，外汇储备资产下降 1 606 亿美元；第四季度，资本和金融账户净流出 1 659 亿美元，外汇储备资产减少 1 151 亿美元，降幅较第三季度收窄（见图 1–9）。

跨境资金流动变化反映了境内主体增加对外投资、减少对外负债的市场行为。受美元走强和我国经济新常态等因素影响，境内主体主动调整了对外资产负债结构。

图 1–8

1990–2015 年经常账户差额与 GDP 之比及其结构

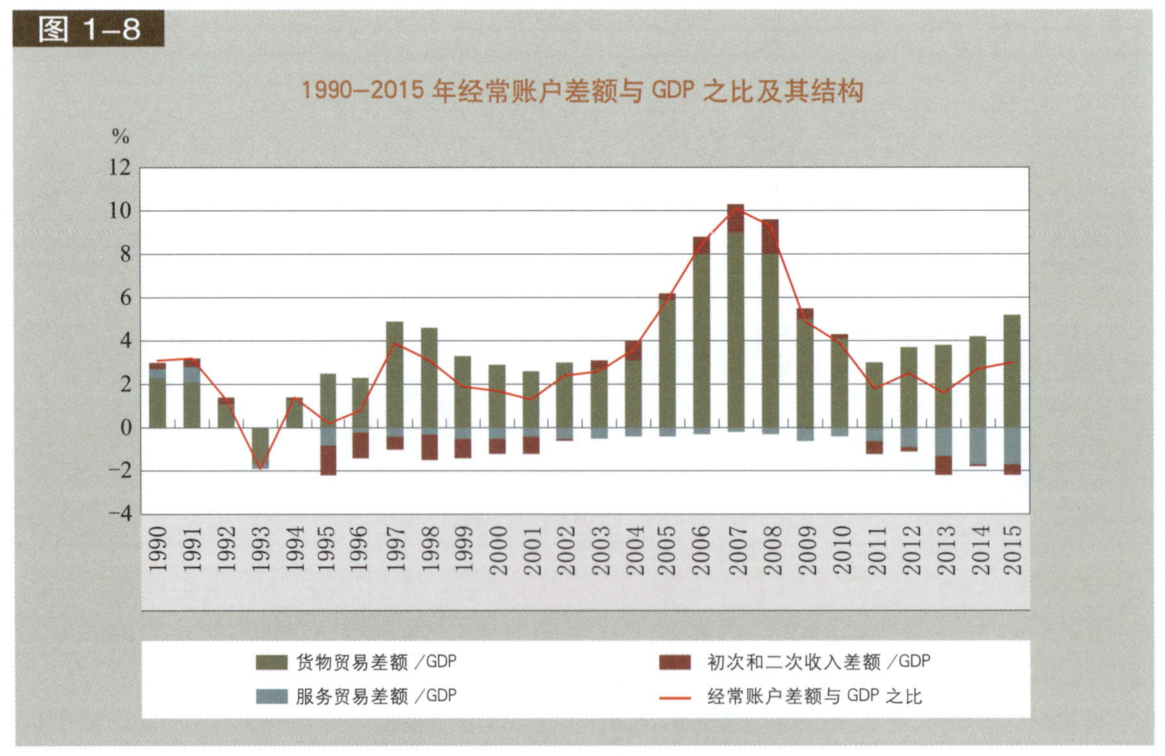

数据来源：国家外汇管理局、国家统计局。

图 1-9

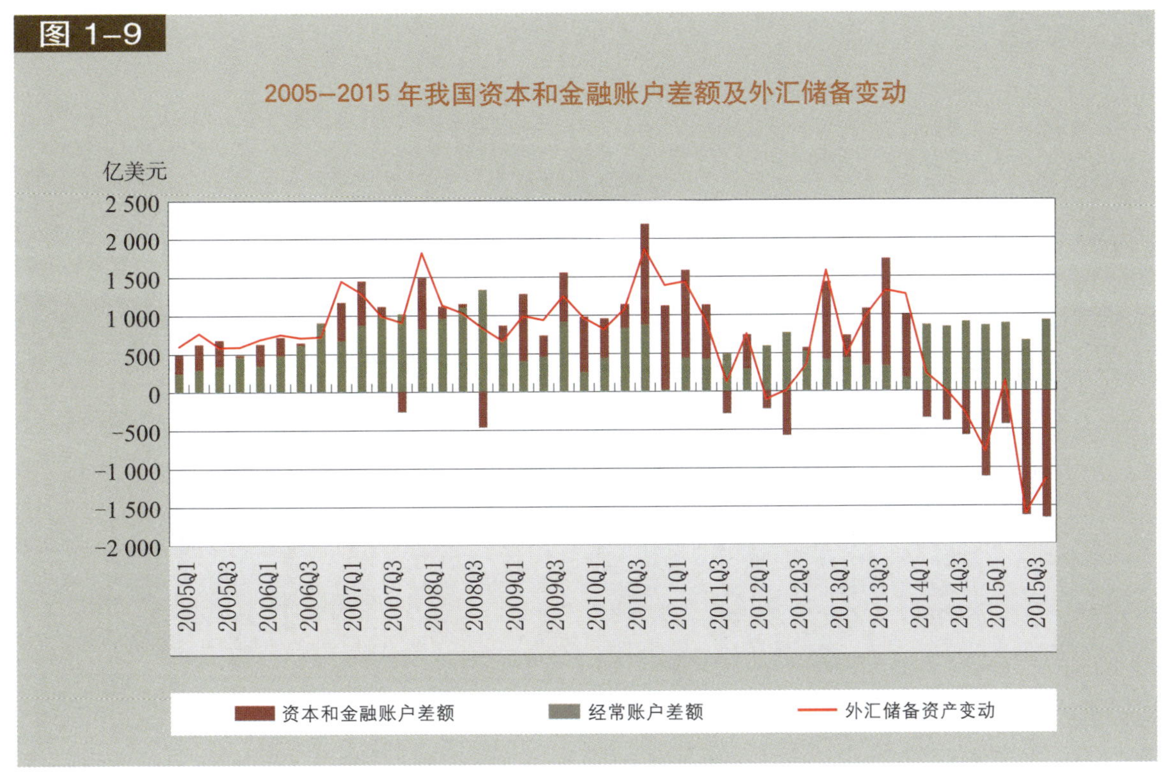

数据来源：国家外汇管理局。

从对外资产看，2015 年我国保持了较大规模的对外投资，累计净增加 3 920 亿美元，较上年下降 15%。其中，直接投资资产净增加 1 878 亿美元，较上年多增 53%，说明我国市场主体参与国际经济的活跃度上升；对外证券投资净增加 732 亿美元，增长 5.8 倍，体现了我国有序拓宽境内市场主体全球资产配置的结果；对外贷款等其他投资持续净增加 1 276 亿美元，显示境内主体境外资金运用的方式更加多元化。从对外负债看，2015 年来华投资累计净流出 936 亿美元，2014 年为净流入 4 115 亿美元。其中，直接投资项下境外资本净流入虽较上年略降 7%，但规模依然达到 2 499 亿美元，显示以长期投资为目的的境外资本依然看好我国经济发展前景；来华证券投资依然表现为净流入（67 亿美元）；来华其他投资净流出 3 515 亿美元，上年为净流入 502 亿美元，说明境内企业积极偿还对外负债，有利于降低高杠杆经营和货币错配风险（见图 1–10 和图 1–11）。

我国国际收支风险总体可控。一是我国经济基本面总体良好，为防范国际收支风险提供了根本支撑。国内经济运行保持在合理区间，经济结构调整取得积极进展，人民币汇率保持基本稳定。二是外汇储备依然充裕，国际支付能力总体较强。2015 年末，我国外汇储备余额为 3.33 万亿美元，仍明显高于排名第二位的日本（1.2 万亿美元）和排名第三位的沙特阿拉伯（6 000 多亿美元）（见图 1–12）。外汇储备余

图 1-10

2015 年我国跨境资本流动的结构分析

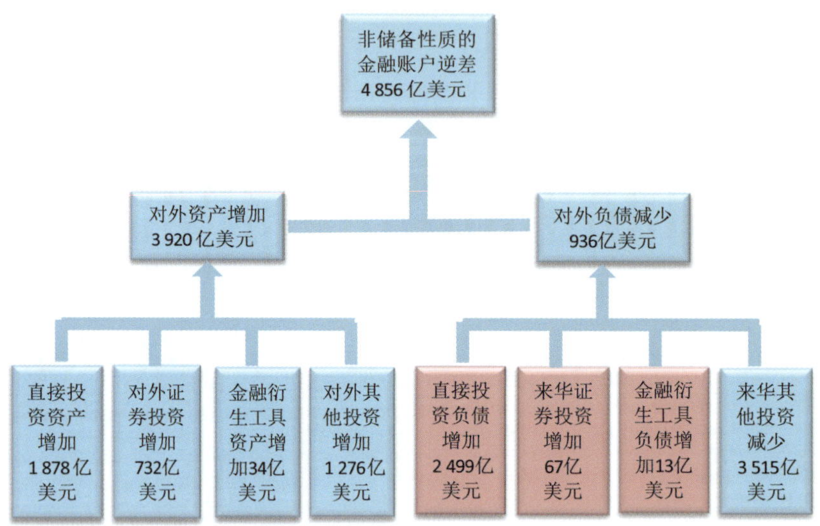

数据来源：国家外汇管理局。

图 1-11

2005—2015 年非储备性质的金融账户资本流动情况

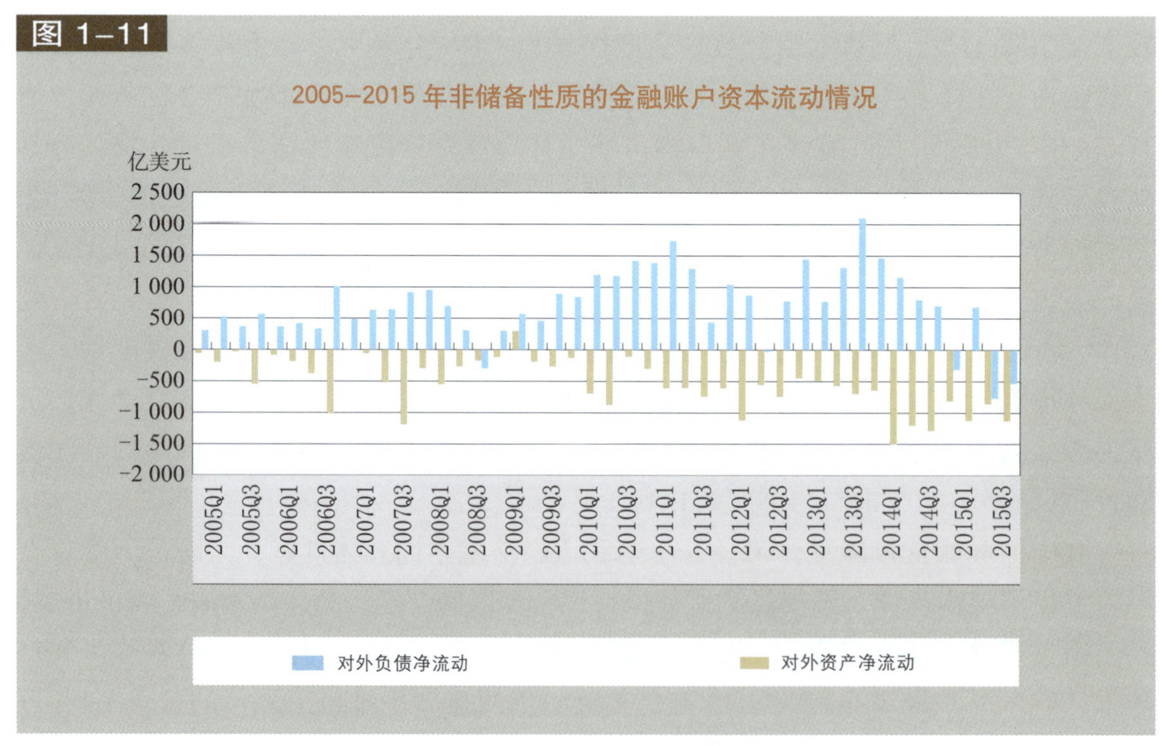

数据来源：国家外汇管理局。

图 1-12

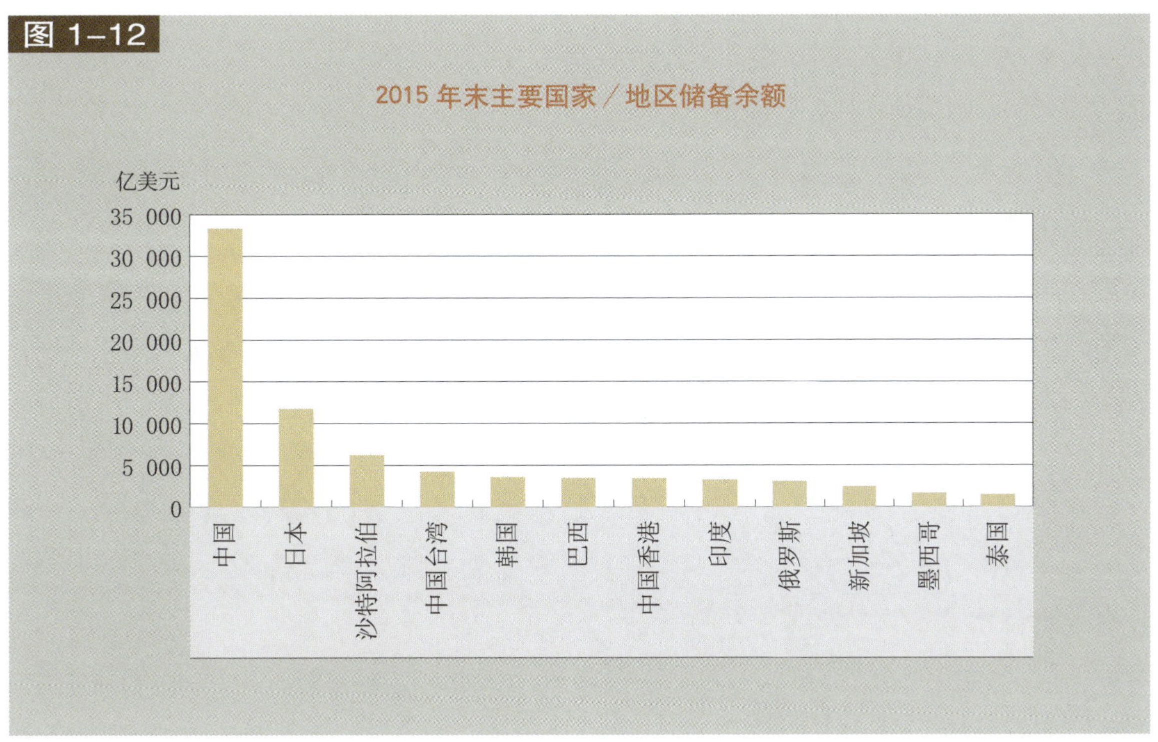

数据来源：国际货币基金组织。

额足以覆盖 20 多个月的进口，与短期外债余额之比超过 300%①，仍是我国对外支付、抵御外部冲击的强有力基础。三是外债风险持续可控，对外偿债平稳进行。多年来，我国外债警戒指标一直处于国际安全标准之内。2015 年，我国企业主动进行资产负债结构调整，使得 2015 年末（本外币）外债余额较当年 3 月末余额（可比口径）下降 2 570 亿美元，这有利于降低未来的外债偿还风险。

专栏 2

从长期看我国国际收支结构的变迁

2003 年以来，国际经济金融环境主要经历了三个阶段，即 2003–2007 年的全球经济繁荣时期、2008–2013 年的国际金融危机爆发和应对时期、2014 年以来的全球经济缓慢复苏和分化时期，对我国国际收支造成了较大影响，基本形成了两大周期：一是 2003–2013 年的经常账户、资本和金融账户“双顺差”，外汇储备较快增长；二是 2014 年（尤其是下半年）以来的经常账户、

① 外汇储备余额国际安全标准为大于 3 个月进口，与短期外债余额之比高于 100%。

资本和金融账户“一顺一逆”，外汇储备下降。

一、2003–2013年主要特征

国际收支持续“双顺差”（除2012年外），2009年后资本项下顺差占比总体上升。2003–2013年，经常账户顺差累计为2.23万亿美元，资本和金融账户（不含储备资产，下同）顺差累计为1.51万亿美元，净误差与遗漏累计为–0.18万亿美元，储备资产（不含汇率、价格等非交易因素影响）增加3.56万亿美元。其中，2003–2008年，经常账户顺差、资本和金融账户顺差分别占国际收支总顺差的74%和26%，2009–2013年上述占比分别为48%和52%。这一方面是因为2009年以来我国经常账户平衡状况改善，另一方面是由于主要发达经济体量化宽松货币政策（QE）增加了全球流动性，我国资本项下资金流入明显增多。

我国积累的对外资产大部分体现为官方储备，2009年后市场主体的对外资产占比上升。2003–2013年，我国对外资产累计增加5.09万亿美元，其中，储备资产增幅占比达70%，我国市场主体对外其他投资资产（对外贷款、境外存款、出口应收款等）增幅占比为20%，直接投资和证券投资资产增幅占比分别为8%和2%。其中，2003–2008年，我国对外资产增加额的储备资产占比为76%。2009–2013年，储备资产增幅占比降至65%；市场主体的其他投资和直接投资资产增幅占比分别为24%和10%，较2003–2008年占比分别提升9个和6个百分点（见图C2–1）。

对外资产的资金来源主要是稳定性较高的经常账户顺差和直接投资项下境外资本流入，2009年后非直接投资渠道资本流入有所增多。2003–2013年，我国经常账户顺差累计为2.23万亿美元，直接投资项下境外资本净流入累计为1.85万亿美元，分别相当于同期对外资产形成额的44%和36%。此外，波动性较大的外国来华非直接投资（证券投资、境外借款等其他投资）合计贡献了23%。其中，2003–2008年，我国经常账户顺差相当于对外资产形成额的53%；直接投资项下境外资本净流入和非直接投资净流入的贡献分别为28%和14%。2009–2013年，经常账户年均顺差较2003–2008年下降6%，在对外资产形成中的贡献率下降至36%；直接投资项下境外资本净流入年均规模增长1.1倍，贡献率上升至43%；外国来华非直接投资净流入年均规模大幅

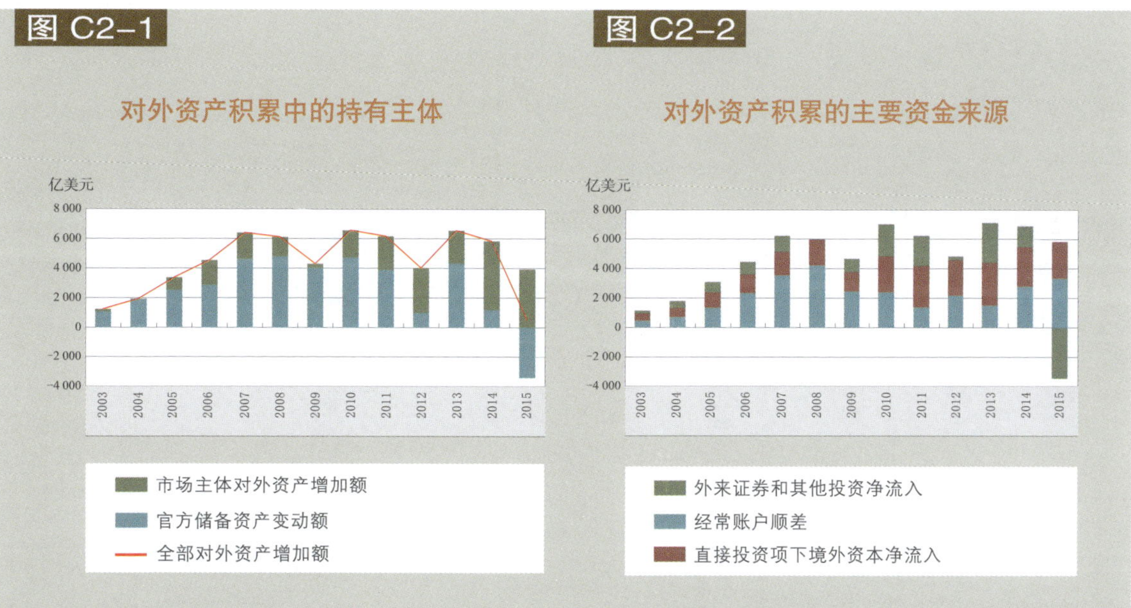

数据来源：国家外汇管理局。

提升 1.9 倍，贡献率升至 30%（见图 C2-2）。

二、2014-2015 年主要特征

2014 年以来尤其是 2014 年下半年以来，我国经常账户顺差、资本和金融账户逆差的国际收支格局基本形成。2014 年下半年至 2015 年，我国经常账户顺差为 5 045 亿美元，资本和金融账户逆差为 5 835 亿美元，净误差与遗漏为-2 940 亿美元，储备资产累计下降 3 731 亿美元。

对外债务去杠杆化已开启并持续了一段时间，逐步释放了前期积累的短期资本流入风险。2014 年下半年至 2015 年末，外国来华非直接投资累计净流出 3 468 亿美元，相当于 2003-2013 年持续净流入规模的 30%，相当于在 2009-2013 年主要发达经济体 QE 期间净流入规模的 43%。也就是说，过去 10 年左右的非直接投资净流入中已有三四成流出了我国。但在我国企业对外贸易总体提升、投融资渠道不断拓宽的情况下，此类境外融资缩减后预计仍将保留一个合理正常的规模。

我国对外总资产继续增加，官方储备资产和市场主体对外资产“一降一升”。2014 年下半年至 2015 年，我国对外资产总体增加了 2 672 亿美元。其中，企业等市场主体的直接投资资产增加 2 633 亿美元，相当于 2003-2013 年 11 年增加额的 66%；证券投资资产增加 865 亿美元，相当于过去 11 年间增加额的 70%；贷款等其他投资资产增加 2 870 亿美元，也达到了过去 11 年间增加额的 28%。以前在人民币升值预期下，我国市场主体不愿意持有对外资产，但在人民币汇率双向波动环境下，增加对外资产的积极性大幅提升，成为储备资产下降的主要原因，这也是“藏汇于民”的必然过程。

二、国际收支主要项目分析

（一）货物贸易

根据海关统计，2015 年我国货物贸易呈现以下特点：

进出口总额有所回落。2015 年，受需求低迷、大宗商品价格下跌等多重因素的影响，我国进出口总额较上年下滑 8.0%，而 2014 年为增长 3.4%，其中，出口和进口分别下降 2.9% 和 14.2%。我国外贸依存度（即进出口总额 /GDP）为 36.4%，下降 5.1 个百分点，为 2010 年以来的最低水平（见图 2–1）。

进出口顺差继续扩大。2015 年，我国进出口顺差 5 932 亿美元，较上年增长 54.9%，为历史最高值；进出口顺差与 GDP 之比为 5.5%，增加 1.8 个百分点（见图 2–1）。进口价格走低是进出口顺差扩大的主要因素。2015 年，月均进口价格指数回落 11.6%，较上年扩大 8.2 个百分点，对顺差增加的贡献度为 124%，即 2 603 亿美元（见图 2–2）。大宗商品价跌量增的现象更为明显，2015 年，我国原油进口量增加 8.8%，进口额下降 41.1%；铁矿砂及其精矿进口量增加 2.2%，进口额下降 38.3%；大豆进口量增加 14.4%，进口额下降 13.6%。

贸易顺差结构进一步优化。从贸易方式来看，由于大宗商品价格下滑，一般贸易顺差大幅增加。2015 年，一般贸易顺差 2 967 亿美元，较上年增加 2.2 倍；加工贸易顺差 3 514 亿美元，略降 2%（见图 2–3）。从贸易主体来看，私营企业顺差稳步

图 2–1

2001—2015 年我国进出口差额与外贸依存度

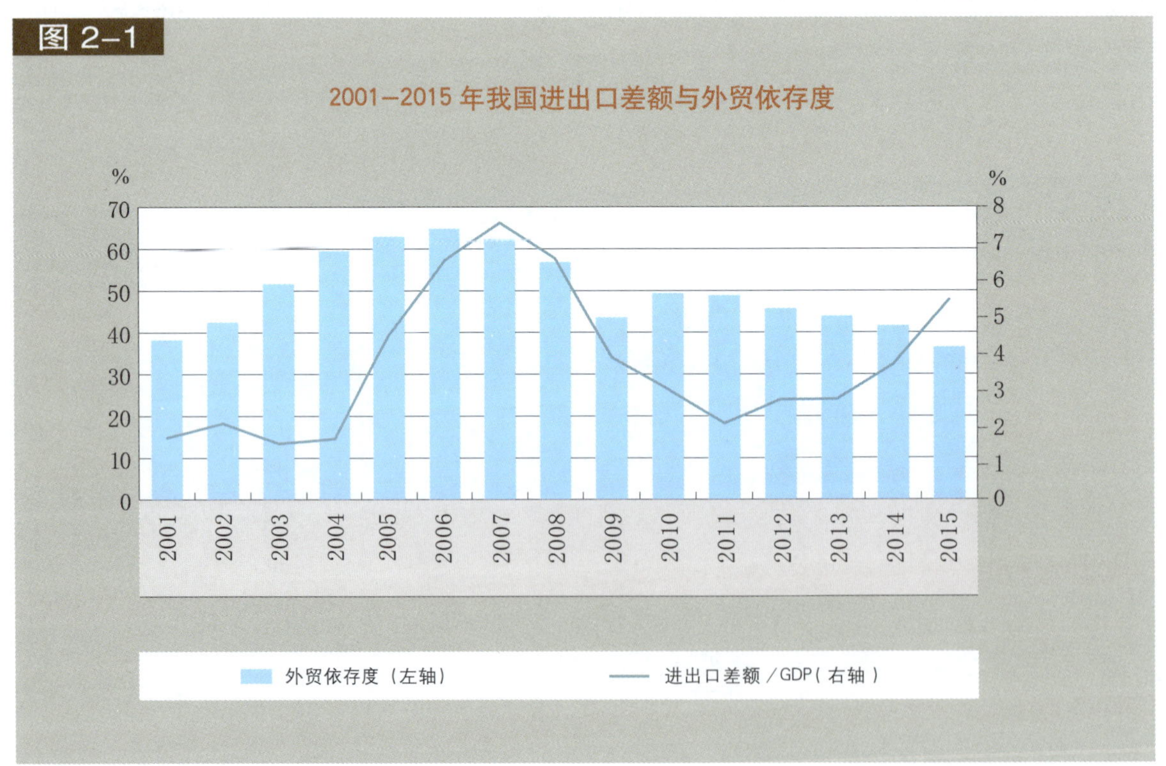

数据来源：海关总署，国家统计局。

图 2-2

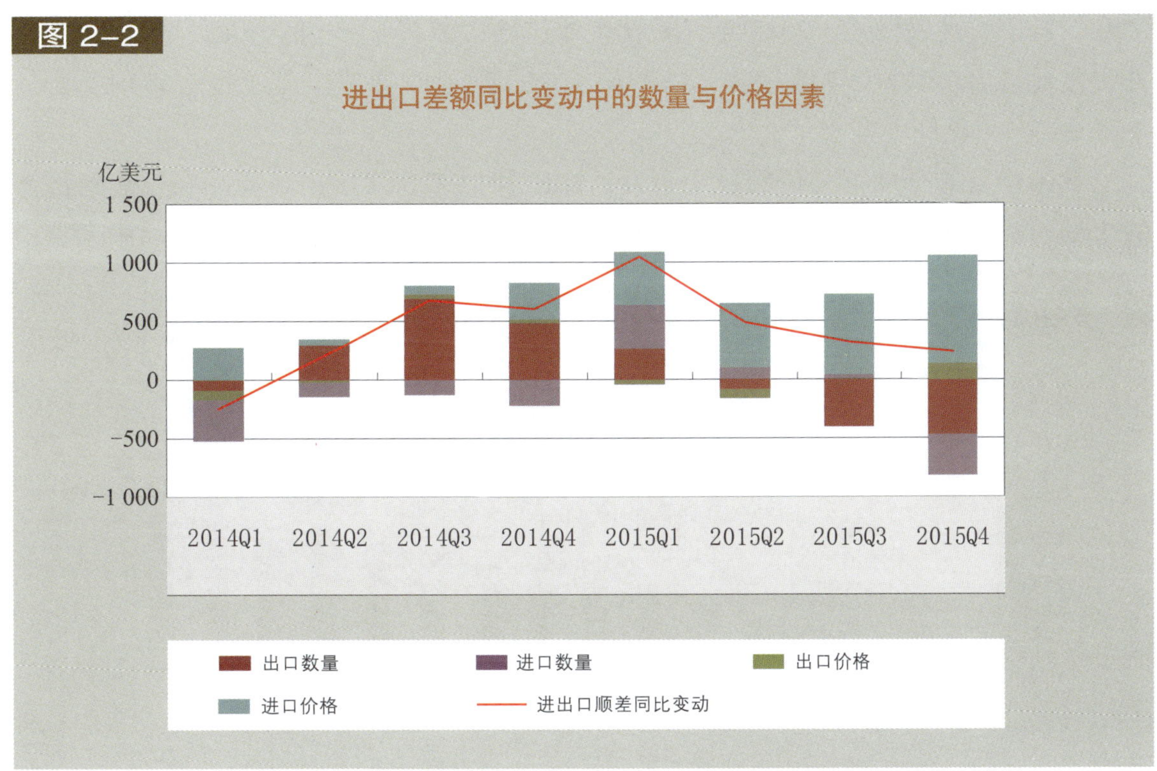

数据来源：环亚经济数据库。

图 2-3

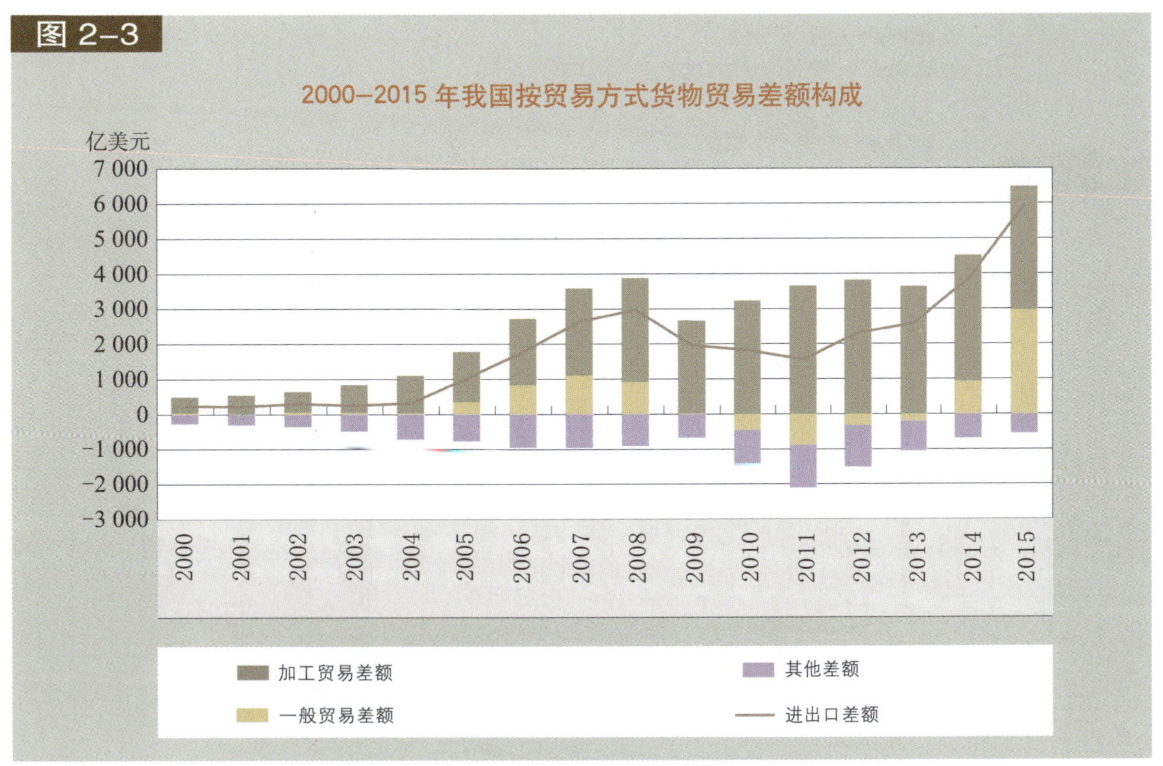

数据来源：海关总署。

攀升，竞争力继续增强。2015 年，私营企业进出口顺差 5 836 亿美元，增长 29.2%；外资企业进出口顺差 1 748 亿美元，增长 5.7%；国有企业进出口逆差 1 654 亿美元，下降 29.5%（见图 2–4）。

我国产品的全球贸易份额稳中有升。2012 年以来，我国出口商品在发达经济体的市场份额逐年上升（见图 2–5）。2015 年，美国、欧盟和日本的进口商品中来自中

图 2–4

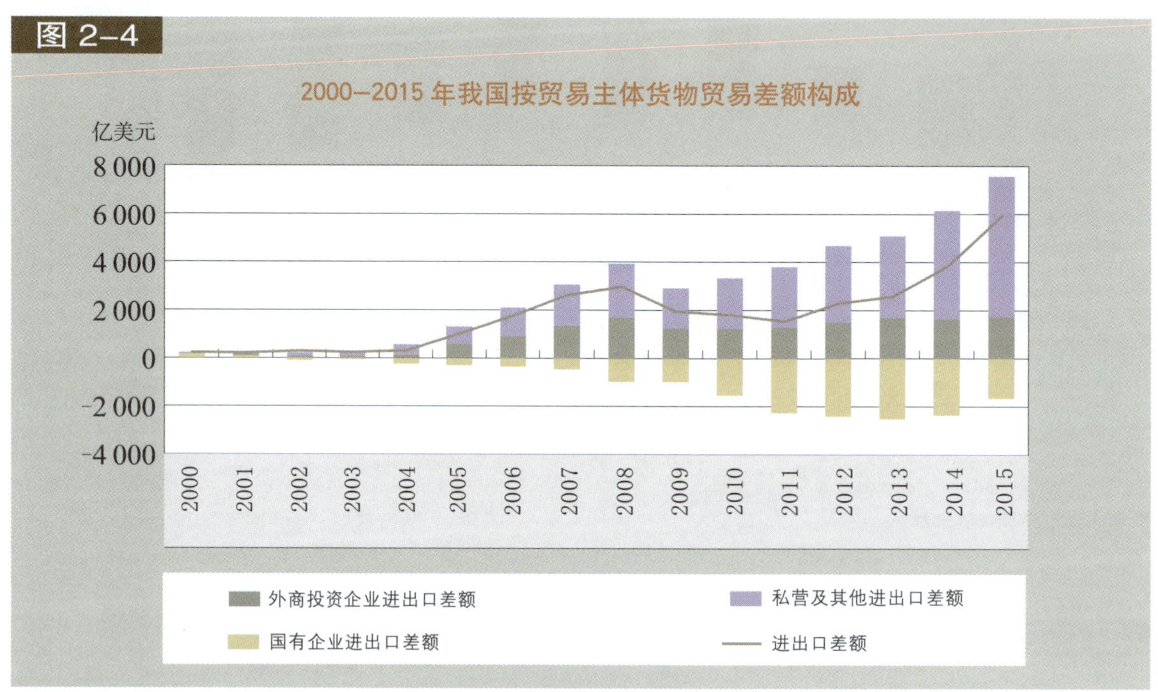

数据来源：海关总署。

图 2–5

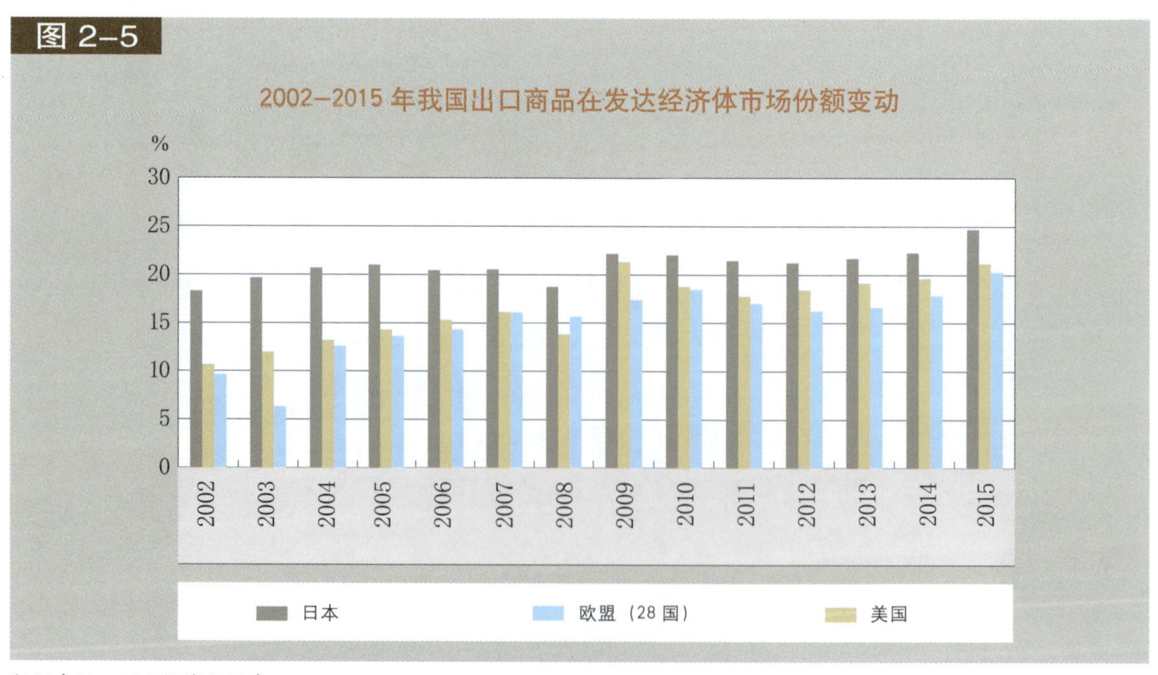

数据来源：环亚经济数据库。

国的比重分别提升 1.5 个、2.4 个和 2.4 个百分点。我国对新兴市场国家的出口相对较好。2015 年，我国对东盟、印度和非洲的出口分别增长 2.1%、7.4% 和 2.4%，均高于总体出口增速。根据世贸组织（WTO）公布的数据，2015 年我国在全球贸易中的份额预计由 2014 年的 12.2% 提高至超过 13%，继续保持全球货物贸易第一大国的地位。

专栏 3

全球贸易艰难“过冬”

全球贸易呈现趋势性放缓。2012–2014 年，全球贸易总量平均每年下降 0.6%，远低于 1992–2007 年高达 9% 的年均增长率。2015 年 8 月，全球贸易总量同比下跌 13.5%，创 2008 年国际金融危机以来最大跌幅。通过按价格和规模对出口下降原因进行分解可发现，近期贸易大幅下挫主要受原油价格暴跌、大宗商品熊市以及美元走强等价格因素影响，但趋势性放缓则体现为量价双双走低（见图 C3–1）。

图 C3–1

世界出口按规模和价格因素分解

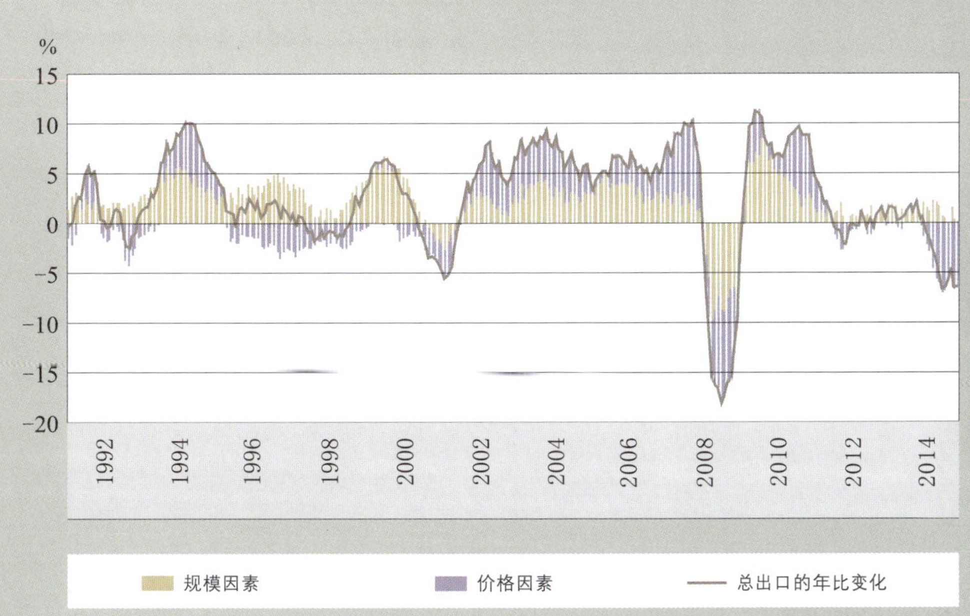

数据来源：荷兰经济政策分析局（CPB）。

贸易放缓是周期性和结构性因素共同作用的结果。全球贸易放缓在一定程度上可归咎于金融危机后经济增长持续疲弱。金融危机前，全球经济在2002–2007年平均增速为4.7%，而2012–2014年平均增速仅为3.4%。但贸易的趋势性放缓背后是贸易对经济增长弹性的下降。我们借鉴国际货币基金组织和世界银行的方法，将贸易增长分离为经济增长相关的周期性因素和贸易对经济增长的弹性这一结构性因素。通过分析可发现，贸易对经济增长的弹性在2000年之后、尤其是金融危机后期出现了显著下降。20世纪90年代，经济每增长1%贸易增加2.5%，而2004–2013年，经济每增长1%贸易仅增加1.7%(见图C3–2)。

图 C3–2

贸易对经济增长的弹性

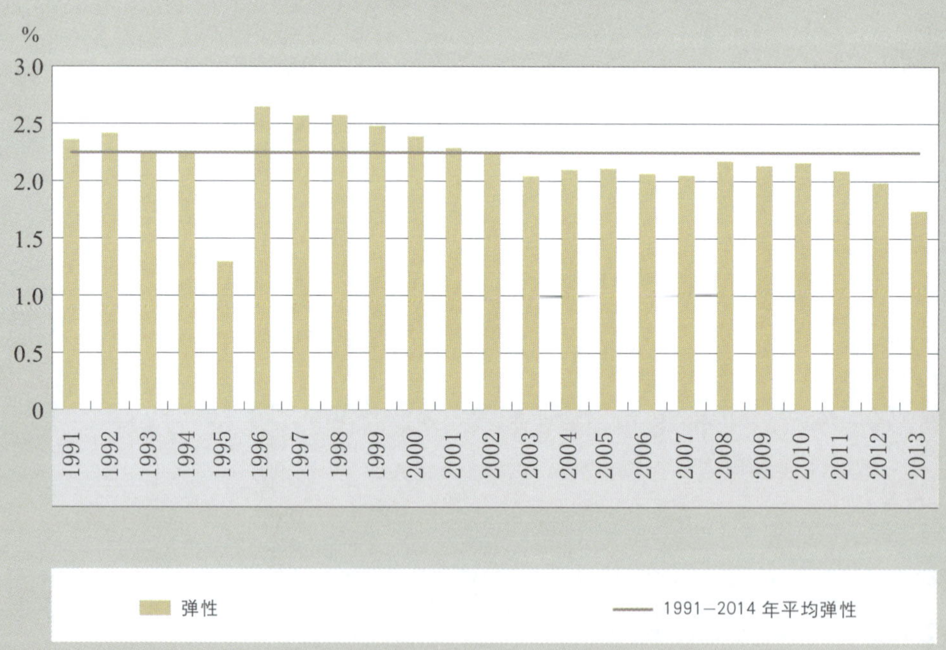

注：每年标注的弹性代表过去十年贸易对经济增长的长期弹性，使用误差修正模型（ECM）测算得出。
数据来源：国际货币基金组织《世界经济展望》(WEO)。

贸易结构性放缓的原因之一是全球价值链分工模式有所改变。20 世纪 90 年代信息技术革命使得全球范围内更深层次的劳动分工成为可能，全球价值链分工模式发展迅速，推动贸易大幅上升。但当前全球价值链深化的步伐已经放慢。一方面是发达国家积极推动“再工业化”。金融危机后，发达国家对其产业“空心化”现象严重、制造业竞争力下降进行反思，纷纷推出促进本国制造业发展的产业政策。而自动化和工业机器人的推广运用，弥补了发达国家人力成本高的短板，也推动了再工业化计划。另一方面，中国等发展中国家加入全球分工的一次性推动作用在递减。90 年代，中国、前苏联等国家开放市场、加入世界贸易组织或区域性自由贸易协定，促进了全球价值链的发展。但是随着中国等发展中国家对外开放的程度加深，这一一次性因素的刺激作用开始衰退。同时，一些国家正在实施从出口主导到内需拉动的经济战略转型，逐渐改变以加工贸易为主的经济产业结构，也将不可避免地对出口的结构和规模产生影响。

贸易结构性放缓的原因之二是贸易自由化的促进作用下降。一是贸易保护主义有所抬头。据世界贸易组织统计，自 2008 年起，各国累计推出限制性贸易政策 1 360 项，其中仅不足四分之一被撤回。世界银行的临时性贸易壁垒数据库也表明贸易壁垒近期有所上升。二是区域贸易协定一定程度上侵蚀了多边贸易体制。由于区域贸易协定内部有悖于多边贸易体制所倡导的非歧视原则，其优惠政策并不给予区域外的非成员国家，原来从非成员国进口成本低的产品可能改为从成员国进口成本较高的产品，产生“贸易转移”，导致非成员国家丧失了本应获得的贸易和投资机会，资源得不到最优配置。三是关税进一步下调的空间有限。据世界银行统计，世界平均关税税率自 1997 年的 10.8% 持续降低至 2010 年的 6.18%，但在 2012 年却出现了小幅反弹。

总体来看，全球经济中短期内难以重现危机前高增长，全球价值链分工转变和贸易自由化放缓等结构性因素短期难以改变，未来全球贸易有可能随着经济转好出现一定程度的周期性回暖，但结构性因素拖累下很难重返 2008 年国际金融危机前的黄金增长期，全球贸易的冬天还将延续。

（二）服务贸易①

服务贸易规模持续增长，高附加值服务贸易增速加快。近几年来，随着我国经济结构逐步调整，第三产业快速发展，其中服务贸易表现尤为突出。服务贸易自2011年以来持续保持较快增长，年平均增速在20%以上；2015年收支总额达到7 554亿美元，较上年增长3%，比2010年规模增长近2倍，收支总额相当于货物贸易总额的20%，较上年提高2个百分点（见图2-6）。2015年，电信计算机和信息服务、建设以及文化娱乐等高附加值服务贸易增速加快，收支规模分别增长16%、33%和150%，而加工、运输等传统服务贸易出现萎缩，收支规模分别下降4%和15%。这表明我国服务贸易转型升级进一步深化，贸易结构进一步优化。

服务贸易收入低速增长。2015年，服务贸易收入2 865亿美元，较上年增长2%（见图2-7）。其中，旅游收入1 141亿美元，增长8%；其他商业服务和金融服务收入下降幅度较大，2015年其他商业服务（包括研发成果转让及委托研发，法律、会计、广告等专业和管理咨询服务，技术服务，经营性租赁服务等项目）收入584亿美元，下降15%，金融服务收入23亿美元，下降48%。

图 2-6

数据来源：国家外汇管理局。

① 2015年服务贸易数据有两方面调整，一是国家旅游局调整国际旅游收入测算方法，收入规模相比调整前增长近1倍；二是新的统计制度建立后，旅行支出由根据伙伴国数据测算调整为使用对外汇款、银行卡境外刷卡数据以及测算的现钞数据汇总得到。同时按照上述调整修订2014年数据。

图 2-7

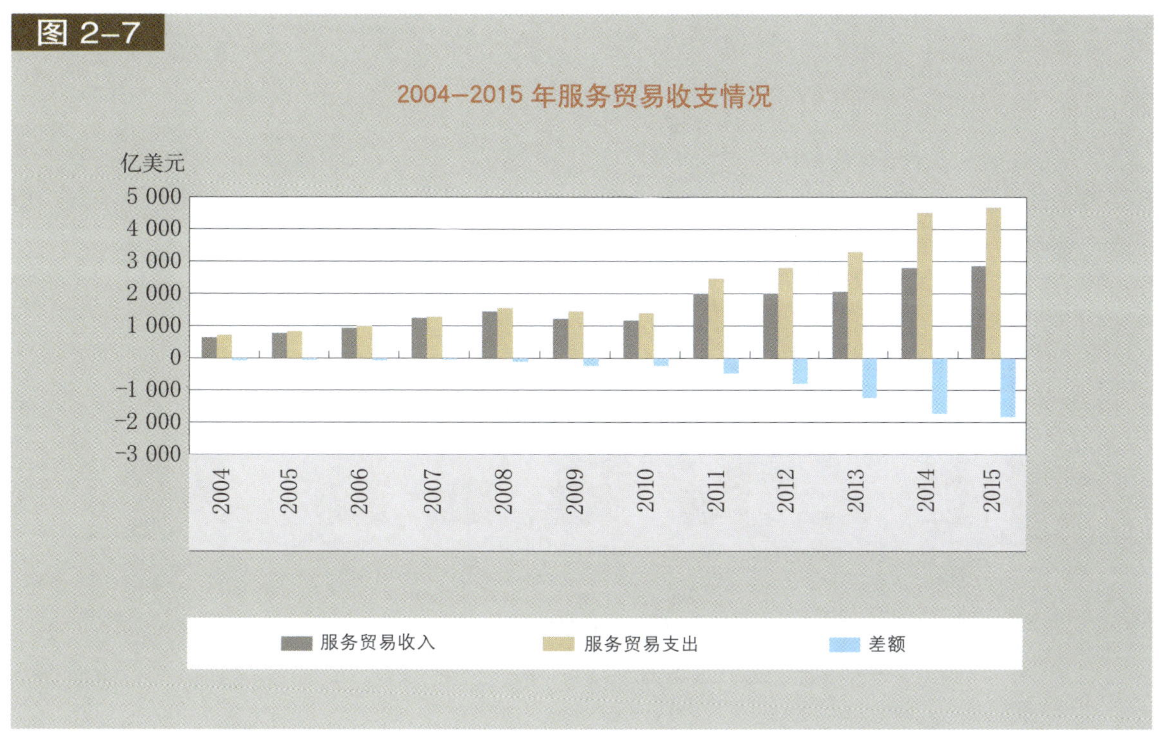

数据来源：国家外汇管理局。

服务贸易支出快速增长，旅行支出占比过半。2015 年服务贸易支出 4 689 亿美元，增长 4%。其中，旅行支出 2 922 亿美元，增长 25%，占服务贸易支出的 62%，相比上年提高 10 个百分点；运输支出 756 亿美元，下降 21%，占服务贸易支出的 16%，相比上年下降 5 个百分点。此外，建设、电信计算机和信息服务、文化娱乐服务支出呈现较快增长，金融服务、保险和养老金服务、其他商业服务支出大幅下降。

服务贸易逆差继续扩大，旅行逆差贡献度进一步提升。2015 年服务贸易逆差 1 824 亿美元，增长 6%。其中，旅行项目逆差 1 781 亿美元，增长 38%，相当于服务贸易总逆差的 98%，相比上年提高 23 个百分点（见图 2-8）。旅行逆差大幅度扩大，主要由于近年来我国居民个人出境旅游呈井喷之势，国家旅游局公布数据显示，我国出境游客数已从 2000 年的 1 000 万人次增至 2015 年的 1.2 亿人次，旅游带来的境外消费也随之高涨。

贸易伙伴集中度较高。2015 年我国服务贸易前十大伙伴国家 / 地区依次为中国香港、美国、日本、韩国、中国台湾、中国澳门、英国、澳大利亚、德国、加拿大，贸易规模达 4 629 亿美元，占总规模的 61%。除中国台湾为顺差外，我国对其余九个国家 / 地区服务贸易均为逆差。

图 2-8

2009—2015 年旅行逆差对服务贸易逆差贡献度

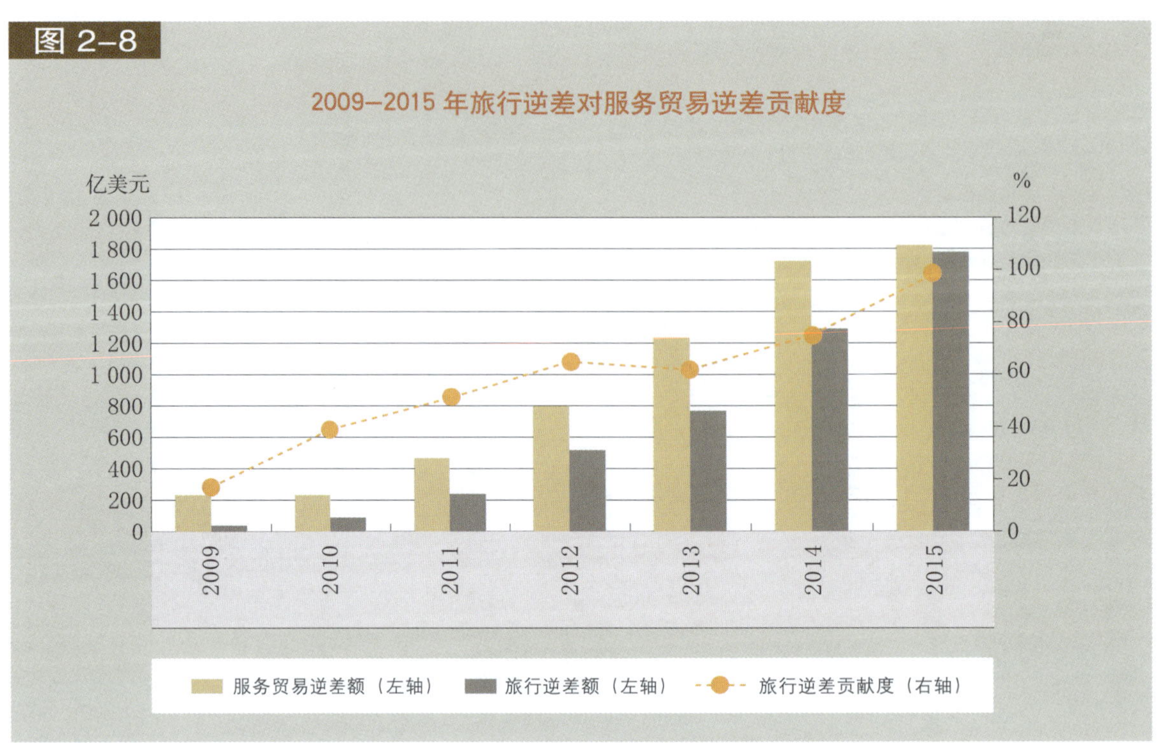

数据来源：国家外汇管理局。

专栏 4

2015 年我国居民境外刷卡支出分析

国家外汇管理局（以下简称外汇局）涉外银行卡统计数据显示，2015 年我国居民境外刷卡支出 1 330 亿美元，主要集中于周边国家／地区以及主要发达国家。其中在中国香港、中国澳门和中国台湾的支出合计占 45%，在日本、韩国、泰国、俄罗斯、印度尼西亚的占比合计为 23%，在美国、法国的占比合计为 12%。

购物是境外刷卡支出主流。从境外刷卡交易的类型看，购物消费占比最大。2015 年购物消费 836 亿美元，占境外刷卡支出总额的 63%（见图 C4-1），并主要集中在中国香港（26%）、中国澳门（18%）、美国（8%）、日本（8%）、韩国、俄罗斯、法国、泰国、中国台湾和意大利十个国家／地区。前十位国家／地区购物消费集中度为 83%。

提现需求位居其次，集中在中国香港、中国澳门、中国台湾及日本、韩

图 C4-1

2015 年我国居民境外刷卡支出交易类型分布图

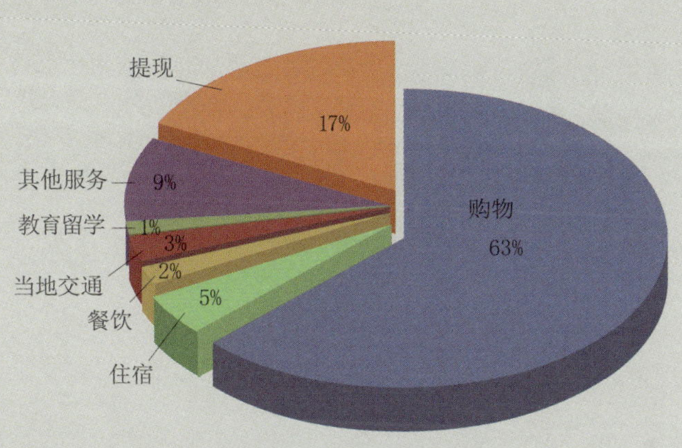

数据来源：国家外汇管理局。

国等周边国家/地区。排在第二位的交易类型是提现。2015 年我国居民境外刷卡提现 231 亿美元，占境外刷卡支出总额的 17%。前十位国家/地区提现集中度为 90%，其中，中国香港、中国澳门提现支出 98 亿美元，占 42%；中国台湾提现 39 亿美元，占 17%；日本提现 27 亿美元，占 12%；韩国提现 14 亿美元，占 6%。针对 2015 年 7 月以来部分银联卡持卡人在境外频繁、大额提现等异常现象，外汇局于 2015 年 9 月 30 日发文规范境外提取现钞额度管理。自 10 月开始，境外刷卡提现逐步下降，占比由 9 月的 21% 下降到 12 月的 13%，居民跨境刷卡支出逐步回归正常消费需求。

住宿、餐饮、交通、教育及其他服务刷卡支出占 20%。2015 年我国居民境外刷卡住宿消费支出 60 亿美元，占总支出的 5%；境外当地交通消费支出 36 亿美元，占 3%；餐饮消费支出 26 亿美元，占 2%；教育留学消费支出 19 亿美元，占 1%；其他服务支出 123 亿美元，占 9%。

蓬勃的出境旅游、留学、海外购物大潮是境外刷卡支出的强有力支撑，拉动其加速增长。一是在我国经济实力逐渐增强、居民收入持续增长和过去几年人民币汇率不断走强的带动下，居民境外实际购买力提高，境外旅游、留学需求日益旺盛。二是随着对外开放步伐加快，居民出境留学旅游签证办理更加便捷，不少周边国家/地区纷纷推出免签或落地签政策；同时，外汇局加大改革力度，大幅简化购付汇手续，支持通过银行卡和第三方支付机构进行境外消费，保证持卡人偿还境外消费的用汇需求，居民出境更加便捷。三是国外商品凭借较高的品牌知名度、相对较低的价格、优质的商品质量和个性化功能定位吸引国内中高端收入者境外消费，再加上国内银行不断改进境外刷卡服务，境外购物消费持续强劲。未来，上述支撑因素的拉动作用可能会更加强劲，我国居民境外刷卡支出仍将保持较快增长，并由此带动旅行支出进一步增长。

（三）直接投资

直接投资继续呈现净流入①。2015 年，我国国际收支口径的直接投资净流入 621 亿美元（见图 2-9），较上年下降 57%。2015 年，受国内外经济环境影响，人民币汇率预期出现分化，企业普遍加速偿还美元债务，同时加大境外放债的力度，因此关联企业间债务往来由上年净流入 764 亿美元转为净流出 124 亿美元，使得直接投

图 2-9

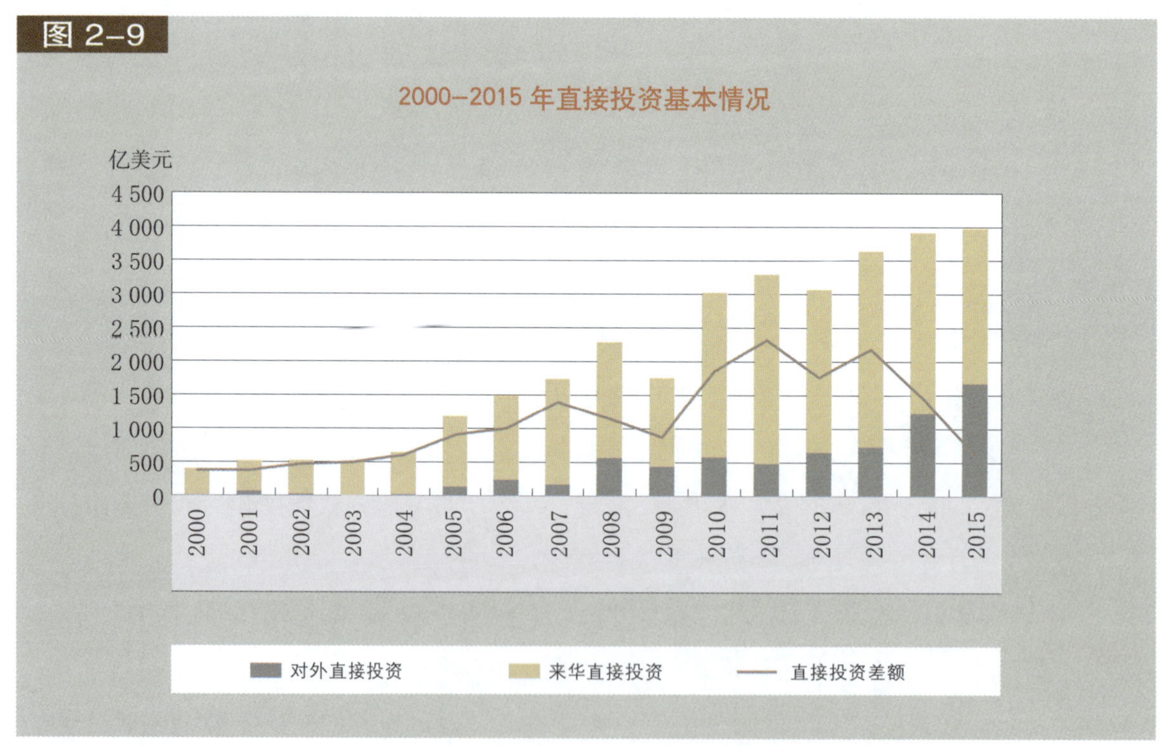

数据来源：国家外汇管理局。

① 直接投资净流动指直接投资资产净增加额（资金净流出）与直接投资负债净增加额（资金净流入）之差。当直接投资资产净增加额大于直接投资负债净增加额时，直接投资项目为净流出。反之，则直接投资项目为净流入。

资净流入下降。

直接投资资产[①] **大幅增加，反映境内企业实力增强并加速海外布局。**2015年，我国直接投资资产净增加1 878亿美元，较上年多增53%（见图2-10）。直接投资项下资产增加说明国内企业实力增强，放眼全球进行资源配置。

从投资形式看，一是股权投资类资产净增加1 452亿美元，较上年多增2%，占直接投资资产的近八成。直接投资中的股权投资属于长期投资，此类交易增多表明在国内经济下行压力加大的情况下，境内企业在海外寻找新的投资机会。二是对境外关联公司贷款等资产净增加426亿美元，上年为资产净减少192亿美元。

分部门看，一是非金融部门的直接投资资产净增加1 597亿美元，较上年多增44%。境内企业对外直接投资目的地仍主要集中于中国香港，占比逾六成，其次是美国和新加坡，两者合计占12%。此外，随着"一带一路"战略的积极推进，我国对相关国家/地区的直接投资有所增加，2015年此部分对外投资资本金净流出占全部资本金净流出的比重为4%，较上年提高3个百分点。在国内"走出去"主要行业中，租赁和商务服务业以及制造业的直接投资资产占比近半（见图2-11）。二是金融部门的直接投资资产净增加281亿美元，较上年多增1.3倍，主要是银行部门的境外直接投资。

图2-10

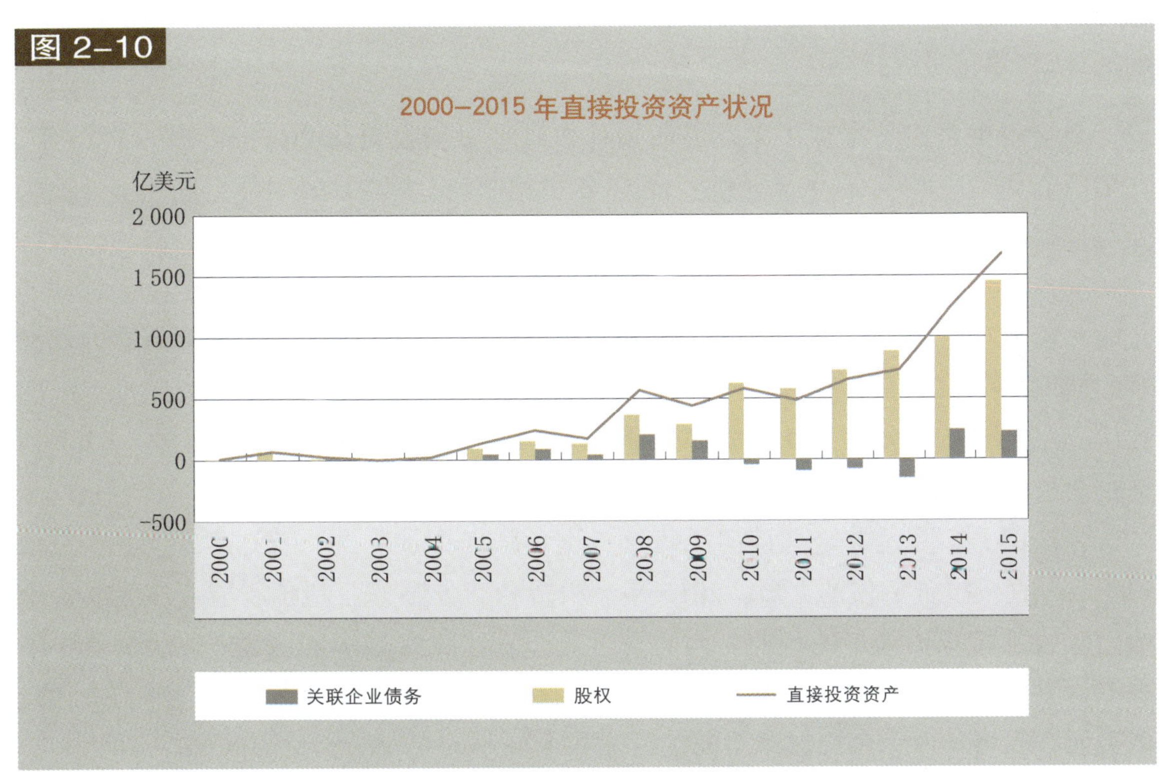

数据来源：国家外汇管理局。

① 直接投资资产以我国对外直接投资为主，但也包括少量境内外商投资企业对境外母公司的反向投资等。

图 2-11

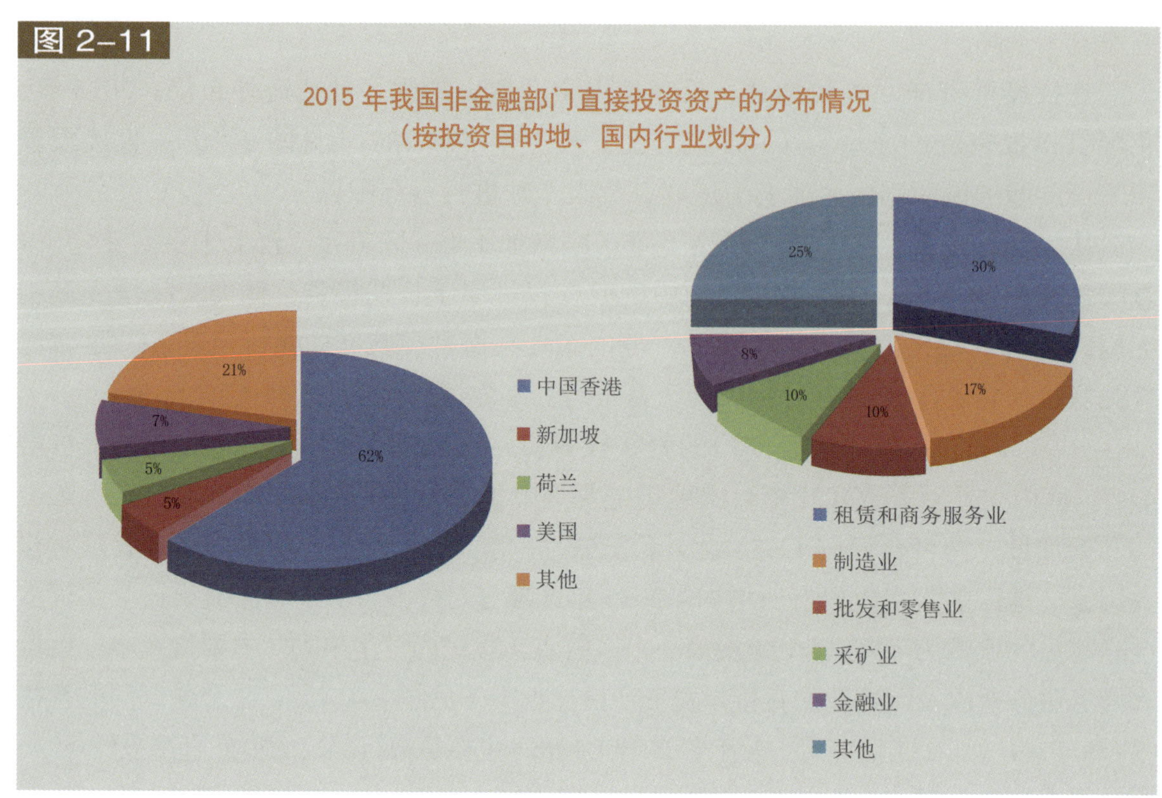

数据来源：国家外汇管理局。

直接投资负债[①] **继续扩大，说明境外投资者对华投资信心依旧存在。**2015 年，直接投资负债净增加 2 499 亿美元，较上年少增 7%，少增原因主要是偿还境外关联公司贷款增多。

从投资形式看，一是股权投资类负债净增加 2 196 亿美元，占直接投资负债的九成，较上年多增 4%（见图 2-12）。在我国经济增速趋缓、国际环境不确定因素增多的情况下，来华直接投资中股权投资保持稳定增长表明外资仍保持长期投资中国的信心。二是接受境外关联公司贷款等负债净增加 302 亿美元，少增 47%。这主要是企业根据境内外两个市场差异进行财务运作的结果。

分部门看，一是非金融部门的直接投资负债净增加 2 261 亿美元，较上年少增 12%，占直接投资负债的九成。2015 年，租赁和商务服务业超越制造业成为非金融部门吸收直接投资最多的行业。同时，对我国直接投资最多的国家 / 地区仍是中国香港，其次是新加坡、美国和中国台湾。二是金融部门的直接投资负债净增加 238 亿美元，多增 90%，其中过半投向银行业和保险业。

① 直接投资负债以吸收来华直接投资为主，但也包括少量境外子公司对境内母公司的反向投资等。

图 2-12

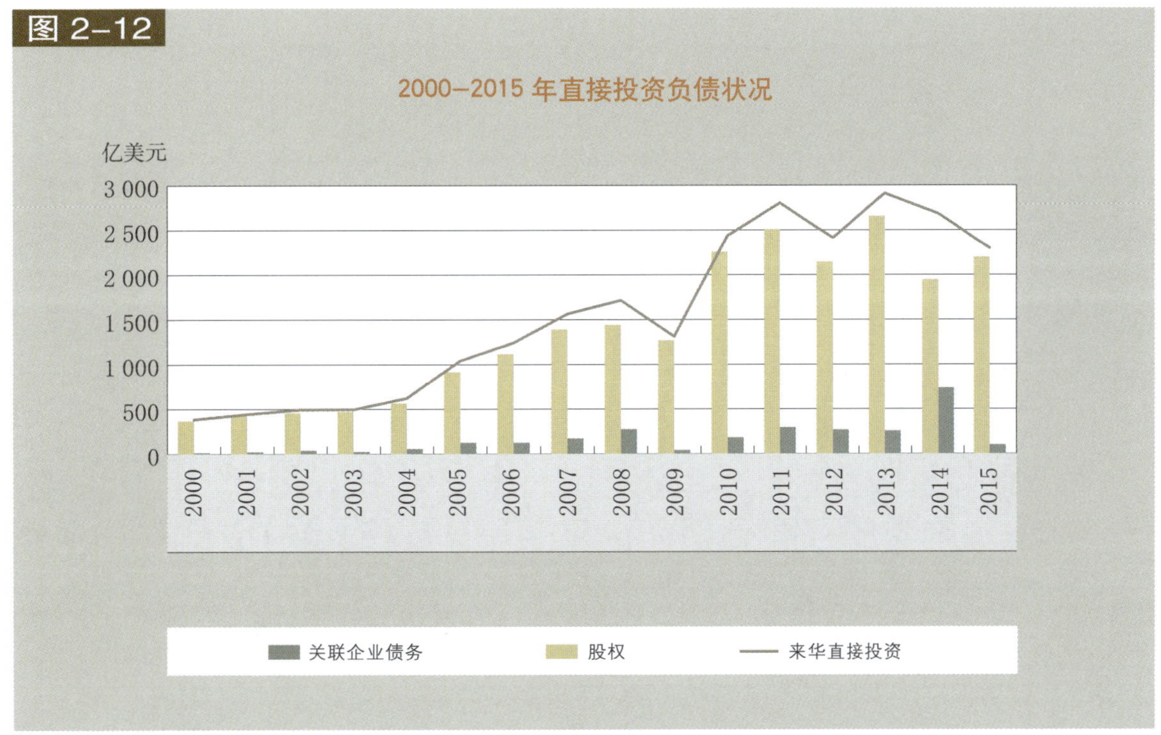

数据来源：国家外汇管理局。

（四）证券投资

证券投资转为净流出，表明证券投资呈现净资产增加。2015 年，我国证券投资项下净流出 665 亿美元，上年为净流入 824 亿美元（见图 2–13），这是自 2007 年以来，我国证券投资首次呈现净资产增加，我国境内主体加大全球资产配置是主要原因。

我国对境外证券投资大幅增加。2015 年我国对外证券投资净流出 732 亿美元，较上年增长 5.8 倍。其中，对外股权和债券投资净流出分别为 397 亿美元和 335 亿美元，分别增长 27.3 倍和 2.6 倍。主要原因是国内居民通过 QDII、“沪港通”等渠道购买境外股票等资产的便利化程度不断提高，跨市场配置资产的需求正在有序地得到满足。一方面，2015 年通过“港股通”渠道投资净流出 133 亿美元；另一方面，合格境内机构投资者（QDII 及 RQDII）投资非居民发行的股票和债券合计为 220 亿美元。此外，境内银行等金融机构投资境外债券为 320 亿美元。

境外对我国证券投资继续保持净流入。2015 年，境外对我国证券投资净流入 67 亿美元，较上年大幅下降 93%。其中，境外对我国股本证券投资净流入 150 亿美元，债务证券投资净流出 82 亿美元。从境外对我国证券投资的主要渠道看：一是境内企业境外上市、增发以及发债比较活跃，2015 年境内机构境外股票、债券筹资中由非

图 2-13

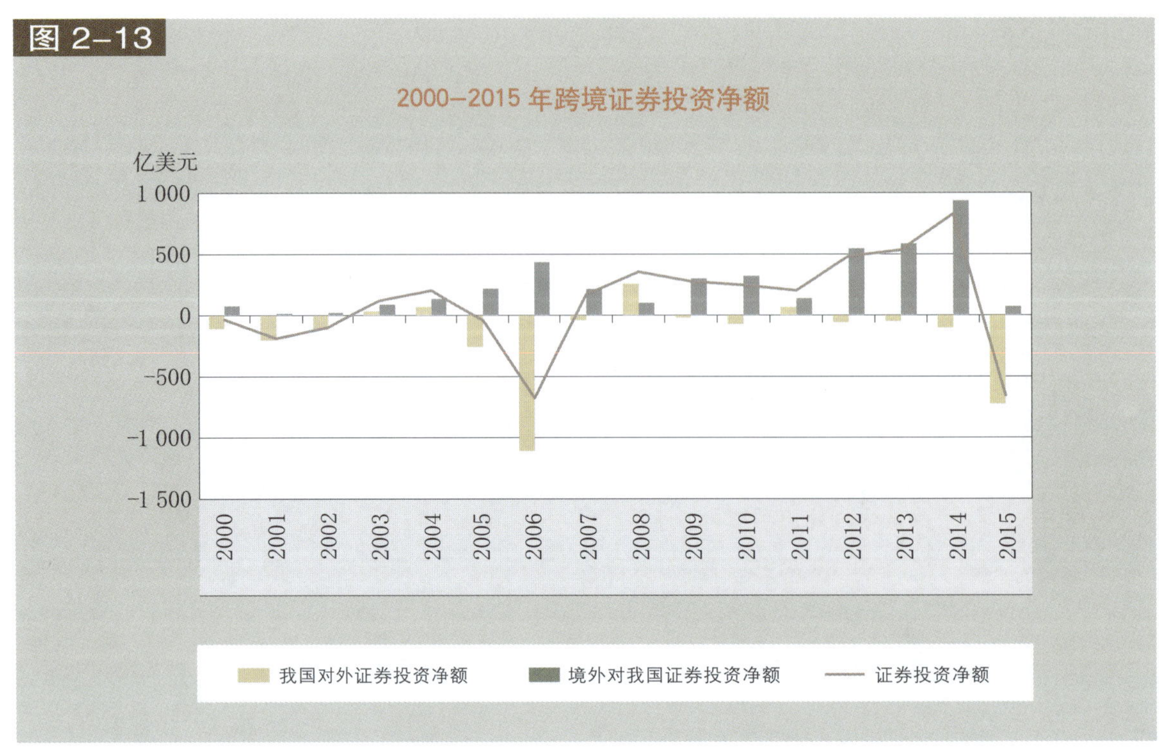

注：我国对外证券投资正值表示减持对外股权或债券，负值表示增持对外股权或债券；境外对我国证券投资正值表示增加对国内股权或债券投资，负值表示减少对国内股权或债券投资。
数据来源：国家外汇管理局。

居民购买的为 357 亿美元，说明境外投资者依然看好我国相关企业；二是通过“沪股通”渠道流入资金 30 亿美元；三是全年合格境外机构投资者（QFII）和人民币合格境外机构投资者（RQFII）对境内证券投资减少 141 亿美元。此外，银行承兑远期信用证（附汇票）余额[①]下降形成的资金净流出 85 亿美元。

专栏 5

我国企业境外上市市值突破 6 000 亿美元

近年来，越来越多的境内企业选择到境外上市，从一国对外金融资产负债来看，境内企业在境外发行的股票若由境外股东持有，则意味着我国对外负债增加。2015 年以前，我国企业直接到境外上市的市值余额数据为历年企业到境外发行股票初始筹资额的累加，未考虑市值重估因素的影响。为更好

① 按照国际货币基金组织的《国际收支和国际投资头寸手册》第六版原则，附带汇票的承兑远期信用证从“其他投资 / 贷款”转入“证券投资 / 债务证券”项下统计。

地反映境内企业境外上市的市值，自2015年起，外汇局根据国际标准以市值优先的要求，利用中国证监会公布的注册地在内地、上市地在境外的企业名录，按季度根据上市公司年报、交易所市场价格等公开披露信息对我国到境外上市企业的市值进行调查统计。

截至2015年9月末，境外上市的207家中国企业境外股票总市值6 176亿美元，其中境外股东持有4 911亿美元，占比为79%。境外上市中国企业中，单一境外股东持股超过10%的企业有33家，这些境外股东持股市值170亿美元；持股比例低于10%的境外股东持股市值4 741亿美元（属于国际收支统计中证券投资）。境外股东持股比例较高是我国企业得到国际投资者认可的表现。

境外上市企业在数量上以非金融企业为主，但金融机构市值占比高。纳入调查的207家境外上市中国企业中，非金融企业182家，占88%；银行14家；非银行金融机构11家。非金融企业涉及基础建设、消费、传媒、能源等多个行业，非银行金融企业涉及保险、证券、资产管理等行业。从市值来看，金融机构市值4 149亿美元，占67%。其中，银行为3 172亿美元，占51%；非银行金融机构为977亿美元，占16%；非金融企业为2 028亿美元，占33%（见图C5-1）。

排名前十的企业市值占总市值的比例超过六成，主要为银行。排名前十

图C5-1

境外上市各行业企业家数（左）及分行业市值占比概况

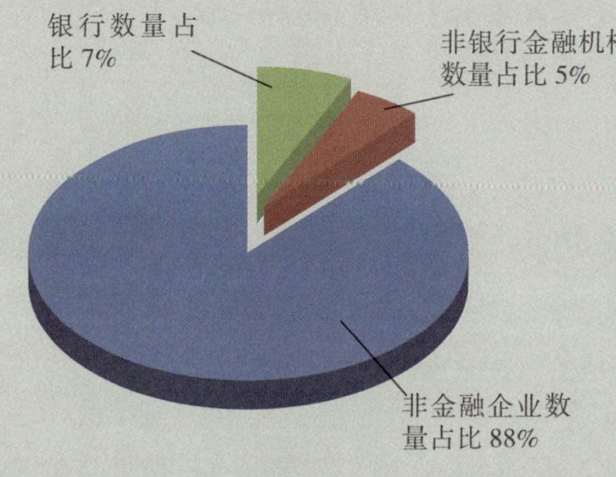

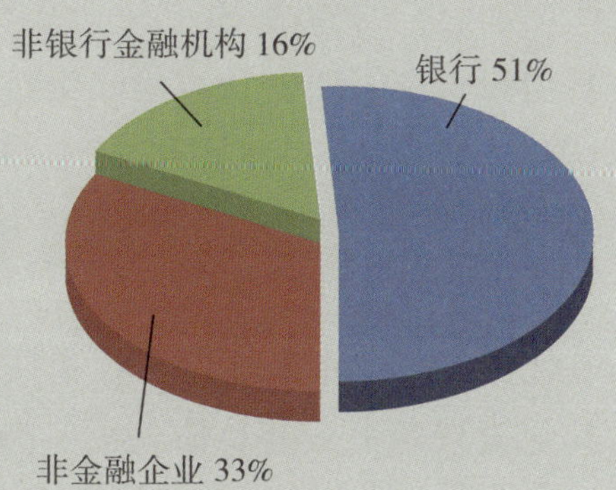

数据来源：调查数据汇总。

的企业市值合计为3 853亿美元，占总市值的62%，其中包括6家银行、2家非银行金融机构和2家非金融企业。

企业市值变化与港股整体走势相符。2014年12月末、2015年3月末、2015年6月末、2015年9月末的境外股票市值分别为7 367亿美元、7 505亿美元、8 306亿美元和6 176亿美元；同期恒生指数分别为23 605点、24 901点、26 250点和20 846点，市值变化与恒生指数趋势基本一致。

本调查仅针对直接模式下的上市企业。我国企业境外上市主要有直接和间接两种模式。直接模式是指国内公司直接向国外证券主管部门申请发行股票，在当地的证券交易所挂牌上市交易。间接模式是指国内企业先到境外注册公司，境外公司以股权置换、收购等方式取得国内资产的控制权后，再将境外公司在境外交易所上市。例如阿里巴巴、京东等，均采用间接模式到美国上市。根据国际收支统计标准，通过直接模式发行股票被境外投资者持有会直接产生我国对外负债，应记录在我国吸引的证券投资或直接投资负债项下。纳入调查的207家企业中，除3家在新加坡上市，其余均在中国香港上市。

（五）其他投资

其他投资净资产快速增加。其他投资项下资本流动是影响我国国际收支状况的重要因素。2015年，我国其他投资项下净资产增加4 791亿美元，较上年增长72%。2015年，其他投资主要子项目均为净资产增加，反映境内主体对境内外汇率、利率及市场风险等的预期发生变化，扩大了资金境外运用，并偿还境外债务。其中，货币和存款、贷款净资产分别增加2 227亿美元和2 141亿美元，分别相当于其他投资净资产增加总额的46%和45%（见图2–14）。

其他投资项下对外资本输出继续增加。2015年，我国其他投资项下对外资本输出净增加1 276亿美元，较上年少增61%，反映了我国运用于境外的资金虽增长，但增速有所减缓。其中，我国在境外的货币和存款增长1 001亿美元，较上年少增46%；对境外贷款增长475亿美元，少增36%。另外，对外提供的贸易信贷资产增长460亿美元（即贸易项下应收和预付增长），少增33%。

其他投资项下对外负债大幅下降。2015年，我国其他投资项下负债净流出（即我国对外负债净减少）3 515亿美元，而上年为净流入502亿美元。一是来自境外的贷款减少1 667亿美元，主要由于企业为降低汇率波动风险，加速偿还对外借款；

图 2-14

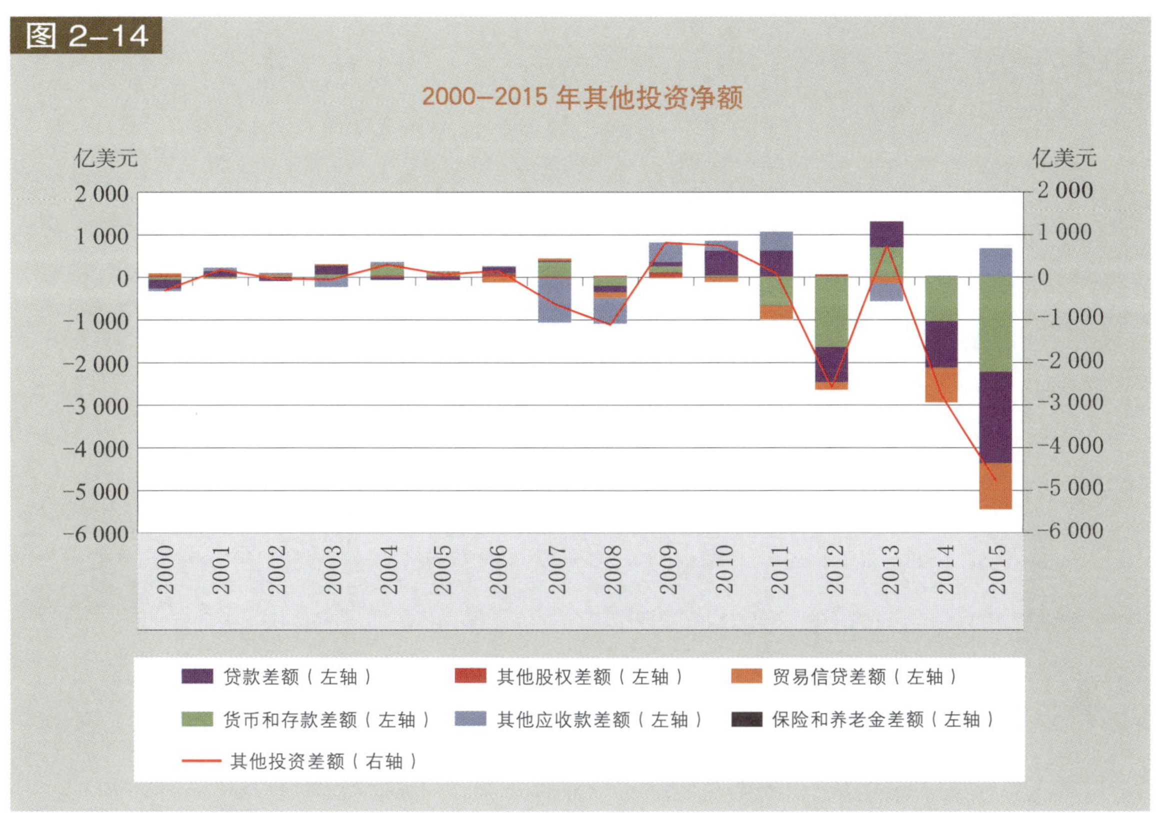

数据来源：国家外汇管理局。

二是我国吸收的货币和存款类资金减少 1 226 亿美元，主要是非居民人民币存款下降；三是贸易信贷负债减少 623 亿美元（即贸易项下应付和预收下降）。

专栏 6

2015 年外债总规模下降，对外偿付风险减小

截至 2015 年末，我国全口径外债余额为 14 162 亿美元（不包括中国香港、中国澳门和中国台湾的对外负债，下同），较 2015 年 3 月末下降 15%，上半年较为平稳，下半年下降幅度较大，第三、第四季度环比分别下降 9% 和 7%。外债规模变动呈现以下特点：

从币种结构看，本币外债规模降速高于外币外债规模降速。2015 年 12 月末，本币和外币外债余额较 3 月末分别下降 18% 和 13%，本币外债余额占比为 46%，占比较 3 月末下降 2 个百分点。

从期限结构看，短期外债规模下降 22%，成为外债总规模下降主因。12

月末，短期外债占比较3月末下降5个百分点；中长期外债基本平稳，较3月末增加14亿美元。

从债务主体看，银行等其他接受存款公司外债规模下降推动了外债总规模下降。12月末，银行等其他接受存款公司外债规模较3月末下降25%，占外债余额下降规模的80%，第三、第四季度环比分别下降14%和13%；其他部门（企业、非银行金融机构等）外债规模也有所下降，12月末较3月末下降15%。

从债务类型看，贷款、货币与存款下降较快。12月末，贷款、货币与存款较3月末分别下降30%和24%①，远高于外债总规模降幅，分别占外债余额下降规模的54%和41%；贷款第二至第四季度环比分别下降4%、13%和16%；货币与存款第二季度小幅上升，第三、第四季度环比均下降15%，贷款减少主要源于银行贸易融资下降。

受人民币贬值预期增强、美元加息、国内外利差缩小及进出口贸易下降影响，外债总规模下半年降幅较大。从微观主体债务风险角度看，体现了债务主体依据市场变化积极调整资产负债结构的结果，有利于债务主体降低债务负担，提高风险管理意识。从宏观债务风险角度看，说明我国外债整体风险下降，对外偿付风险降低。根据国际公认的外债安全指标初步计算，2015年末我国负债率为13%，债务率为58%，偿债率为5%，短期外债和外汇储备比为28%，各项指标均在安全线以内。

未来，随着人民币汇率弹性的不断增强、资本项目可兑换的深入推进，以及国际市场利率汇率的变动，我国外债规模的短期波动可能成为新常态。外汇局将继续加强事中、事后监测分析，防范异常跨境资金流动风险。

---

① 自2015年6月起将附带票据的远期信用证从“贷款”转入“债务证券”项下，此为同口径下与3月末调整后数据相比。

三、国际投资头寸状况

对外金融资产和负债[①] **均有所下降。**2015年末，我国对外金融资产为62 189亿美元，对外负债为46 225亿美元，分别较上年末减少3%和4%；对外净资产为15 965亿美元，较上年末略减63亿美元（见图3–1），其中，由交易引起的净资产增加1 427亿美元（记录在国际收支平衡表里），由汇率和价值重估等非交易因素引起的净资产减少1 490亿美元。

对外资产中民间部门持有占比继续上升。2015年末，我国对外金融资产中，国际储备资产余额为34 061亿美元，较上年末减少13%，由交易和汇率及价格等非交易原因引起的储备资产余额分别下降3 429亿美元和1 503亿美元。储备资产占我国对外金融资产总值的55%，继续占据对外资产首位，但比重较上年末减少5个百分点，为2004年公布国际投资头寸数据以来的最低值；直接投资存量为11 293亿美元，占资产总值的比重升至历史最高值18%，较上年末增加4个百分点，主要受益于国家相关政策的支持，“走出去”和“一带一路”战略的政策效果持续显现；证券投资资产为2 613亿美元，占比为4%，与上年末持平；存贷款等其他投资资产

图3–1

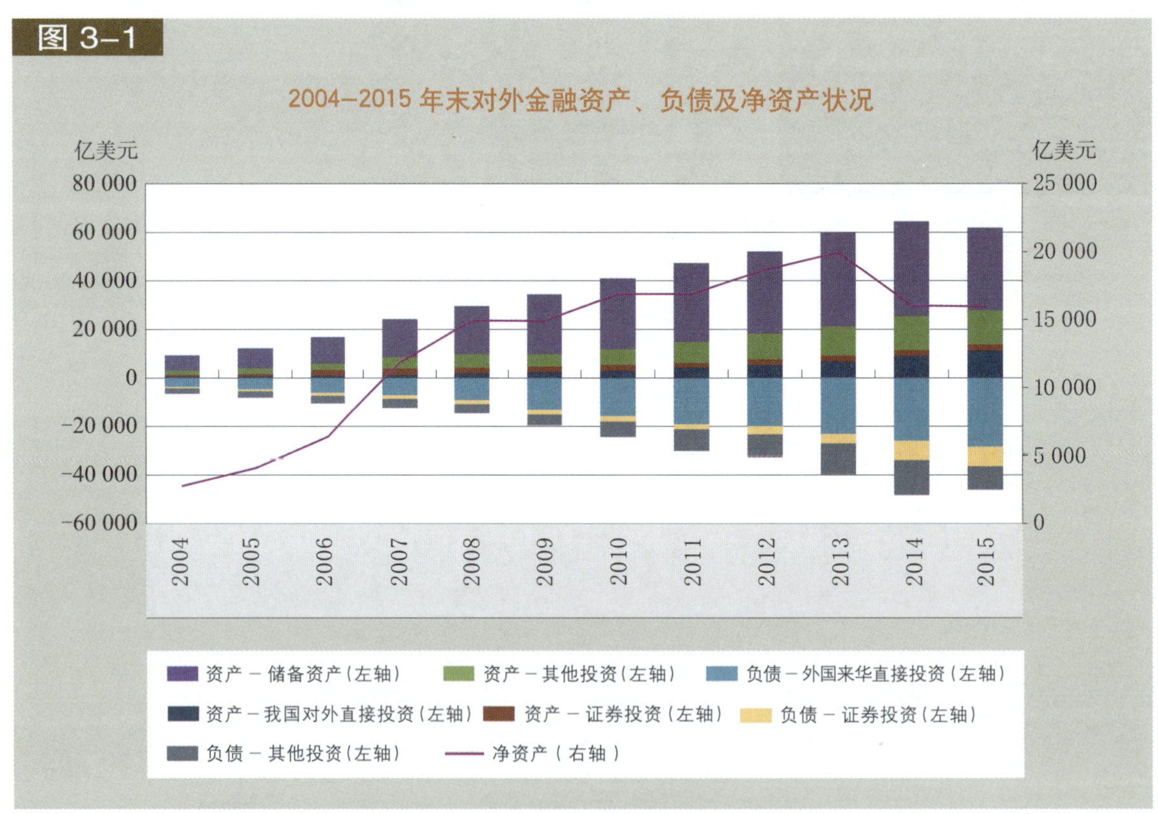

数据来源：国家外汇管理局。

① 对外金融资产和负债包括直接投资、证券投资及存贷款等其他投资。之所以对外直接投资属于金融资产范畴，是因为境内投资者持有的是境外被投资企业的股权，这与证券投资中的股权投资无本质区别，只是直接投资通常持股比例较高，意在影响或控制企业的生产经营活动。反之，外来直接投资则属于对外金融负债范畴，也是境外投资者对外商投资企业的权益。

图 3-2

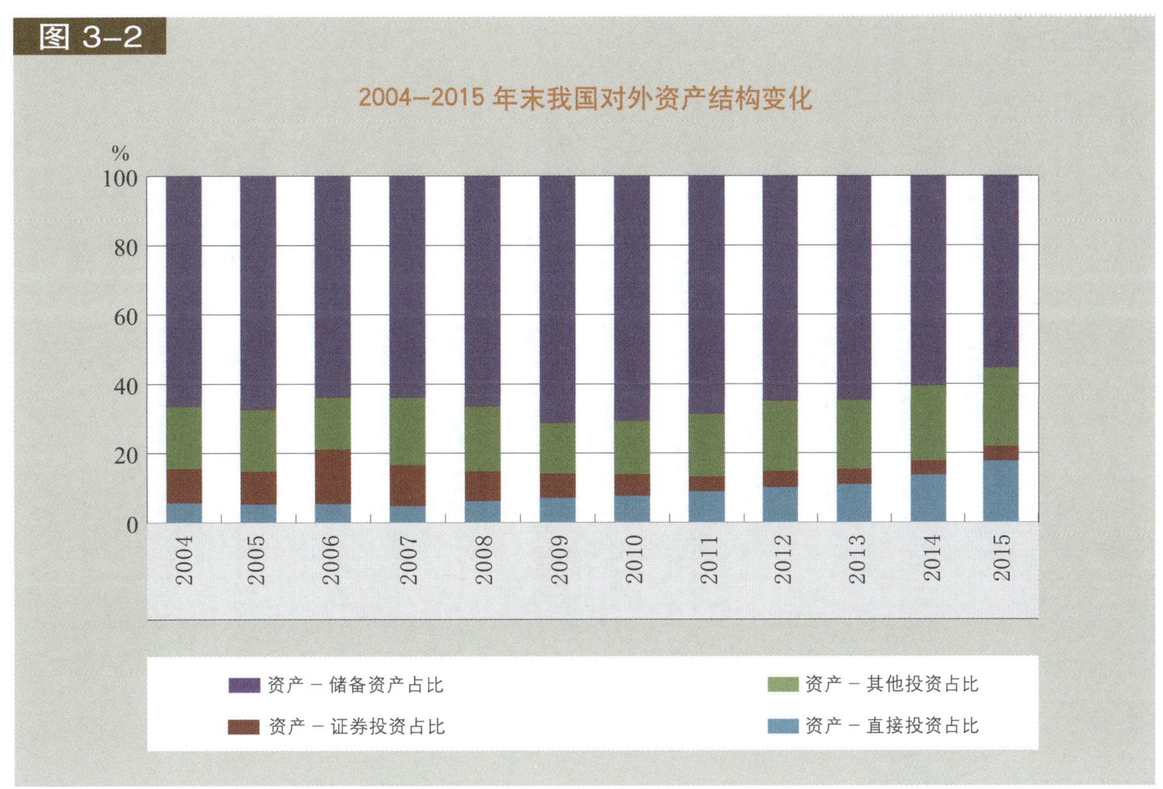

数据来源：国家外汇管理局。

为 14 185 亿美元，占比为 23%，较上年末上升 1 个百分点（见图 3–2）。

我国对外负债下降主要体现在偿还境外债务及非居民存款减少，来华直接投资仍继续增长。2015 年末，我国对外负债中，直接投资负债 28 423 亿美元[①]，较上年末增长 9%，继续位列对外负债首位，占比 61%，较上年末上升 7 个百分点，表明境外投资者继续看好我国经济发展的长期前景；证券投资负债 8 105 亿美元，较上年末略增 2%，占负债总额的比重为 18%，上升 2 个百分点；存贷款等其他投资负债 9 643 亿美元，较上年末大幅下降 33%，占负债总额的 21%，下降 9 个百分点（见图 3–3）。其他投资负债减少是我国对外负债存量下降的主要原因，反映了受境内外汇率、利率变化等因素影响，国内市场主体主动调整自身资产负债结构，持续偿还对外债务以及非居民减少境内存款。

对外投资收益差额继续呈现逆差。2015 年，我国国际收支平衡表中投资收益为逆差 734 亿美元。其中，我国对外投资收益收入 1 939 亿美元，对外负债收益支出 2 673 亿美元，二者年化收益率差异为 –2.6 个百分点（见图 3–4）。我国对外金融

① 外国来华直接投资存量包括我国非金融部门和金融部门吸收来华直接投资存量，以及境内外母子公司间贷款和其他债务性往来，并反映了价值重估因素影响。该口径与商务部统计的累计吸收外商直接投资不同，后者是历年外商直接投资股本投资流量累加。

图 3-3

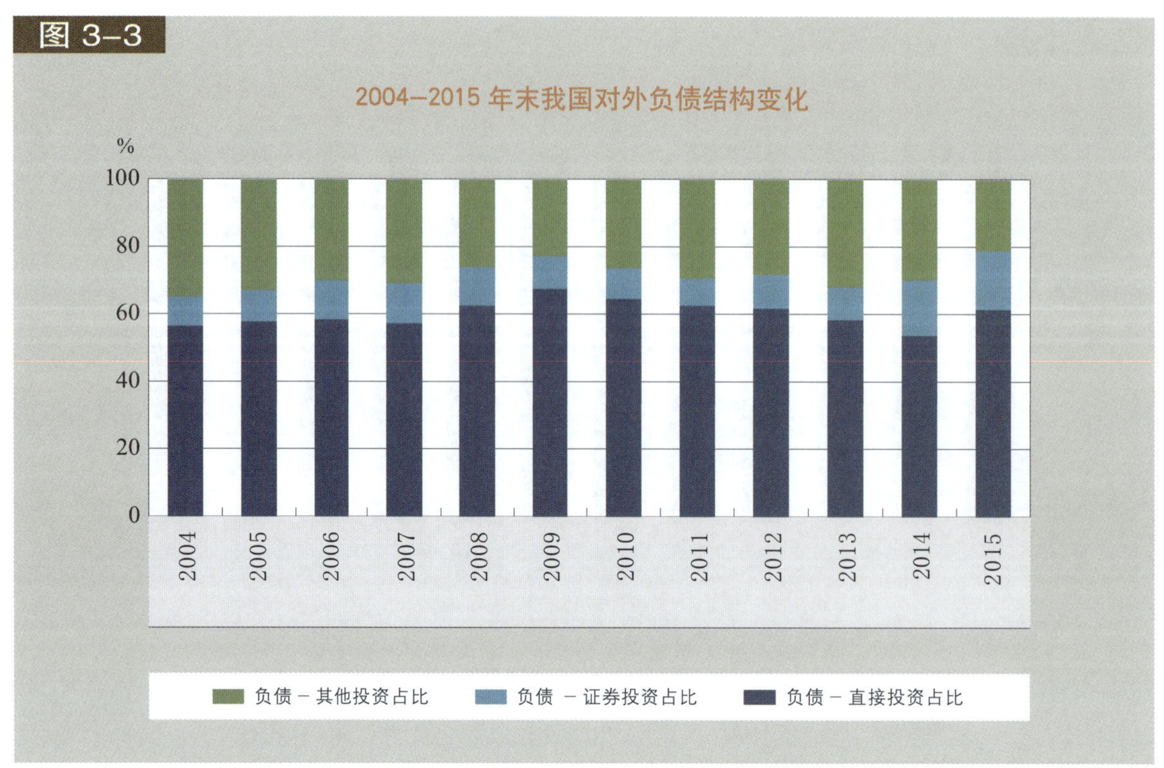

数据来源：国家外汇管理局。

资产负债结构决定了投资收益差额为负。2015 年我国对外金融资产中储备资产占比过半，属于低风险、高流动性的资产，按照市场规律投资回报相对低于其他资产，2005 年至 2015 年我国对外金融资产年平均投资收益率为 3.3%；对外金融负债中主要是外来直接投资，股权投资属于长期、稳定的投资，投资回报一般高于其他形式的资产，2005 年至 2015 年我国对外负债年平均投资收益率为 6.6%。相对较高的来华投资收益说明我国投资环境对于境外投资者仍然具有较大的吸引力，持续流入的来华直接投资资金对我国跨境资本流动起到了稳定器的作用。

表 3–1　2015 年末中国国际投资头寸表①

单位：亿美元

项目	行次	2015 年末
净头寸②	1	15 965
资产	2	62 189
1 直接投资	3	11 293

① 从 2015 年起，国家外汇管理局按照国际货币基金组织《国际收支和国际投资头寸手册》（第六版）编制和公布我国的国际投资头寸表（IIP）。根据手册的最新标准，全面采用市值法统计和编制我国国际投资头寸表中的各项数据，替代以往个别项目历史流量累计的方法。由于部分统计制度实施时间较短，历史数据无法获得，仅修订了 2014 年各季度历史数据，2014 年以前的往期数据未进行追溯调整。

② 净头寸是指资产减负债，“+”表示净资产，“–”表示净负债。本表记数采用四舍五入原则。

续表

项目	行次	2015 年末
1.1 股权	4	9 393
1.2 关联企业债务	5	1 901
2 证券投资	6	2 613
2.1 股权	7	1 620
2.2 债券	8	993
3 金融衍生工具	9	36
4 其他投资	10	14 185
4.1 其他股权	11	1
4.2 货币和存款	12	3 895
4.3 贷款	13	4 569
4.4 保险和养老金	14	172
4.5 贸易信贷	15	5 137
4.6 其他应收款	16	412
5 储备资产	17	34 061
5.1 货币黄金	18	602
5.2 特别提款权	19	103
5.3 在国际货币基金组织的储备头寸	20	45
5.4 外汇储备	21	33 304
5.5 其他储备	22	7
负债	23	46 225
1 直接投资	24	28 423
1.1 股权	25	26 181
1.2 关联企业债务	26	2 242
2 证券投资	27	8 105
2.1 股权	28	5 906
2.2 债券	29	2 200
3 金融衍生工具	30	53
4 其他投资	31	9 643
4.1 其他股权	32	0
4.2 货币和存款	33	3 267
4.3 贷款	34	3 293
4.4 保险和养老金	35	93
4.5 贸易信贷	36	2 721
4.6 其他应付款	37	172
4.7 特别提款权	38	97

数据来源：国家外汇管理局。

图 3-4

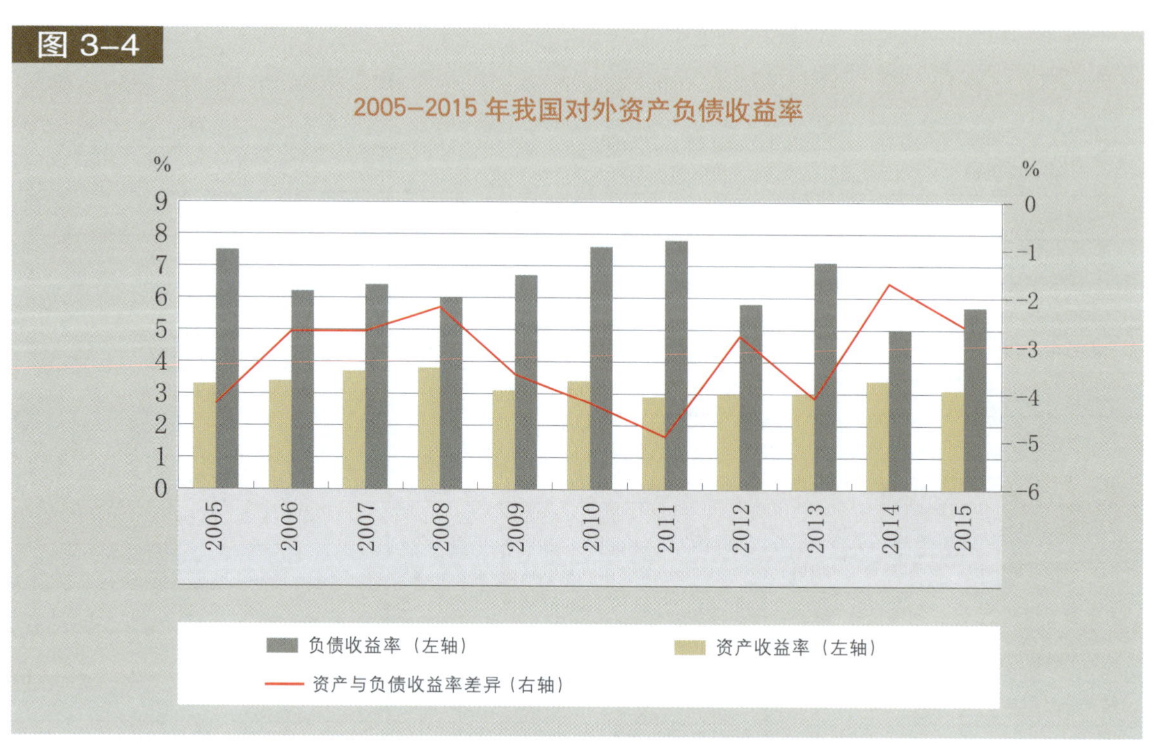

注：1. 资产（或负债）收益率 $= \frac{\text{年度投资收益收入（或支出）}}{\text{（上年末＋本年末对外资产（或负债）存量）}/2}$

2. 资产负债收益率差异＝资产收益率－负债收益率

数据来源：国家外汇管理局。

专栏 7

我国银行业对外资产负债情况分析

2015 年 12 月末，我国银行业对外资产 7 216 亿美元[①]，占同期我国对外资产存量[②]总规模的 12%；对外负债 9 437 亿美元，占同期我国对外负债存量的 20%；对外净负债 2 221 亿美元。

一、我国银行业对外资产负债结构分析（见表 C7-1）

从工具类型看，存贷款资产占 80%，存贷款负债占 50% 以上。我国银行业对外存贷款资产 5 747 亿美元，占总资产的 80%；债券资产 484 亿美元，占 7%；股权和金融衍生品等其他投资资产 985 亿美元，占 14%。我国银行业对

① 本文所用数据来自于国家外汇管理局《对外金融资产负债及交易统计制度》采集的数据。我国已于 2015 年底参加国际清算银行的国际银行业统计，并按照其要求分季度报送我国银行业的对外资产负债情况，本文基于 2015 年 12 月末报送数据进行分析。

② 对外资产存量规模含储备资产，若扣除储备资产，银行业对外资产占比为 26%。

外存贷款负债4 858亿美元，占总负债的52%；债券负债1 375亿美元，占15%；股权和金融衍生品等其他投资负债3 204亿美元，占34%。

从币种分布来看，美元币种资产占比超过70%，人民币负债占比接近50%。我国银行业对外人民币资产579亿美元，占总资产的8%；美元资产5 285亿美元，占73%；欧元资产224亿美元，占3%。我国银行业对外人民币负债4 362亿美元，占总负债的46%，美元负债2 298亿美元，占24%，欧元负债227亿美元，占3%。

从资产负债净额来看，净负债主要为股权和金融衍生产品类型投资，存贷款投资表现为净资产。我国银行业股权和金融衍生产品投资工具对外净负债2 219亿美元，主要是境外上市需求较高使得对外股权负债较多；债务投资工具对外净负债891亿美元；存贷款投资工具表现为净资产，为889亿美元。

表C7–1 2015年12月末我国银行业对外资产负债结构表

单位：亿美元

		资产		负债		净资产
		金额	占比	金额	占比	金额
按工具类型分	存贷款	5 747	79.6%	4 858	51.5%	889
	债券	484	6.7%	1 375	14.6%	−891
	其他	985	13.7%	3 204	33.9%	−2 219
按币种分	人民币	579	8.0%	4 362	46.2%	−3 783
	美元	5 285	73.2%	2 298	24.3%	2 987
	欧元	224	3.1%	277	3.0%	−53
	日元	77	1.1%	140	1.5%	−64
	英镑	49	0.7%	15	0.2%	35
	其他	1 002	13.9%	2 345	24.8%	−1 343
合计		7 216	100%	9 437	100%	−2 221

数据来源：国家外汇管理局。

二、我国银行业对外资产负债的国际比较

我国银行业对外资产负债规模较高。我国银行业对外资产负债规模低于欧美几个发达大国和日本，但高于其他国家，整体处于中等水平。与2015年9月末各国银行业对外资产负债规模进行比较①，美国、日本、英国、德

① 由于国际清算银行公布的其他国家/地区的国际银行统计更新到2015年第三季度末，故本文国际比较均使用2015年第三季度末相应数据。

图 C7-1

2015 年第三季度末世界主要国家 / 地区银行业对外资产负债规模

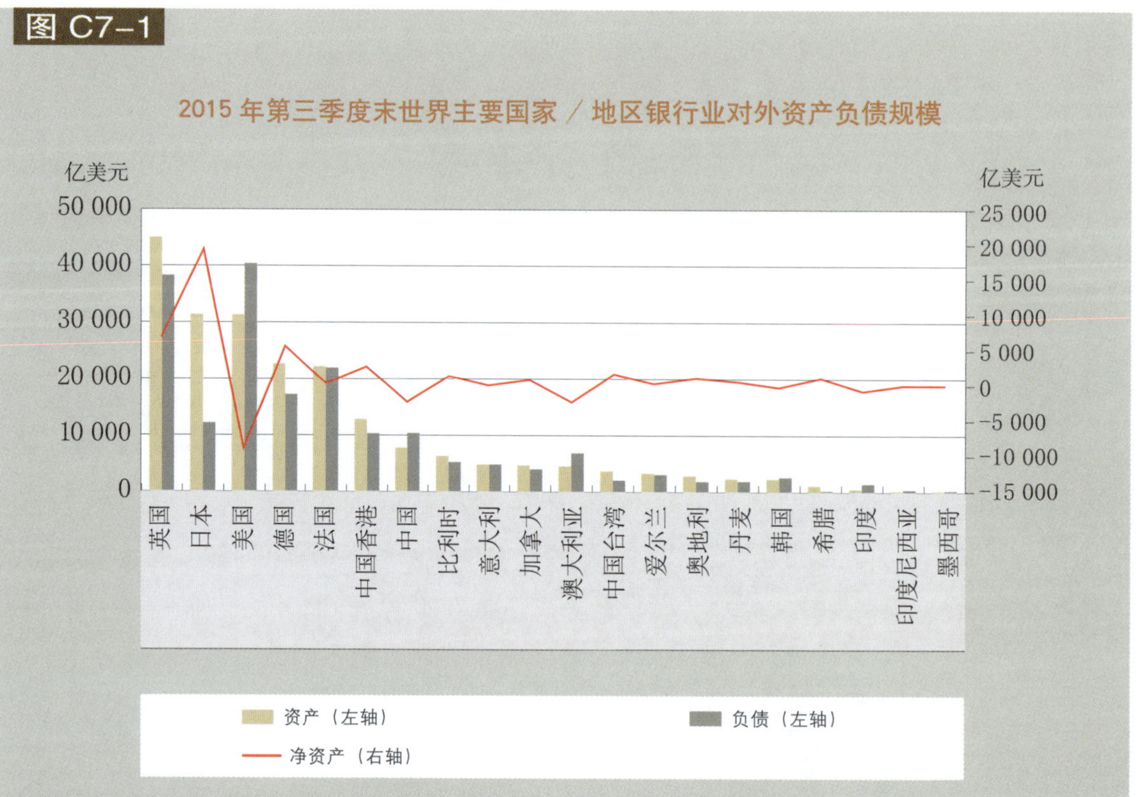

数据来源：国际清算银行。

国和法国银行业对外资产和负债规模均在万亿美元以上；我国银行业对外资产规模为 7 662 亿美元，负债规模为 10 262 亿美元，高于亚洲的韩国、印度、印度尼西亚，也高于意大利、澳大利亚、加拿大等其他发达国家（见图 C7-1）。

我国银行业吸收的外国投资较多。2015 年 9 月末，我国银行业对外净负债 2 600 亿美元。与主要国家相比，仅低于美国（净负债为 9 082 亿美元）。其他国家 / 地区中，澳大利亚、韩国、墨西哥、意大利、印度、印度尼西亚为净负债，日本为较大规模的净资产（为 19 201 亿美元），英国、德国、法国、比利时、加拿大、中国台湾、中国香港表现为净资产。净负债水平较高表明我国银行业在国际上认可度较高，吸收的外国投资较多。

四、外汇市场运行与人民币汇率

（一）人民币汇率走势

人民币对主要货币有升有贬。2015年末，人民币对美元汇率中间价为6.4936元/美元，较上年末贬值5.8%（见图4-1），银行间外汇市场（CNY）和境外市场（CNH）即期交易价累计分别下跌4.5%和5.4%（见图4-2）。

2015年末，人民币对欧元、日元、英镑、澳元、加元汇率中间价分别为7.0952元/欧元、5.3875元/100日元、9.6159元/英镑、4.7276元/澳元、4.6814元/加元，分别较上年末升值5.1%、贬值4.6%、贬值0.8%、升值6.1%和升值12.7%。

人民币对一篮子货币保持基本稳定。根据国际清算银行（BIS）的数据，2015年人民币名义有效汇率累计升值3.7%，扣除通货膨胀因素的实际有效汇率累计升值3.9%（见图4-3），在BIS监测的61种货币中升值幅度分别居第11位和第12位（见图4-4）。2005年人民币汇率形成机制改革以来，人民币名义和实际有效汇率累计分别升值45.9%和56.2%。

根据中国外汇交易中心的数据，2015年末CFETS人民币汇率指数、参考BIS货币篮子和SDR货币篮子的人民币汇率指数分别为100.94、101.71和98.84，分别较上年末升值0.94%、升值1.71%和贬值1.16%。三个人民币汇率指数一贬两升、小幅变化，显示2015年人民币对一篮子货币总体保持了基本稳定。

图4-1

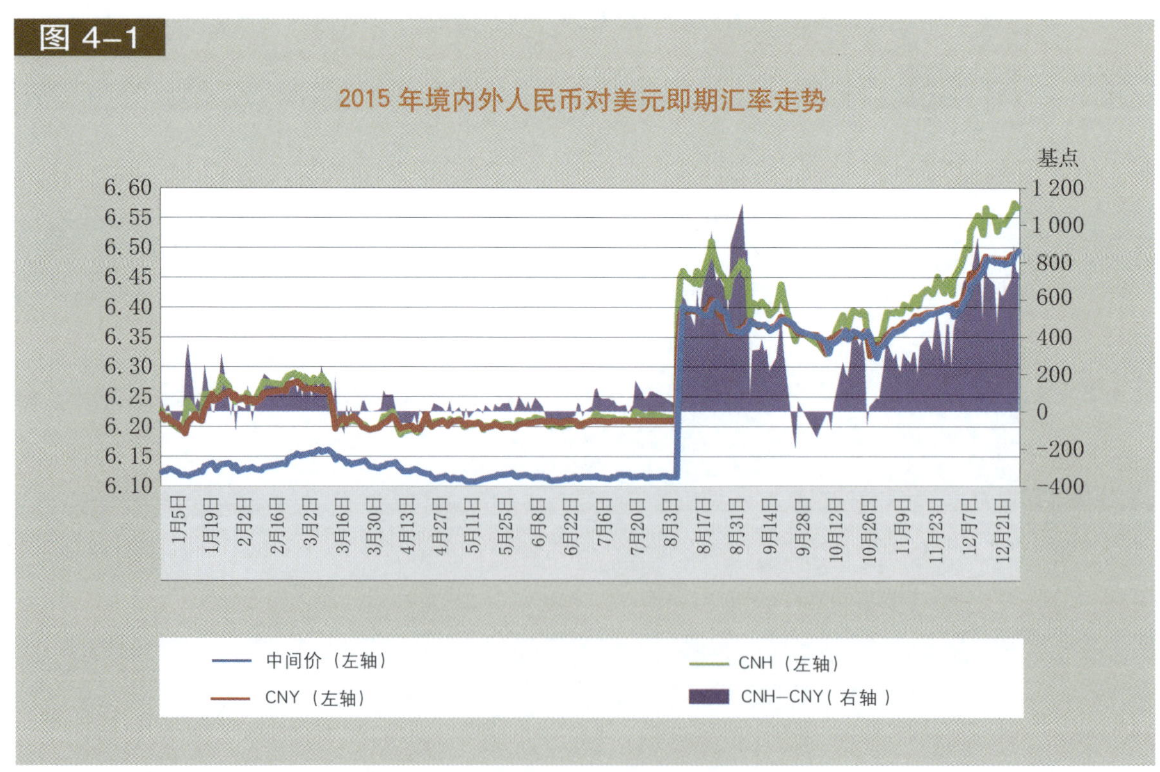

数据来源：中国外汇交易中心，路透数据库。

图 4-2

数据来源：中国外汇交易中心，彭博资讯。

图 4-3

数据来源：国际清算银行。

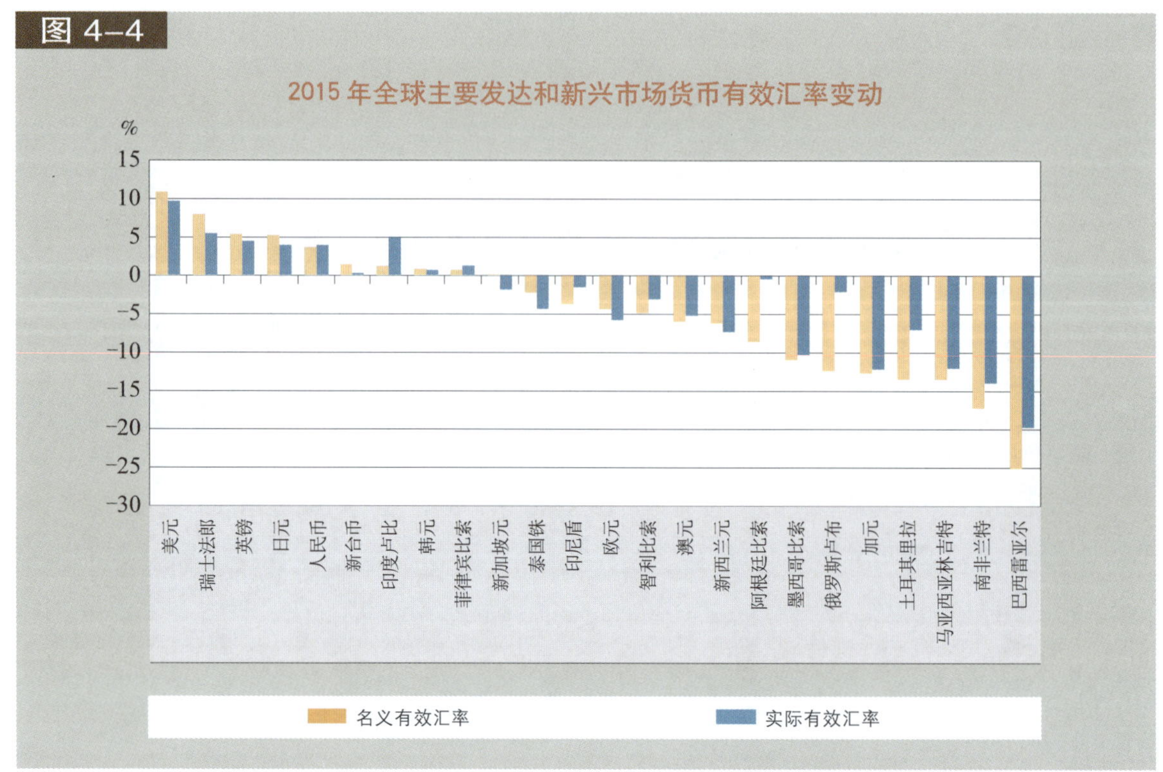

数据来源：国际清算银行。

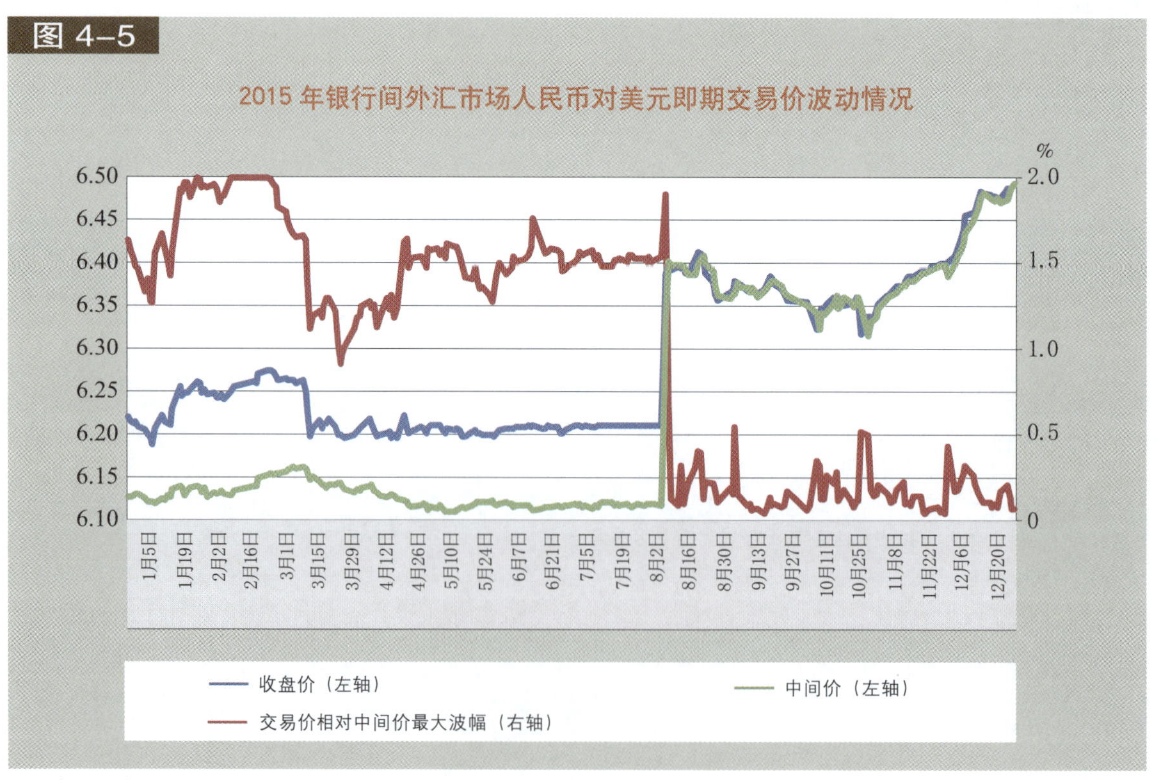

数据来源：中国外汇交易中心。

人民币对美元汇率中间价更加市场化。2015 年 8 月 11 日完善人民币对美元汇率中间价报价机制以来，中间价与上日银行间外汇市场即期收盘价一致性大幅提高。8 月 11 日至 12 月末，中间价与上日收盘价平均点差为 33 个基点，比 2015 年初至 8 月 10 日的平均点差大幅下降 874 个基点。

2015 年，银行间外汇市场即期交易价相对中间价日间最大波幅日均为 1.01%，较上年上升 0.22 个百分点。8 月汇改前，交易价持续处于中间价贬值区间，2 月一度接近中间价 2% 浮动区间上限，年初至 8 月 10 日交易价相对中间价日间最大波幅日均为 1.53%；汇改后，交易价转向围绕中间价上下窄幅波动，8 月 11 日至 12 月末交易价相对中间价日间最大波幅日均为 0.20%（见图 4–5）。

人民币汇率双向浮动弹性明显增强。2015 年 8 月汇改后，随着人民币对美元汇率中间价更加市场化，人民币汇率双向浮动弹性进一步增强。2015 年末，境内外市场人民币对美元汇率 1 年期历史波动率分别为 3.1% 和 4.4%，较年初分别上升 51.2% 和 1 倍，期权市场隐含波动率较年初分别上升 80.5% 和 1.1 倍至 5% 和 7.4%（见图 4–6）。

境内外人民币汇率差价波动拉宽。2015 年，境外 CNH 相对境内 CNY 总体折让、价差先窄后宽（见图 4–7），即期市场境内外日均价差 213 个基点，高于 2014 年全年水平（79 个基点），显示国际金融市场震荡、美元走强的外部环境下，境外市场对人民币存在一些看空情绪，也一定程度上反映出境外市场自身存在的波动性。

远期外汇市场价格大幅波动。受本外币利差、外汇供求、市场预期等因素影响，2015 年境内外远期市场价格波动较大（见图 4–9）。第一季度，受市场看空人民币预期和外币债务去杠杆化的影响，企业大量远期净购汇推动人民币远期汇率走弱。第二季度，随着人民币汇率预期趋稳，企业远期净购汇大幅回落，前期增持的外币存

图 4–6

境内外市场人民币对美元汇率 1 年期波动率

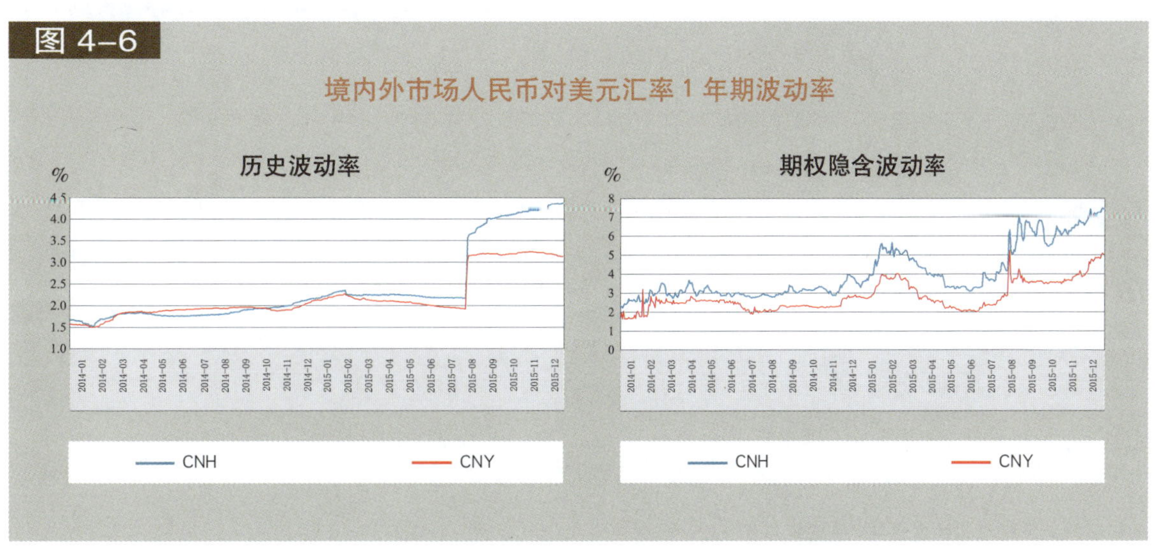

数据来源：彭博资讯。

图 4-7

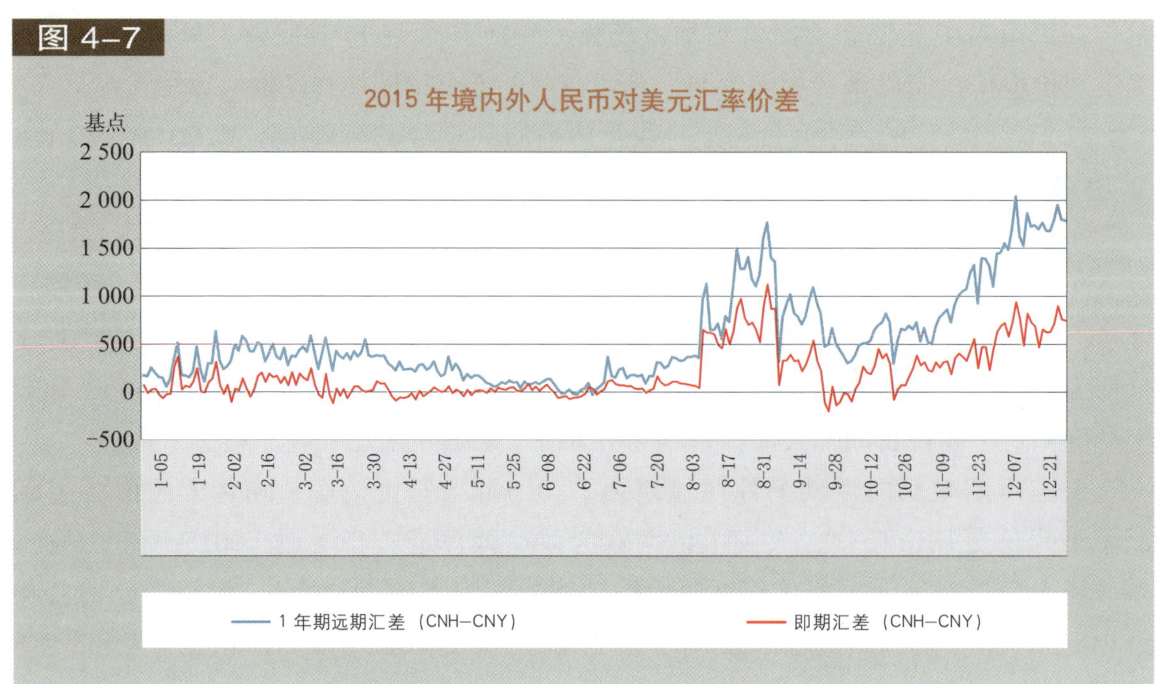

数据来源：中国外汇交易中心，路透数据库。

图 4-8

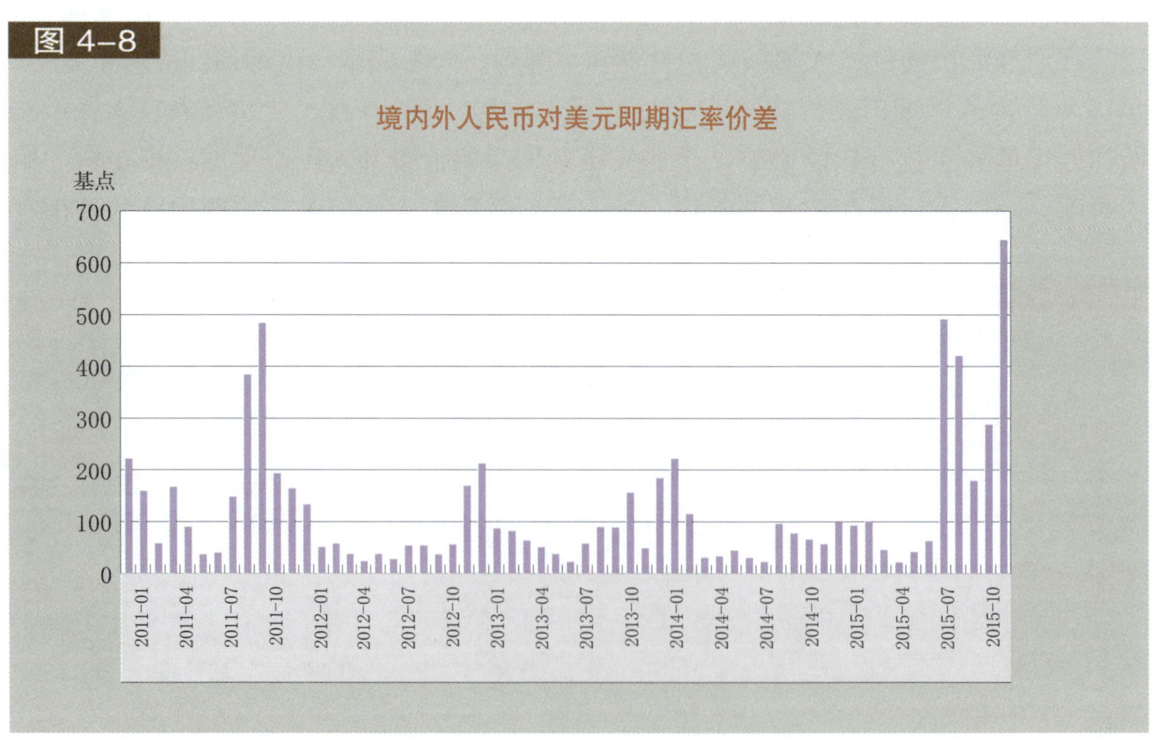

注：日均价差绝对值。
数据来源：中国外汇交易中心，路透数据库。

图 4-9

2013 年以来境内外市场 1 年期人民币对美元汇率

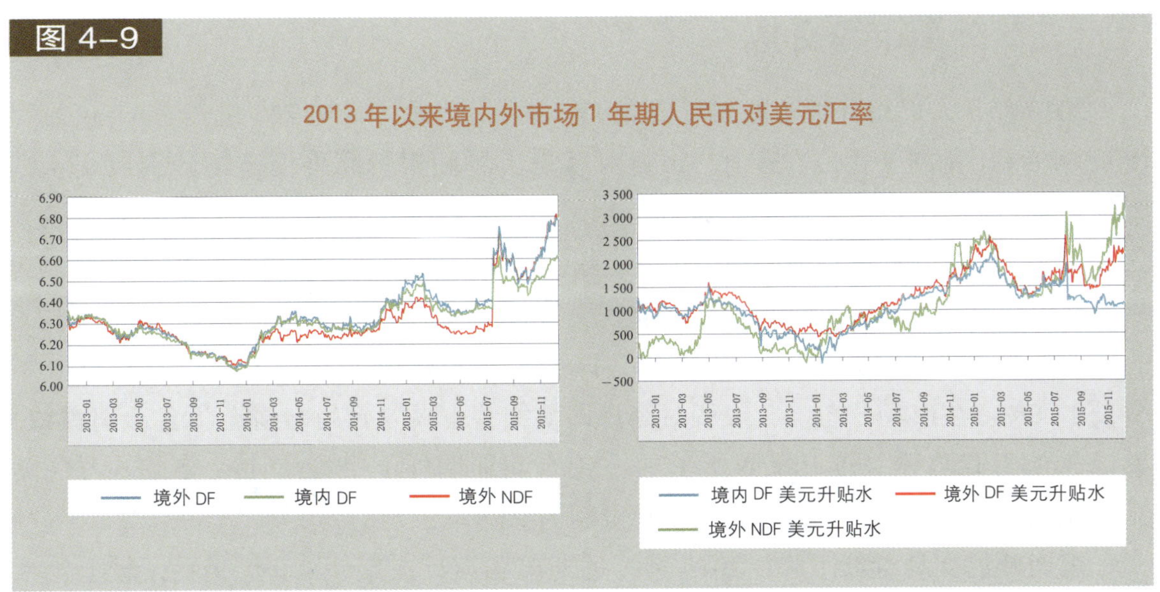

数据来源：中国外汇交易中心，路透数据库。

款也部分释放，加之本外币利差受人民币降息、降准影响逐步收窄（见图 4-10），人民币远期汇率逐步回升。下半年，境内外远期市场价格再现第一季度走势，人民币远期汇率走弱并突破年初低点。2015 年，境内外可交割和无本金交割远期市场 1 年期人民币对美元汇率累计分别下跌 3.8%、6.1% 和 6.6%。

图 4-10

2013 年以来境内人民币与美元利差（6 个月期限）

数据来源：中国外汇交易中心，路透数据库。

（二）外汇市场交易

2015 年，人民币外汇市场累计成交 17.76 万亿美元（日均 728 亿美元），较上年增长 39.3%（见图 4–11）。其中，银行对客户市场和银行间外汇市场分别成交 4.21 万亿美元和 13.55 万亿美元[①]；即期和衍生产品分别成交 8.26 万亿美元和 9.50 万亿美元（见表 4–1），衍生产品在外汇市场交易总量中的比重升至历史新高的 53.5%，交易产品构成进一步接近全球外汇市场状况（见图 4–12）。

即期外汇交易小幅增长。2015 年，即期市场累计成交 8.26 万亿美元，较上年增长 14.0%。在市场分布上，银行对客户即期结售汇（含银行自身，不含远期履约）累计 3.40 万亿美元，较上年增长 8.7%；银行间即期外汇市场累计成交 4.86 万亿美元，较上年增长 17.9%，其中美元交易份额为 94.9%。

远期外汇交易继续下降。2015 年，远期市场累计成交 4 950 亿美元，较上年下降 17.2%。在市场分布上，银行对客户远期结售汇累计签约 4 578 亿美元，其中结汇和售汇分别为 1 318 亿美元和 3 260 亿美元，较上年分别下降 16.0%、下降 56.1% 和增长 33.3%（见图 4–13），6 个月以内的短期交易占 72.9%，较上年上升 9.7 个百分点（见图 4–14）；银行间远期外汇市场累计成交 372 亿美元，较上年下降 29.7%。

掉期交易大幅增长。2015 年，外汇和货币掉期市场累计成交 8.6 万亿美元，较

图 4–11

数据来源：国家外汇管理局，中国外汇交易中心，国际清算银行。

---

① 银行对客户市场采用客户买卖外汇总额，银行间外汇市场采用单边交易量，以下同。

图 4-12

中国与全球外汇市场的交易产品构成比较

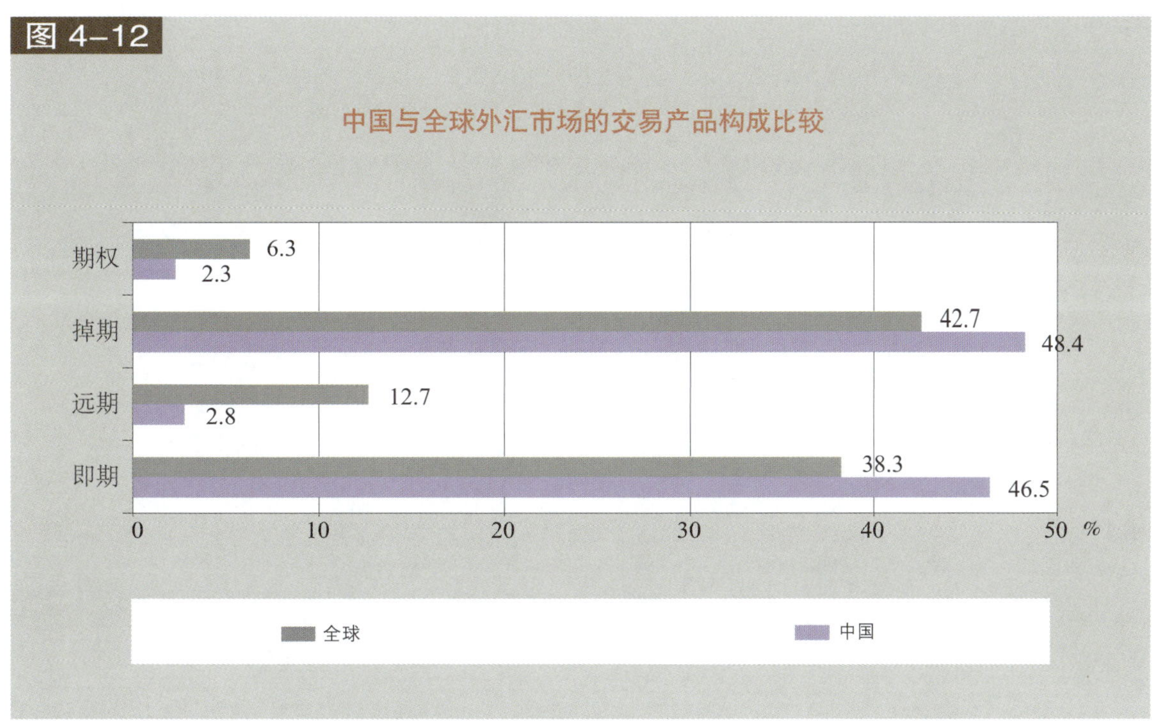

注：中国为 2015 年数据，全球为国际清算银行 2013 年 4 月调查数据。
数据来源：国家外汇管理局，中国外汇交易中心，国际清算银行。

图 4-13

2012-2015 年银行对客户远期结售汇交易量

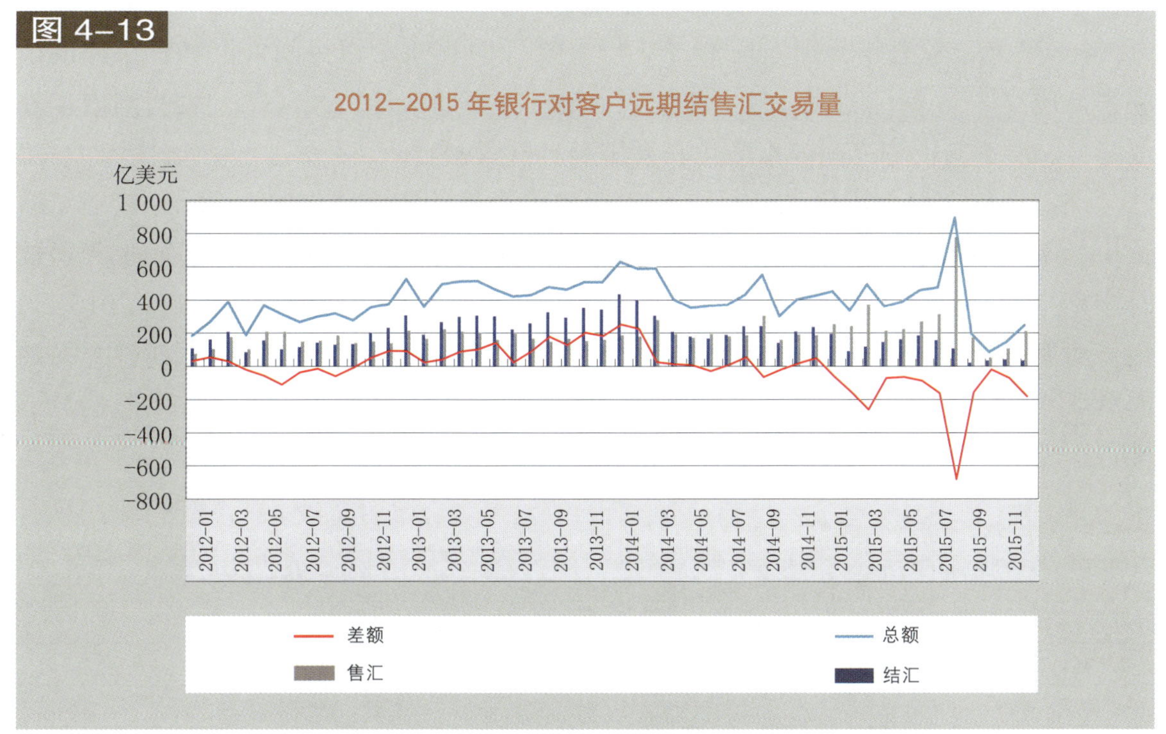

数据来源：国家外汇管理局。

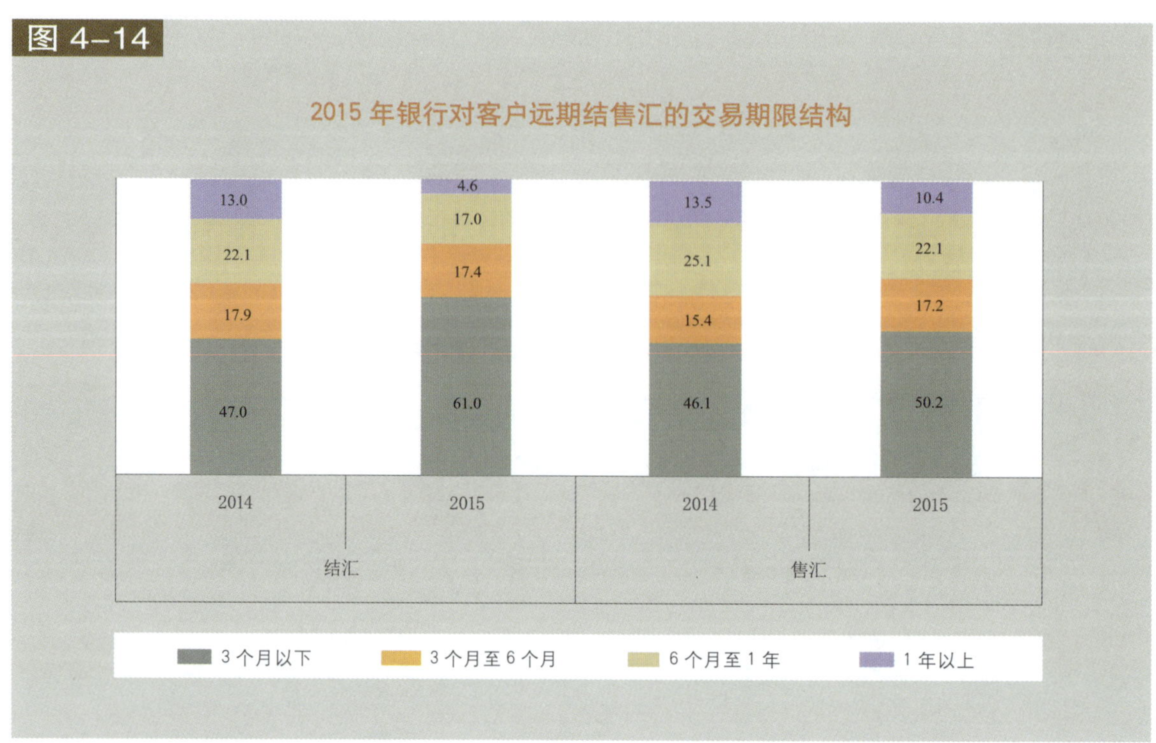

数据来源：国家外汇管理局。

上年增长 82.4%。在市场分布上，银行对客户外汇和货币掉期累计签约 2 427 亿美元，其中近端结汇 / 远端购汇和近端购汇 / 远端结汇的交易量分别为 213 亿美元和 2 214 亿美元，较上年分别增长 11.7%、11.1% 和 11.7%；银行间外汇和货币掉期市场累计成交 8.36 万亿美元，较上年增长 85.8%。掉期市场持续活跃，表明国内本外币资金、利率与汇率之间的市场化联系机制日益紧密。

外汇期权交易大幅增长。2015 年，期权市场累计成交 4 047 亿美元，较上年增长 1.1 倍。在市场分布上，银行对客户期权市场累计成交 1 159 亿美元，较上年增长 84.2%；银行间外汇期权市场累计成交 2 888 亿美元，较上年增长 1.2 倍。2015 年，银行对客户市场的期权与远期交易量之比由上年 11.6% 上升至 25.3%，期权交易趋向活跃表明随着人民币汇率双向浮动弹性增强，期权产品对于管理汇率风险的灵活性特征吸引更多企业积极参与。

表 4–1　2015 年人民币外汇市场交易概况

交易品种	交易量（亿美元）
即期	82 602
银行对客户市场	33 978
银行间外汇市场	48 623
远期	4 950

续表

交易品种	交易量（亿美元）
银行对客户市场	4 578
其中：3 个月（含）以下	2 442
3 个月至 1 年（含）	1 736
1 年以上	399
银行间外汇市场	372
其中：3 个月（含）以下	267
3 个月至 1 年（含）	96
1 年以上	9
外汇和货币掉期	86 033
银行对客户市场	2 427
银行间外汇市场	83 606
其中：3 个月（含）以下	76 420
3 个月至 1 年（含）	7 055
1 年以上	131
期权	4 047
银行对客户市场	1 159
其中：买入期权	656
卖出期权	503
其中：3 个月（含）以下	501
3 个月至 1 年（含）	475
1 年以上	183
银行间外汇市场	2 888
其中：3 个月（含）以下	2 406
3 个月至 1 年（含）	478
1 年以上	4
合计	177 631
银行对客户市场	42 142
银行间外汇市场	135 489
其中：即期	80 602
远期	4 950
外汇和货币掉期	86 033
期权	4 047

注：数据均为单边交易额，采用四舍五入原则。
数据来源：国家外汇管理局，中国外汇交易中心。

图 4-15

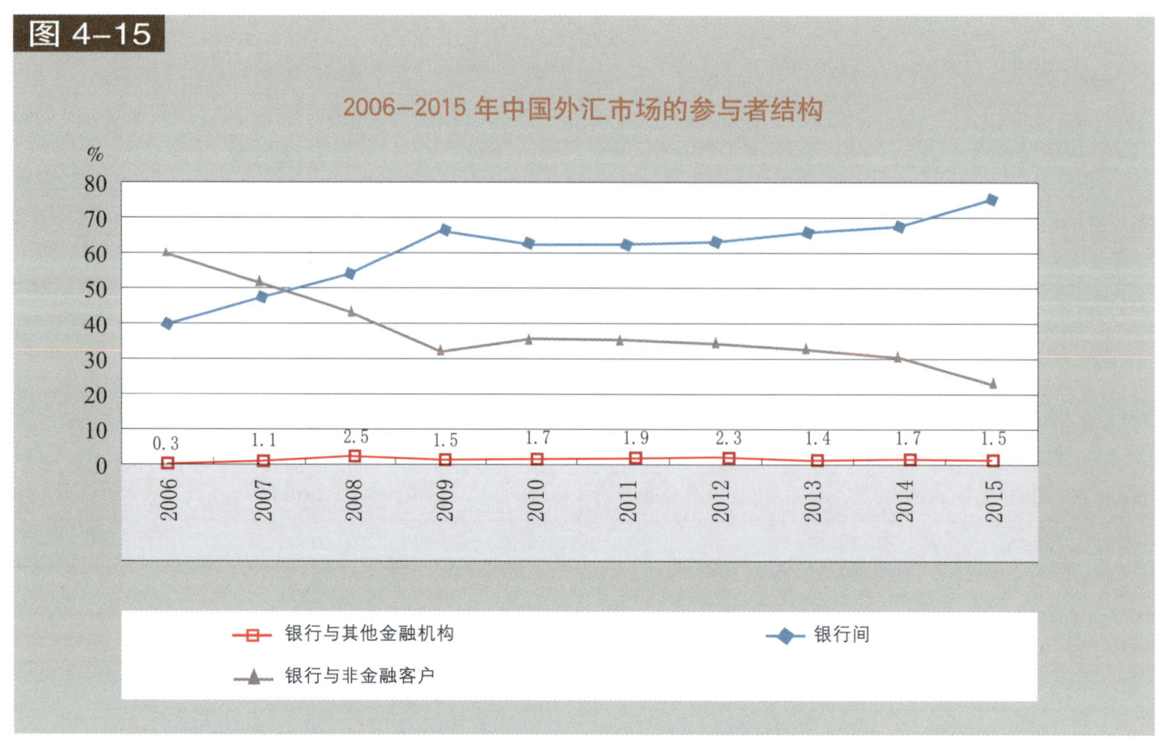

数据来源：国家外汇管理局，中国外汇交易中心。

外汇市场参与者结构保持稳定。银行自营交易延续主导地位（见图 4–15），2015 年银行间交易占整个外汇市场的比重从上年的 67.7% 上升至 75.4%；非金融客户交易的比重从 30.5% 下降至 23.0%，跨境人民币结算业务发展产生的替代效应可能是一个重要原因；非银行金融机构交易的市场份额小幅下降 0.2 个百分点至 1.5%，非银行金融机构在我国外汇市场的参与度仍有限。

五、国际收支形势展望

2016 年，我国国际收支将继续呈现“经常账户顺差、资本和金融账户（不含储备资产，下同）逆差”的格局。

经常账户将保持一定规模顺差。首先，货物贸易维持顺差。从出口看，全球经济延续缓慢复苏态势，有助于稳定我国的外需。从国际货币基金组织 2016 年 1 月发布的最新预测看，2016 年世界经济增长 3.4%，较 2015 年增速提升 0.3 个百分点；同时，随着我国“一带一路”等战略规划的逐步落实，双边和多边战略合作的不断加强，出口也会迎来新的机遇。从进口看，由于美元总体强势和全球需求不振，国际大宗商品价格可能还会在低位震荡，再加上我国内需将保持相对稳定，进口规模仍会明显低于出口。其次，服务贸易等项目将继续呈现逆差。其中，旅行项目仍是最主要的逆差来源，我国居民境外旅游、留学等消费需求还会较高。总的来看，2016 年，经常账户将在货物贸易主导下持续顺差，与 GDP 之比处于国际公认的合理区间。

资本和金融账户将继续呈现逆差，跨境资本流动有望总体趋稳。一方面，国内外宏观经济金融环境更加复杂。全球经济复苏步伐依然缓慢，新兴经济体经济发展面临多重压力。主要经济体货币政策继续分化，不确定因素进一步增多，如美联储加息时点和节奏不定，欧元区和日本央行相继推出负利率政策，国际金融市场可能受到反复冲击，市场情绪起伏较大，将加剧国际资本流动的短期波动。我国经济运行步入“新常态”，在国内经济发展动能转换过程中，不可避免地会出现经济增速放缓等问题，可能会被市场持续关注，推动境内主体对外资产负债结构的继续调整。另一方面，支撑我国国际收支平稳运行的因素依然较多。2016 年我国经济增长目标为 6.5%-7%，在世界范围内仍属于较高增速，经济结构将进一步优化，经济发展前景依然向好，将继续吸引外资尤其是长期资本流入。同时，我国外汇储备仍较充裕，境内主体经过近两年的债务去杠杆化调整，已明显降低了未来的对外偿付风险。此外，如果美联储货币政策调整步伐基本符合市场预期，对国际金融市场的影响能够逐步释放，也会降低新兴经济体的资本外流压力。

2016 年，**外汇管理部门将继续处理好便利化与防风险之间的平衡。**一方面，坚持服务实体经济发展，推动外汇管理改革。继续为市场主体利用国际国内两个市场提供便利，充分满足市场主体具有真实贸易投资交易背景的用汇需求。继续推动简政放权和依法行政，深化经常项目便利化改革，完善跨境投融资外汇管理，推动外汇市场发展，进一步优化外汇管理服务。另一方面，积极防范跨境资金流动风险，牢牢守住不发生系统性、区域性金融风险的底线。加强国际收支监测分析与预警，继续做好与市场主体的有效沟通，完善宏观审慎管理框架下的外债和跨境资本流动管理体系，指导银行按照“展业三原则”要求办理外汇业务，严格履行真实性、合规性审核责任，依法打击外汇违法违规行为。

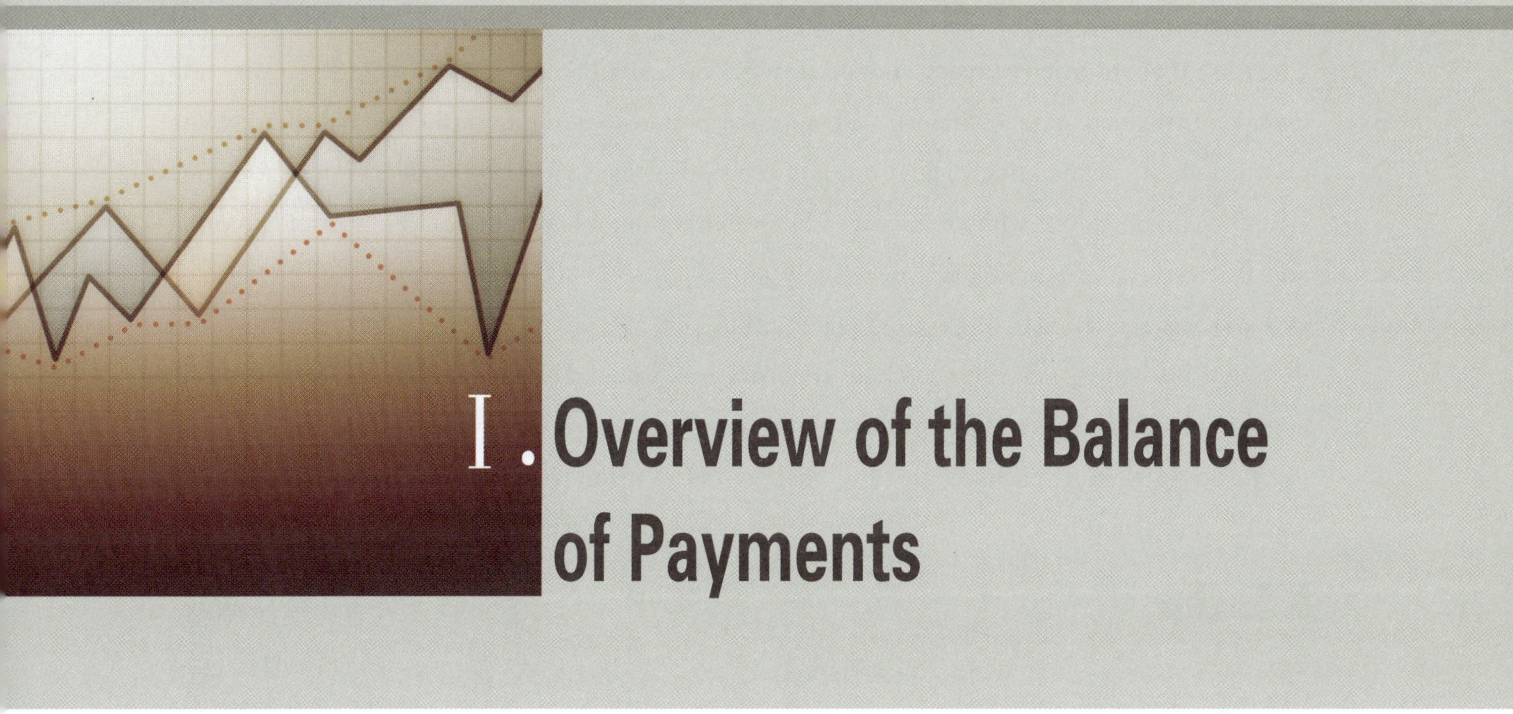

I. Overview of the Balance of Payments

(I) The Balance of Payments Environment

In 2015 China's balance of payments faced challenges due to the more complicated domestic and external environments. The growth rate of the global economy and global trade decelerated with an upward fluctuation in international financial markets. Monetary policies in the major economies became further diversified. The Chinese domestic economy performed within a reasonable range, but it still faced development and structural adjustments.

The global economic recovery slowed down. The United States showed a mild recovery: the manufacturing and services industries continued to grow beginning in the second quarter, the growth rate of consumption picked up, and the real estate market rebounded. The Euro zone again began to recover, with an improved labor market but a low inflation rate. But immigration and the terrorist attack in Paris negatively affect edits economic performance. Fluctuations in Japan were more active. Private consumption and net exports shrank significantly due to deflation pressures, and the economic recovery was weak. The momentum for growth in the emerging markets weakened. Impacted by the ongoing low prices of staple goods, international capital flows were reversed against the background of a rate rise by the Fed and geopolitical shocks; some countries even recorded negative growth (see Chart 1–1).

Chart 1–1

Growth rates of the major economies,2007–2015

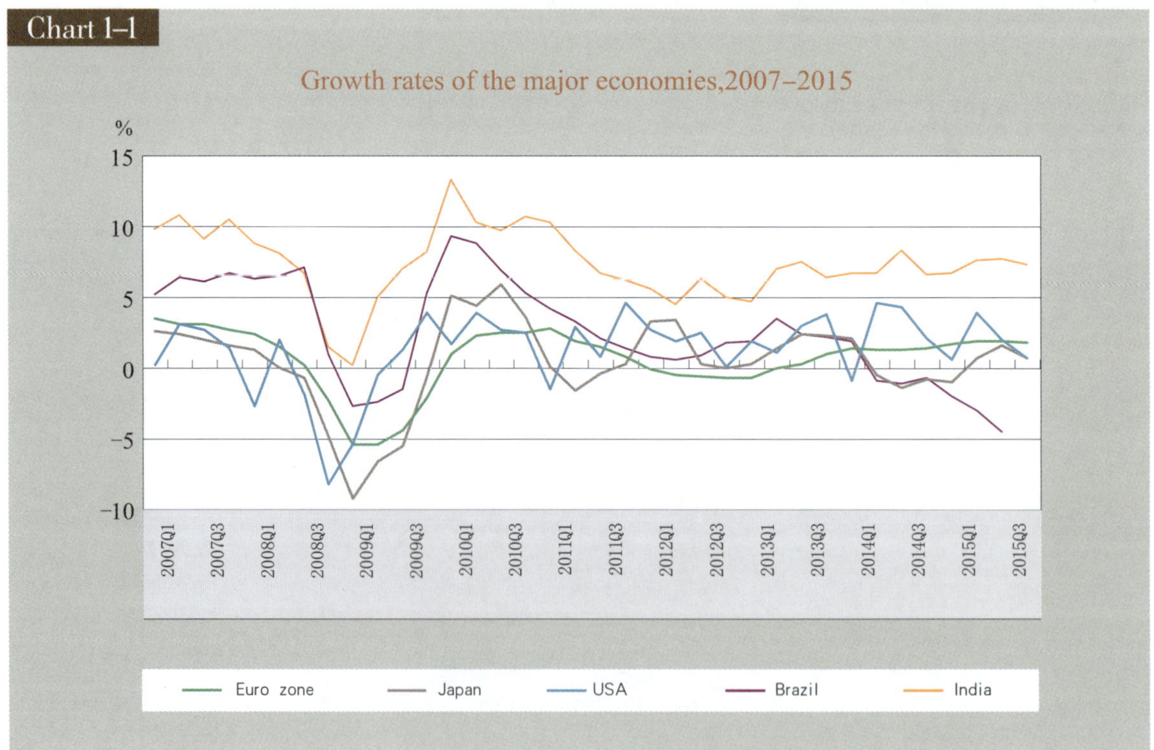

Note: The USA growth rate is the annualized quarterly growth, and the growth rates of the other countries are the year-on-year quarterly growth rates.

Sources: CEIC, Bloomberg.

Diversification of global monetary policies. After the Fed exited the third round of quantitative easing in October 2014, there was a global focus on the Fed's decision regarding a rate rise. In December 2015 the Fed announced it would increase its benchmark rate by 25 basis points from a range of 0 – 0.25 percent to a range of 0.25 – 0.5 percent. The ECB took a series of further easing measures, including expanding the scale and coverage of its asset purchase program and in December decreasing the deposit facility rate by 10 basis points to –0.3 percent. Japan continued its quantitative and qualitative easing (QQE), with an annual M_0 increase of JPY 80 trillion. There were also differences in the monetary policies of the emerging markets. Russia and India decreased their benchmark rates to promote economic growth and to mitigate the external shocks, but Brazil and South Africa tightened their monetary policies due to domestic inflation and shocks from the rise in the Fed rate.

International financial markets fluctuated notably. In 2015 uncertainties remained in the global economy, impacted by the previous easing monetary policy, leading to frequent turbulence in international financial markets. Due to the strong dollar and expectations that the Fed would raise its rate, the currencies in many economies, especially the currencies of the emerging economies, depreciated against the USD. In 2015 JP Morgan's EMCI dropped by 15.6 percent. The currencies in Argentina and Kazakhstan depreciated against the USD

Chart 1–2

Interest rates and monetary volatility in international financial markets, 2007–2015

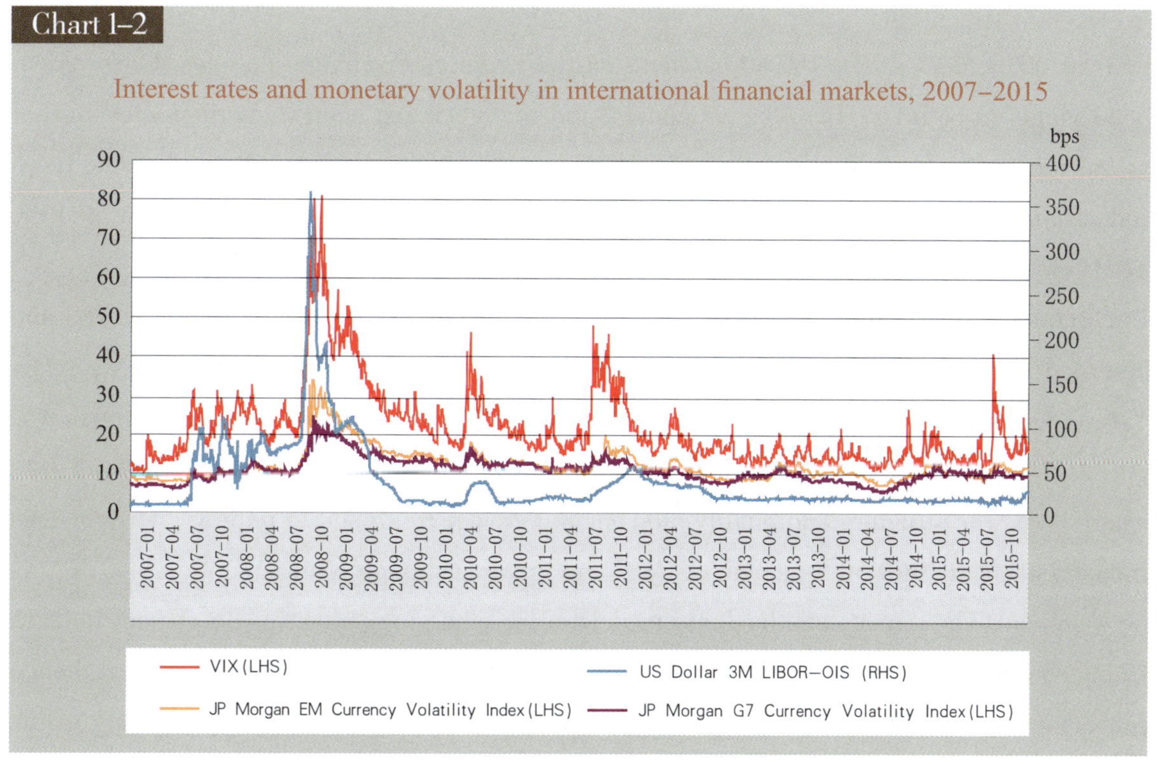

Source: Bloomberg.

Chart 1-3

Indices of stocks, bonds, and goods markets, 2012–2015

Note: BEMS refers to the Bloomberg Emerging Markets Sovereign Bond Index; BGSV refers to the Bloomberg Advanced Countries Sovereign Bond Index; MXEF refers to the MSCI Emerging Markets Index; SPX refers to the Standard & Poor's 500 Index; SX5E refers to the Euro STOXX 50 Index; and SPGSCI refers to the Standard & Poor's GSCI Index. 2012=10.

Source: Bloomberg.

by over 30 percent due to the adjustments in their foreign–exchange policies. Government bond yields in both the emerging economies and the advanced economies fluctuated further as did the global stock markets. Prices of staple goods remained low. In 2015 the Dow Jones Industrial Average decreased by 2.2 percent, the S&P 500 decreased by 0.7 percent, and the S&P GSCI decreased by 32.9 percent (see Chart 1–2 and Chart 1–3).

Performance of the domestic economy. In 2015 the Chinese economy performed well and operated smoothly. GDP totaled RMB 67.7 trillion, up by 6.9 percent, and the CPI rose by 1.4 percent. The employment rate remained stable. Globally, China's economic growth was still at a relatively high level, although high growth changed to medium–high growth (see Chart 1–4). The structure and quality of economic growth continued to improve. The services industry accounted for 50.5 percent of GDP and the contribution of consumption to GDP was 66.4 percent. The formats and business models of the emerging industries flourished. In 2015 China continued to employ a prudent monetary policy and adjusted its policy with strengthened preset fine–tuning. The central bank used various instruments to maintain liquidity in the banking sector at a reasonable and adequate level and to guide financial institutions to allocate

Chart 1-4

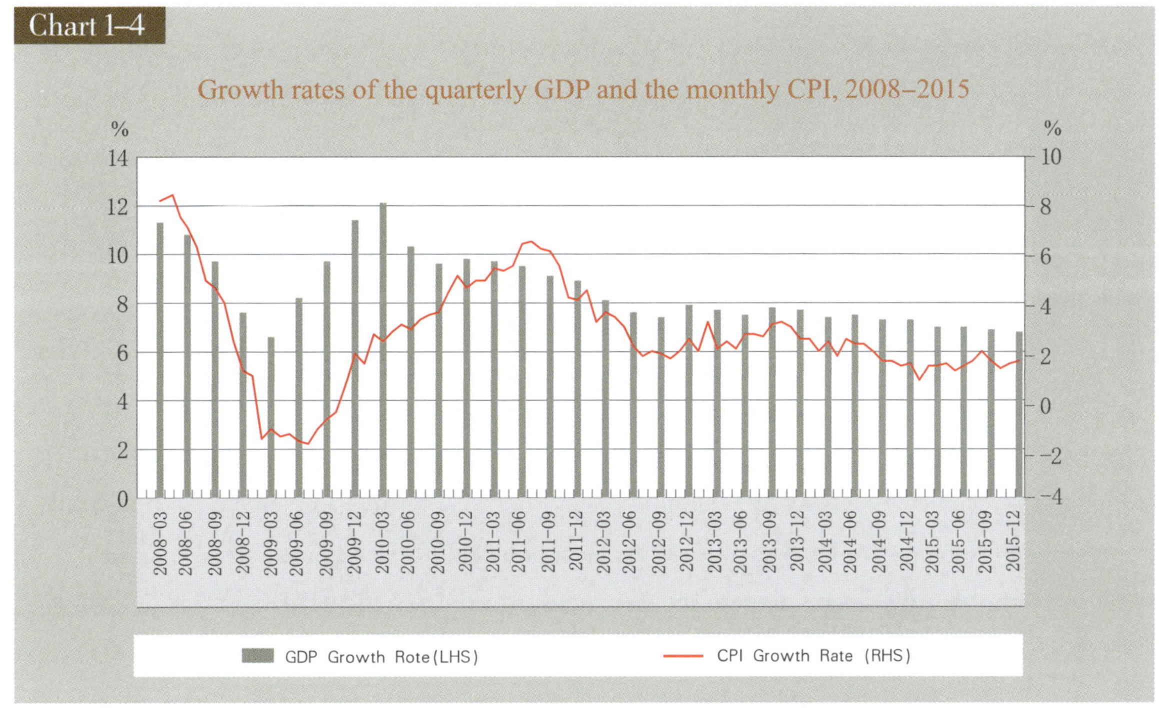

Source: NBS.

more resources to the real economy, especially to key areas and weak links. However, due to the structural excess in its manufacturing capacity, increased costs, rising debt leverage, and risk exposure in the financial sector, the domestic economy faced challenges of downward pressures.

Box 1

Diversified trends become more significant in the emerging economies due to global factors

In 2015 the emerging economies diverged more obviously as a result of the uneven impacts of global factors and their differing capacities to cope with the situation.

As a whole, the growth rate in these economies slowed down and the differences in these economies became more significant. [①]According to estimations by the IMF, the growth rates in the emerging economies and the developing countries fell from 4.6 percent in 2014 to 4.0 percent in 2015, and there were also differences in the performance

① Date of the growth rate of these economies is estimated by IMF *World Economic Outlook*.

of the various economies. In 2015 economic growth rates in Russia and Brazil fell to 3.7 percent and 3.8 percent respectively. The growth rate in South Africa declined slightly to 1.3 percent, and that in India remained basically stable at 7.3 percent. Poland and Mexico maintained mild growth rates, rising to 3.5 percent and 2.5 percent respectively.

As a whole, inflation was moderate, but there were major differences among the various countries in terms of the absolute values of inflation. In December 2015 inflation in most countries had declined compared to the same period of 2014. From the perspective of its absolute value, the inflation rates in Russia and Brazil were as high as 12.9 percent and 10.7 percent respectively. In contrast, the other major emerging economies recorded relatively low inflation rates. The inflation rate in Korea went up slightly but still maintained a low level of 1.3 percent. Deflation continued in Poland and Thailand.

To varying extents most currencies depreciated against the USD. As the Fed hiked its interest rate, global monetary conditions were tightened, and the USD appreciated, the currencies of the emerging markets depreciated against the USD (see Chart C1–1). In 2015 the Brazilian Real depreciated by 33 percent against the USD and the South African rand depreciated by 25 percent against the USD. The Russian ruble, Malaysian ringgit, and Turkish lira all depreciated against the USD by about 20 percent. The Korean won,

Chart C1–1

Changes in the exchange rates of the major emerging economies

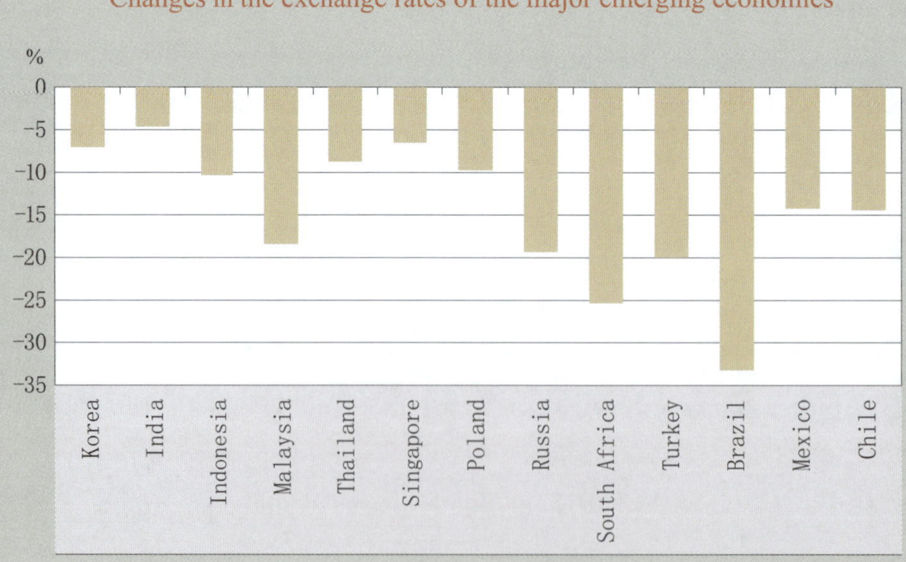

Sources: Bloomberg.

Singapore dollar, and Indian rupee depreciated slightly by 4 to 7 percent.

Monetary policies were generally loose and some countries increased their interest rates. As economic growth was challenged by weaker external demand and tighter global financial conditions and as inflation was relatively mild, the central banks of most countries decided to lower their interest rates to support economic development. The central banks of Korea and Poland continued to reduce their interest rates, which had already been at historically low levels. Brazil had to increase its interest rate by a large margin due to pressures from the currency depreciation and the inflation. In 2015 Brazil increased its interest rate on 5 occasions, for a total of 250 bps. In light of the inflation and macro prudential considerations, the central bank of South Africa increased its interest rate on two occasions and the central bank of Mexico increased its interest rate on one occasion.

Global and national factors worked together, leading to weak and diversified economic conditions in the emerging economies. First, the global economic environment challenged the former pattern of development. The potential structural growth rates in all the emerging economies slowed down and their economies were generally weak. Second, as the prices of petrol oil and large commodities declined, the supplying and consuming countries of petrol oil performed differently in terms of economic growth, exchange rates, and inflation rates. Third, the divergent trends in the growth of their major countries and the changes in global demand conditions had differing impacts on the exports of the emerging economies. Fourth, the policy differences led to a differentiation in their monetary policies.The central banks had difficulties balancing among economic growth, prices, and exchange rates (capital flows). Countries that did not face large inflation pressures in general used the exchange rate as a buffer and for stability and loosened their monetary policies.

(II) The Main Characteristics of the Balance of Payments

In 2015 China's current account surplus totaled USD 330.6 billion, up by 19 percent, and the deficit in the capital and financial account (excluding reserve assets) increased from USD 51.4 billion in 2014 to USD 485.3 billion in 2015 (see Table 1–1).

Table 1-1 The structure of the BOP surplus, 2010–2015

Unit: USD 100 million

Items	2010	2011	2012	2013	2014	2015
BOP balance	5 247	4 016	1 836	4 943	2 260	-1 547
Current account balance	2 378	1 361	2 154	1 482	2 774	3 306
As a % of the BOP balance	45%	34%	117%	30%	123%	-214%

Items	2010	2011	2012	2013	2014	2015
As a % of GDP	3.9%	1.8%	2.5%	1.6%	2.7%	3.0 %
Capital and financial account balance	2 869	2 655	-318	3461	-514	-4 853
As a % of the BOP balance	55%	66%	-17%	70%	-23%	314%
As a % of GDP	4.7%	3.5%	-0.4%	3.6%	-0.5%	-4.5%

Sources: SAFE, NBS.

The surplus in trade in goods rose rapidly. Based on the balance-of-payments statistics,[①] in 2015 exports and imports of trade in goods totaled USD 2 142.8 billion and USD 1 575.8 billion respectively, down by 5 percent and 13 percent. The surplus in trade in goods totaled USD 567 billion, up by 30 percent (see Chart 1-5).

The deficit in trade in services expanded further. In 2015 revenue and expenditures in

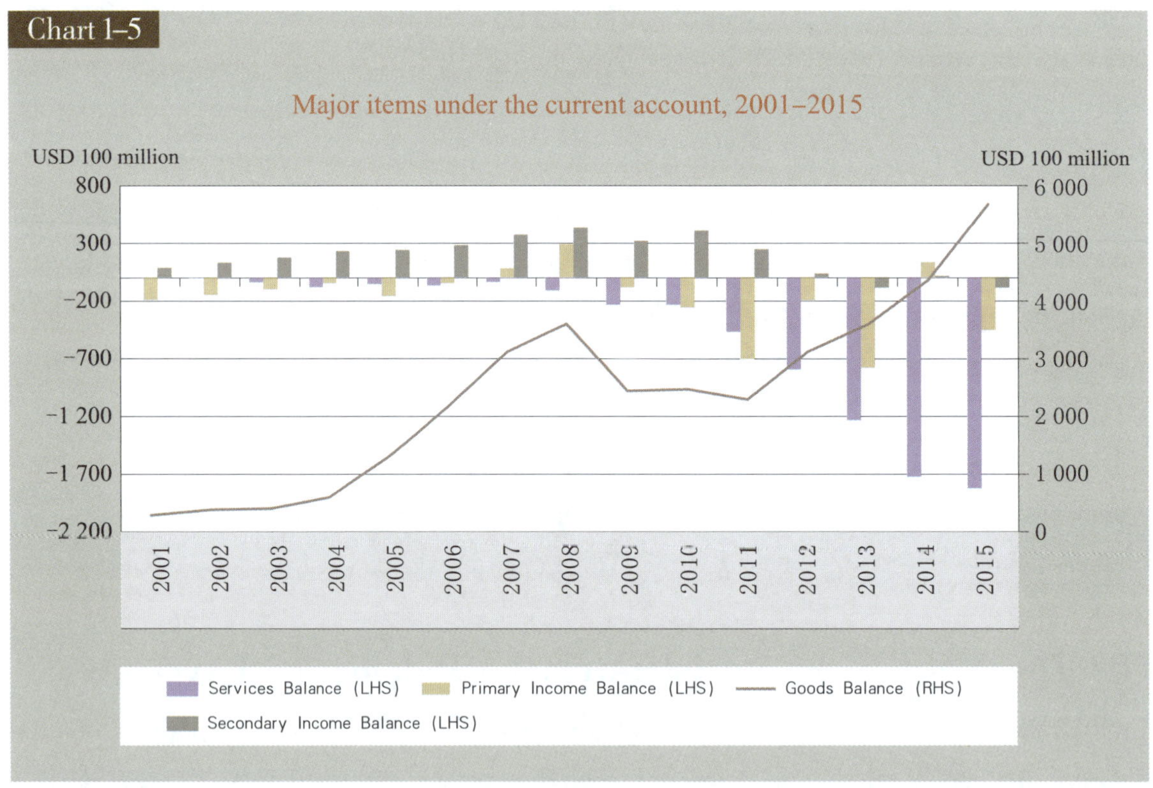

Source: SAFE.

① The BOP statistics and the statistics of the General Administration of Customs with respect to trade in goods can bereconciled by the following: First, trade in goods in the BOP records transactions when the transfer of goods' ownership (e.g., ordinary trade and processing trade goods with imported materials), and transactions without ownership transfers (such as processing trade with customer materials and outward processing) are regarded as trade in services instead of trade in goods. Second, the BOP records imports and exports based on FOB, whereas the General Administration of Customs records exports based on FOB but imports based on CIF. Thus, the BOP statistics deduct insurance and freight from the value of imports and add it to trade in services. Third, information on repatriations is included. Fourth, net exports of goods under merchanting, which are collected by the General Administration of Customs are included.

trade in services totaled USD 286.5 billion and USD 468.9 billion respectively, up 2 percent and 4 percent. Trade in services recorded a deficit of USD 182.4 billion, an increase of 6 percent year on year. In particular, the transportation deficit decreased by 36 percent, but the travel deficit continued to increase by 38 percent (see Chart 1–5).

Primary income① posted a deficit. In 2015 primary income revenue totaled USD 227.8 billion, down by 5 percent year on year. Primary income expenditures totaled USD 273.2 billion, up by 21 percent. Primary income posted a deficit of USD 45.4 billion, but in 2014 it had posted a surplus of USD 13.3 billion. In particular, employee compensation recorded a surplus of USD 27.4 billion, rising by 6 percent. The investment income deficit was USD 73.4 billion, an increase of 4.9 times (see Chart 1–5), among which outward investment income totaled USD 193.9 billion, down slightly by 7 percent, and inward investment expenditures, including profits, interest, and dividends, totaled USD 267.3 billion, an increase of 20 percent year on year.

Secondary income posted a deficit. In 2015 secondary income revenue totaled USD 35.9 billion, down by 13 percent, and secondary income expenditures totaled USD 44.6 billion, up by 12 percent. Secondary income posted a deficit of USD 8.7 billion, whereas in 2014 it had recorded a surplus of USD 1.4 billion (see Chart 1–5).

Direct investments continued to post a surplus. Based on the BOP statistics, in 2015 direct investments② posted a surplus of USD 62.1 billion, down by 57 percent year on year (see Chart 1–6). In particular, direct investment assets recorded a net increase of USD 187.8 billion, up by 53 percent, which was the major driver behind the drop in the direct investment surplus. Direct investment liabilities recorded a net increase of USD 249.9 billion, down by 7 percent year on year.

Portfolio investments posted a deficit. In 2015 portfolio investments recorded a deficit of USD 66.5 billion, whereas in 2014 the surplus was USD 82.4 billion (see Chart 1–6). In particular, the net outflow of outward portfolio investments amounted to USD 73.2 billion, rising by 5.8 times, and the net inflow of inward portfolio investments totaled USD 6.7 billion, down by 93 percent.

The deficit in other investments expanded significantly. In 2015 the deficit in other investment totaled USD 479.1 billion, up by 72 percent year on year (see Chart 1–6). In particular, China's external assets, including loans, trade credits, and deposits, recorded a net increase of USD 127.6 billion, down by 61 percent. External liabilities recorded a net decrease

① The IMF's *Balance of Payments and International Investment Position Manual* (Sixth Edition) renamed the income item under the current account as primary income and renamed current transfers as secondary income.

② Unlike the data released by the Ministry of Commerce, direct investments based on the BOP statistics also include unpaid and unremitted profits, retained earnings, shareholder loans, foreign capital utilized by financial institutions, and real estate purchased by nonresidents.

Chart 1–6

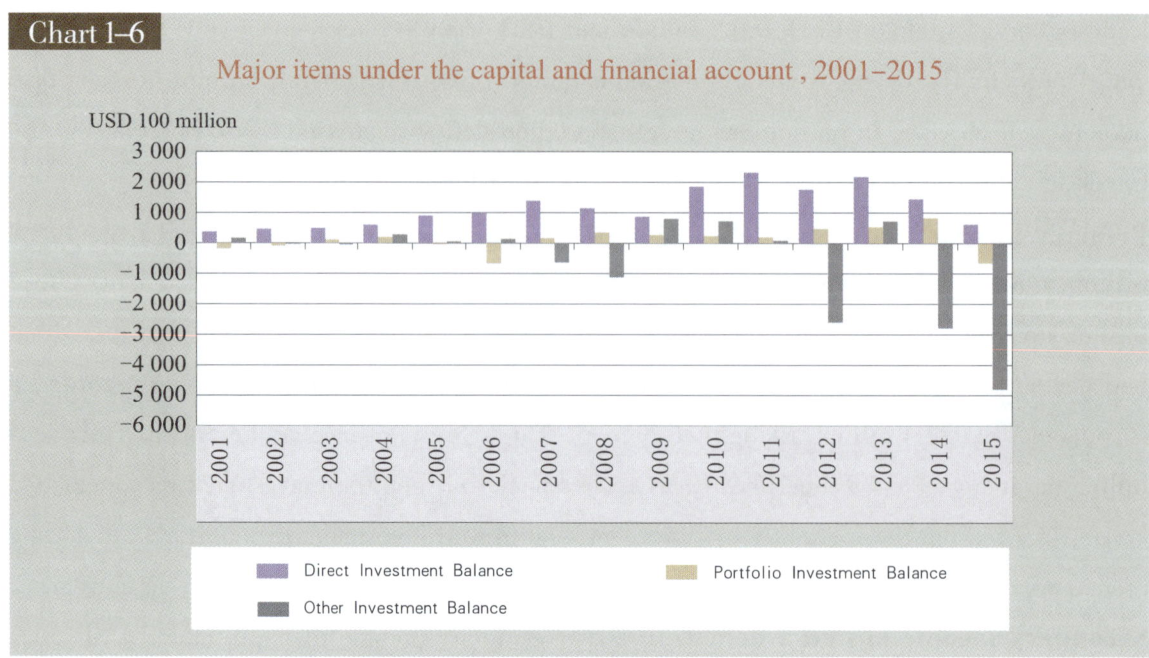

Sources: SAFE.

of USD 351.5 billion. In 2014 external liabilities posted a net increase of USD 50.2 billion.

Reserve assets declined. In 2015 China's reserve assets (excluding other flows, e.g., exchange rates and prices) decreased by USD 342.9 billion. In particular, foreign reserve assets decreased USD 342.3 billion (see Chart 1–7), whereas in 2014 they had increased by USD 118.8 billion. By the end of 2015, China's foreign reserve assets amounted to USD 3 330.4 billion, down by USD 512.7 billion from 2014.

Chart 1–7

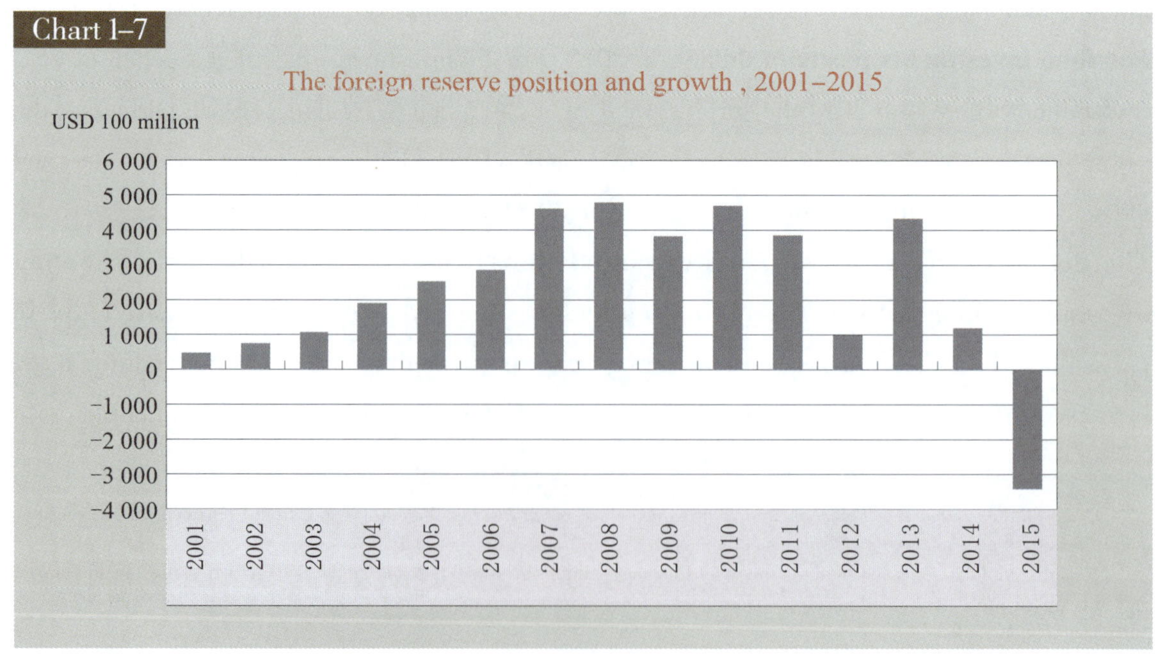

Sources: SAFE.

Table 1-2 Balance of payments of 2015

Unit: USD 100 million

Item	Line No.	2015
1. Current account	1	3 306
Credit	2	26 930
Debit	3	−23 624
1.A Goods and services	4	3 846
Credit	5	24 293
Debit	6	−20 447
1.A.a Goods	7	5 670
Credit	8	21 428
Debit	9	−15 758
1.A.b Services	10	−1 824
Credit	11	2 865
Debit	12	−4 689
1.A.b.1 Manufacturing services on physical inputs owned by others	13	203
Credit	14	204
Debit	15	-2
1.A.b.2 Maintenance and repair services n.i.e	16	23
Credit	17	36
Debit	18	−13
1.A.b.3 Transport	19	−370
Credit	20	386
Debit	21	−756
1.A.b.4 Travel	22	−1 781
Credit	23	1 141
Debit	24	−2 922
1.A.b.5 Construction	25	65
Credit	26	167
Debit	27	−102
1.A.b.6 Insurance and pension services	28	−44
Credit	29	50
Debit	30	−93
1.A.b.7 Financial services	31	−3
Credit	32	23
Debit	33	−26
1.A.b.8 Charges for the use of intellectual property	34	−209
Credit	35	11
Debit	36	−220

(continued)

Item	Line No.	2015
1.A.b.9 Telecommunications, computer, and information services	37	131
Credit	38	245
Debit	39	−114
1.A.b.10 Other business services	40	189
Credit	41	584
Debit	42	−395
1.A.b.11 Personal, cultural, and recreational services	43	−12
Credit	44	7
Debit	45	−19
1.A.b.12 Government goods and services n.i.e	46	−15
Credit	47	11
Debit	48	−26
1.B Primary income	49	−454
Credit	50	2 278
Debit	51	−2 732
1.B.1 Compensation of employees	52	274
Credit	53	331
Debit	54	−57
1.B.2 Investment income	55	−734
Credit	56	1 939
Debit	57	−2 673
1.B.3 Other primary income	58	7
Credit	59	8
Debit	60	−2
1.C Secondary income	61	−87
Credit	62	359
Debit	63	−446
2. Capital and financial account	64	−1 424
2.1 Capital account	65	3
Credit	66	5
Debit	67	−2
2.2 Financial account	68	−1 427
Assets	69	−491
Liabilities	70	−936
2.2.1 Financial account excluding reserve assets	71	−4 856
Financial assets excluding reserve assets	72	−3 920
Liabilities	73	−936
2.2.1.1 Direct investment	74	621
2.2.1.1.1 Assets	75	−1 878
2.2.1.1.1.1 Equity and investment fund shares	76	−1 452
2.2.1.1.1.2 Debt instruments	77	−426
2.2.1.1.2 Liabilities	78	2 499
2.2.1.1.2.1 Equity and investment fund shares	79	2 196
2.2.1.1.2.2 Debt instruments	80	302
2.2.1.2 Portfolio investment	81	−665
2.2.1.2.1 Assets	82	−732
2.2.1.2.1.1 Equity and investment fund shares	83	−397
2.2.1.2.1.2 Debt securities	84	−335
2.2.1.2.2 Liabilities	85	67

(continued)

Item	Line No.	2015
2.2.1.2.2.1 Equity and investment fund shares	86	150
2.2.1.2.2.2 Debt securities	87	−82
2.2.1.3 Financial derivatives (other than reserves) and employee stock options	88	−21
2.2.1.3.1 Assets	89	−34
2.2.1.3.2 Liabilities	90	13
2.2.1.4 Other investment	91	−4 791
2.2.1.4.1 Assets	92	−1 276
2.2.1.4.1.1 Other equity	93	0
2.2.1.4.1.2 Currency and deposits	94	−1 001
2.2.1.4.1.3 Loans	95	−475
2.2.1.4.1.4 Insurance, pension, and standardized guarantee schemes	96	−32
2.2.1.4.1.5 Trade credit and advances	97	−460
2.2.1.4.1.6 Other accounts receivable	98	692
2.2.1.4.2 Liabilities	99	−3 515
2.2.1.4.2.1 Other equity	100	0
2.2.1.4.2.2 Currency and deposits	101	−1 226
2.2.1.4.2.3 Loans	102	−1 667
2.2.1.4.2.4 Insurance, pension, and standardized guarantee schemes	103	24
2.2.1.4.2.5 Trade credit and advances	104	−623
2.2.1.4.2.6 Other accounts payable	105	-24
2.2.1.4.2.7 Special drawing rights	106	0
2.2.2 Reserve assets	107	3 429
2.2.2.1 Monetary gold	108	0
2.2.2.2 Special drawing rights	109	−3
2.2.2.3 Reserve position in the IMF	110	9
2.2.2.4 Foreign exchange reserves	111	3 423
2.2.2.5 Other reserve assets	112	0
3.Net errors and omissions	113	−1 882

Note: 1. The chart is compiled according to the IMF's *Balance of Payments and International Investment Position Manual* (Sixth Edition).
2. In the financial account, a positive value for assets represents a net decrease while a negative value represents a net increase. A positive value for liabilities represents a net increase while a negative value represents a net decrease.
Source: SAFE.

(III) Evaluation of the Balance of Payments

The current account surplus maintained a large surplus within a well-recognized reasonable range. In 2015 the ratio of China's current account surplus to GDP was 3 percent, up by 0.3 percentage point year on year. In particular, the trade in goods surplus grew rapidly and its ratio to GDP was 5.2 percent, up by 1 percentage point. The ratio of the deficit in trade in services to GDP was 1.7 percent, equal to the ratio in 2014. The ratio of the deficit in primary income to GDP was 0.4 percent, whereas in 2014 primary income recorded a surplus that was 0.1 percent of GDP (see Chart 1–8). In particular, the trade in goods surplus increased due to the drop in staple goods in international markets, which led to decreased import prices and helped to reduce China's manufacturing and consumption costs. The deficit in trade

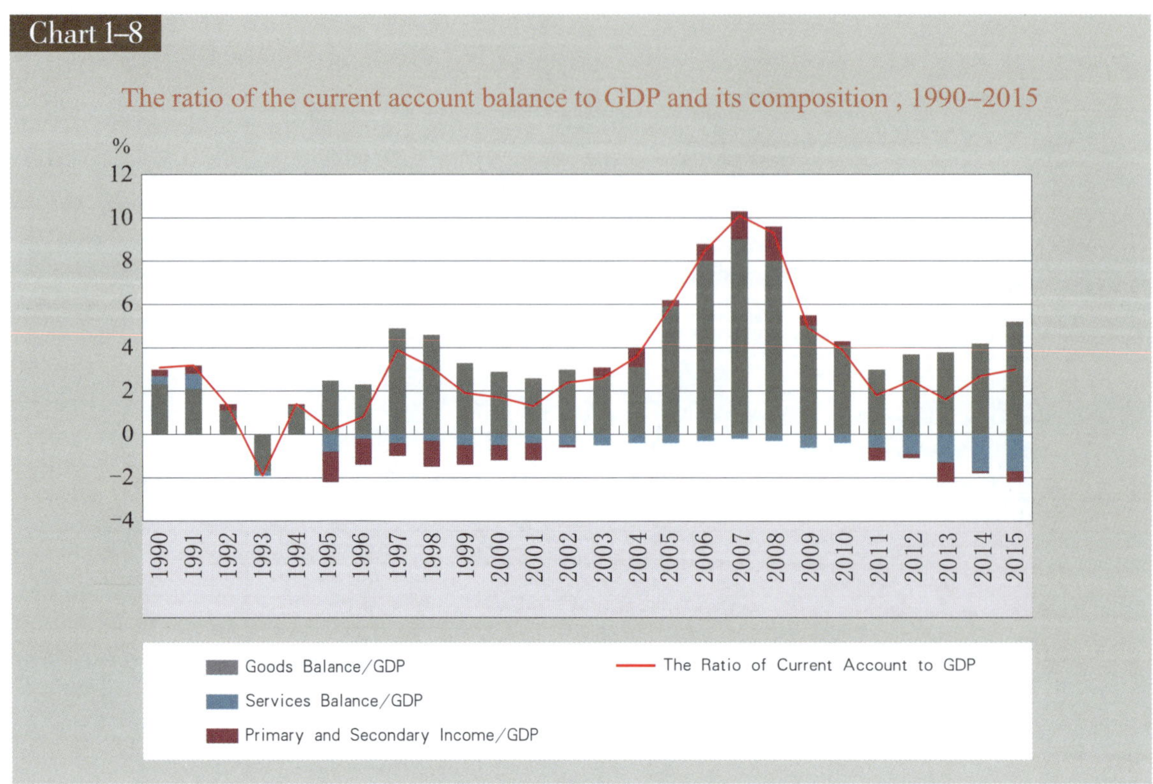

Sources: SAFE, NBS.

in services, especially under the travel item, was indicative of the growth in the income of domestic residents.

The volatility of cross-border capital flows increased. During the first quarter, the deficit in the capital and financial account (reserve assets excluded) amounted to USD 112.5 billion, and foreign reserve assets decreased by USD 79.5 billion. In the second quarter, pressures from capital outflows were relieved significantly, the deficit in the capital and financial account totaled USD 44.2 billion, and foreign reserve assets increased by USD 13 billion. During the third quarter, net out flows in the capital and financial account once again increased to USD 162.6 billion and foreign reserve assets decreased by USD 160.6 billion. In the fourth quarter, the net outflow in the capital and financial account amounted to USD 165.9 billion, and foreign reserve assets decreased by USD 115.1 billion, which was less than the decrease during the third quarter (see Chart 1–9).

The change in capital flows reflected the market-oriented behavior by domestic entities to increase outward investments and to cut external liabilities. Impacted by the strengthened USD and China's new normal, domestic entities actively adjusted their external assets and liability structures. In terms of external assets, China continued to increase its

Chart 1-9

The balance in the capital and financial account and foreign reserve assets, 2005–2015

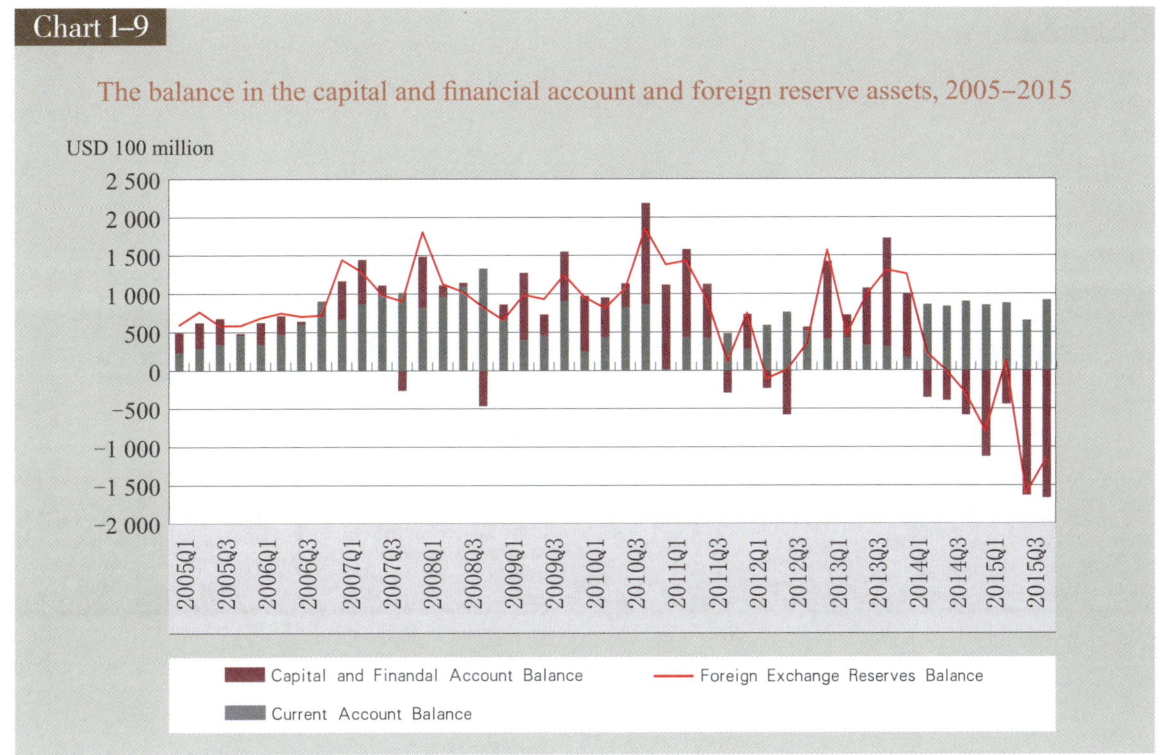

Sources: SAFE.

overseas investments by USD 392 billion after netting. The net increase in external assets was 15 percent less than the net increase in 2014. In particular, the net increase in direct investment assets totaled USD 187.8 billion, up by 53 percent, indicating that domestic entities were more actively involved in international economic activities. The net increase in outward portfolio investments totaled USD 73.2 billion, up by 5.8 times and reflecting more global-oriented asset allocations by domestic entities. Other investments, including external loans, recorded a net increase of USD 127.6 billion, suggesting more diversified asset allocations. In terms of external liabilities, the net outflow of inward investments totaled USD 93.6 billion in 2015, but in 2014 it had recorded a net inflow of USD 411.5 billion. In particular, the net inflow of direct investments declined slightly by 7 percent year on year to USD 249.9 billion, indicating that international capital focusing on long-term investments was still positive about the outlook for China's development. Inward portfolio investments recorded a net inflow of USD 6.7 billion. Inward other investments posted a net outflow of USD 351.5 billion, but in 2014 they posted a net inflow of USD 50.2 billion, indicating that domestic institutions were actively repaying external debts to reduce the risks of high leveraging and currency mismatches (see Chart 1-10 and Chart 1-11).

Overall balance of payments risks were under control. First, domestic economic

Chart 1-10

The structure of cross-border capital flows in 2015

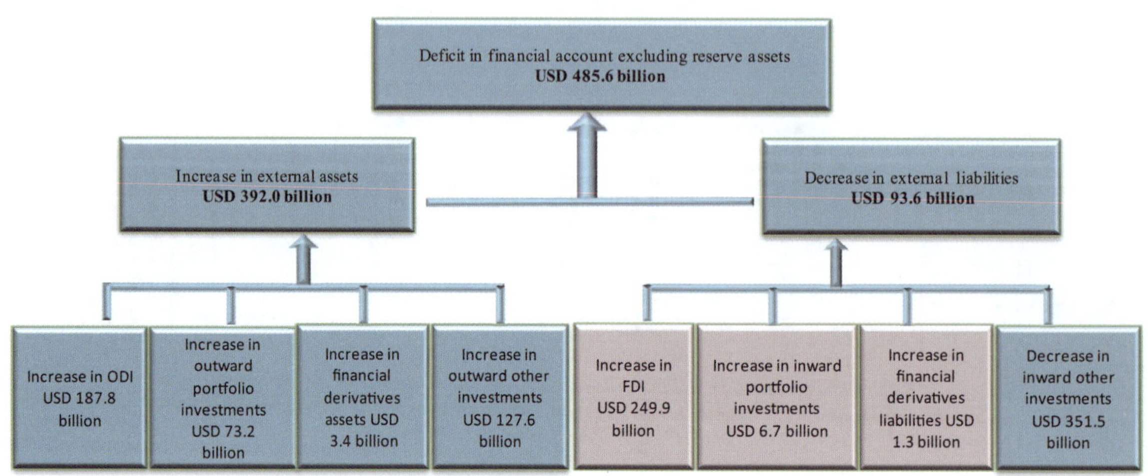

Sources: SAFE.

Chart 1-11

Capital flows under the financial account, 2005-2015(excluding reserve assets)

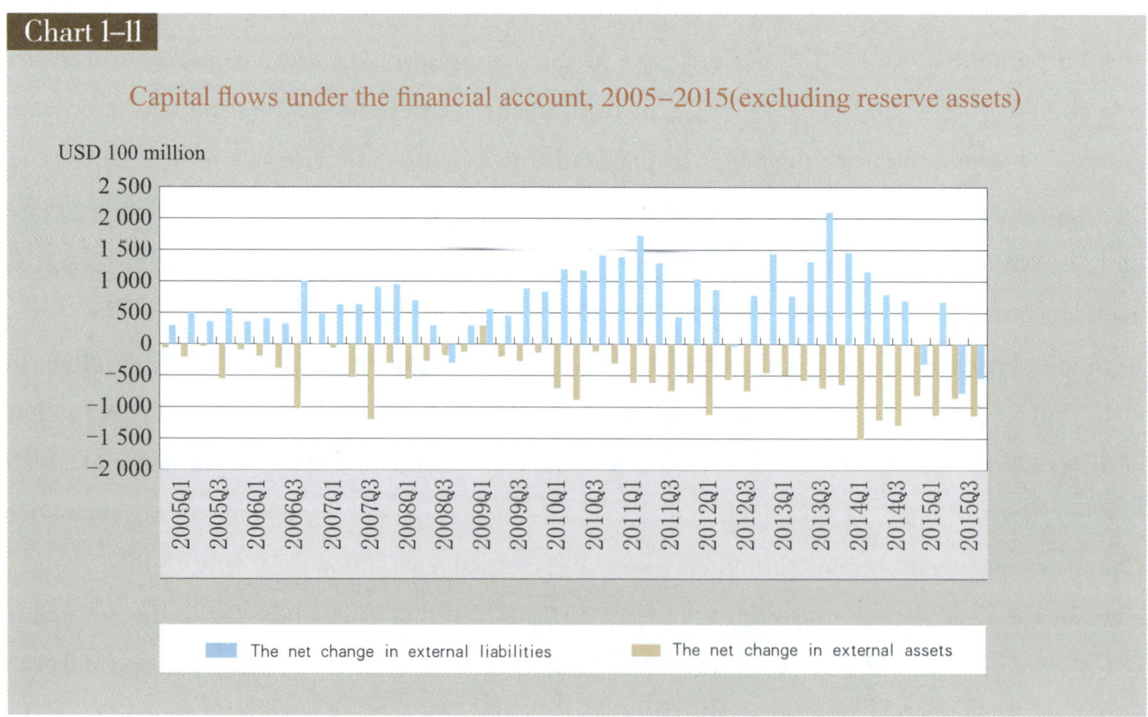

Sources: SAFE.

Chart 1-12

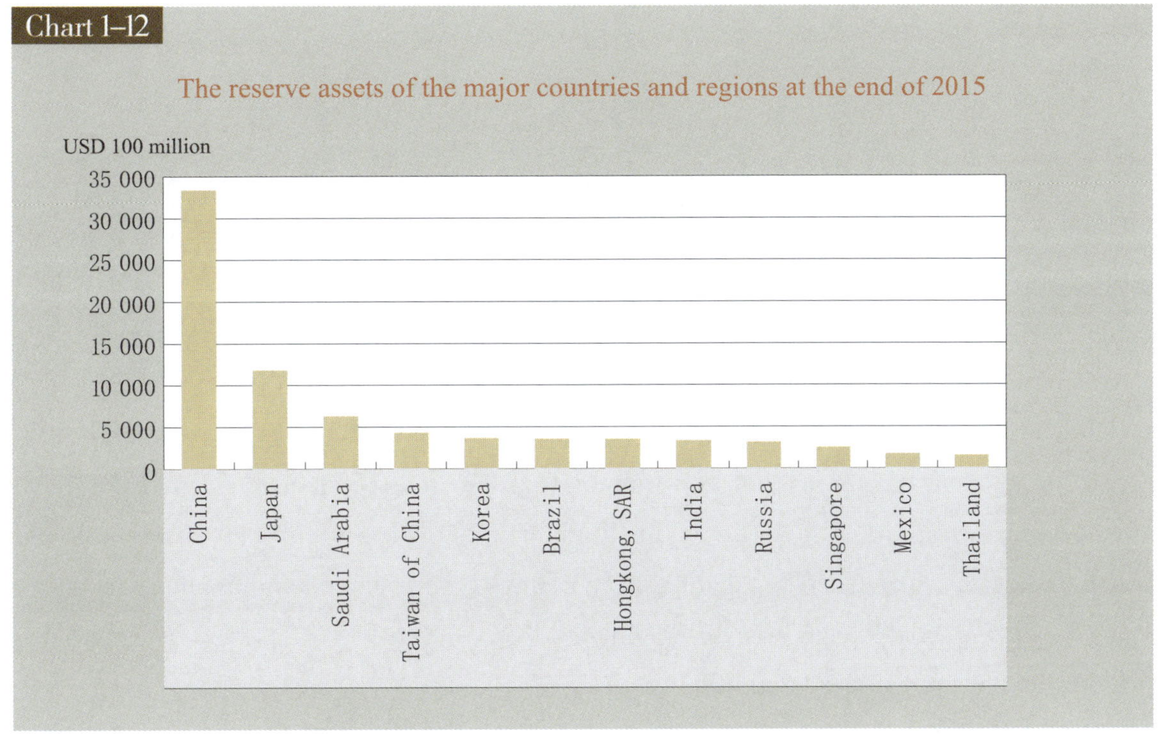

Source: IMF.

fundamentals were generally good in terms of guarding against balance of payments risks. Domestic economic performance remained within a reasonable zone and structural adjustments took a positive step forward. The RMB exchange rate remained stable. Second, foreign reserves were sufficient to make international payments. By the end of 2015, China's foreign reserve assets totaled USD 3.33 trillion, much more than that of Japan (USD 1.2 trillion) and Saudi Arabia (USD 600 billion) (see Chart 1-12). China's foreign reserve assets were capable of covering imports for over 20 months and their ratio to the short-term external debt was over 300 percent,[①] establishing a solid foundation for external payments and protection against external shocks. Third, China's external debts were sustainable and under control. According to the recognized international thresholds for external debts, China's external debts fell well into a safe area for the year. In 2015 domestic enterprises actively adjusted their balance sheets, leading to a reduction in China's external debt position by USD 257 billion at the end of 2015, as compared to its position at the end of March 2015. The adjustment helped to reduce the risks of future external debt payments.

---

① According to international recognized standards, foreign reserves should cover imports for 3 months and their ratio to short-term external debts should be over 100 percent.

Box 2

The evolution of China's BOP structure over the long term

Beginning in 2003, the international economic and financial environments experienced three major stages, including the following: the global boom from 2003 to 2007, the outbreak of the crisis and coping with the crisis from 2008 to 2013, and the slow recovery with increased diversification since 2014. China's BOP was also heavily impacted, characterized by two major cycles. The first cycle was from 2003 to 2013 when both the current account and the capital and financial account recorded surpluses and foreign reserves grew rapidly. The second cycle started in 2014 (especially the second half of 2014) when the current account maintained a surplus but the capital and financial account posted a deficit, and foreign reserves declined.

1. Major characteristics from 2003 to 2013

China's BOP maintained a twin-surplus (excluding during 2012), with the surplus under the capital and financial account holding an increasing share. From 2003 to 2013, China's current account surplus came to USD 2.23 trillion, the capital and financial account surplus came to USD 1.51 trillion, net errors and omissions totaled USD –0.18 trillion, and reserve assets increased by USD 3.56 trillion (excluding non-transactional factors, such as the exchange rate and prices). In particular, from 2003 to 2008 the contribution of the current account surplus to the total BOP surplus was 74 percent and the contribution of the capital and financial account was 26 percent. From 2009 to 2013, the contribution of the current account surplus declined to 48 percent and that of the capital and financial account grew to 52 percent. There are two explanations for this. First, in 2009 China's current account balance began to improve. Second, the quantitative easing monetary policies in the major advanced economies led to excessive global liquidity and capital inflows to China increased remarkably.

The major part of China's external assets consisted of foreign reserves, but from 2009 the external assets of other entities recorded an increasing share. From 2003 to 2013, China's external assets grew by USD 5.09 trillion, among which reserve assets contributed 70 percent. In addition, the growth of external assets under other investments (such as external loans, overseas deposits, and export collectables) contributed 20 percent, and the growth of direct investments and portfolio investments contributed 8 percent and 2 percent respectively. In particular, from 2003 to 2008, foreign reserve growth contributed 76 percent to the total increase in external assets, whereas from 2009 to 2013 its contribution declined to 65 percent and the increase in other investments and direct investments contributed 24 percent and 10 percent respectively, up by 9 percentage point and 6 percentage point from 2003 to 2008 (see Chart C2–1).

The major sources of external asset funding were the current account surplus and direct investment inflows, both of which were stable. Non direct investment inflows increased since 2009. From 2003 to 2013, China's current account surplus and direct investment inflows totaled USD 2.23 trillion and USD 1.85 trillion respectively, which accounted for 44 percent and 36 percent of the total accumulation of external assets. In addition, inward non direct investments with more fluctuations (including portfolio investments and other investments, such as external loans) together contributed 23 percent. In particular, from 2003 to 2008, the ratio of China's current account surplus to its external asset accumulation was 53 percent, and the ratios of direct investment net inflows and non

Chart C2–1

Major holders of external assets

Sources: SAFE.

Chart C2–2

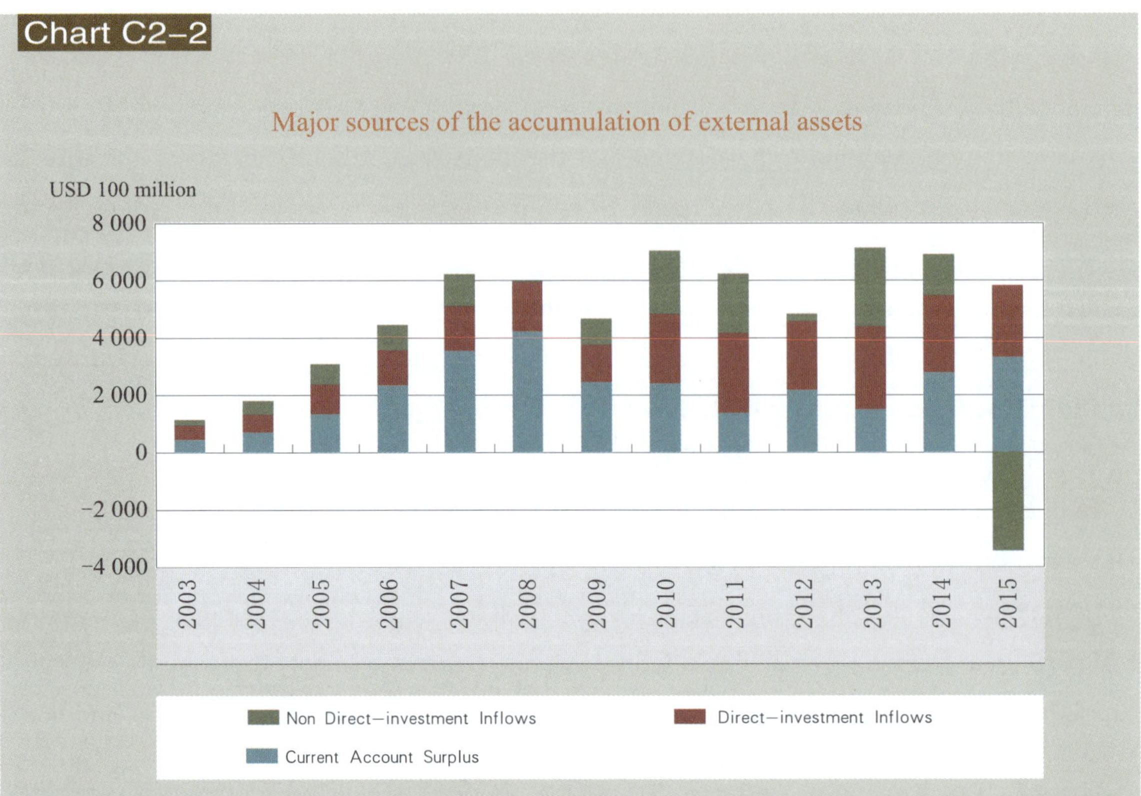

Source: SAFE.

direct investment net inflows were 28 percent and 14 percent respectively. From 2009 to 2013, the average yearly surplus of the current account declined by 6 percent from 2003 to 2008, and its contribution to external asset accumulation declined to 36 percent. The net inflows of direct investments increased 1.1 times annually and their contribution rose to 43 percent. Net inflows of non direct investments increased by 1.9 times annually and their contributions rose to 30 percent (see Chart C2–2).

2. Major characteristics from 2014 to 2015

Since 2014, especially from the second half of the year, there was a new structure in China's BOP, with a surplus under the current account and a deficit under the capital and financial account. From the second half year of 2014 to 2015, China's current account surplus totaled USD 504.5 billion, the capital and financial account deficit totaled USD 583.5 billion, net errors and omissions were USD 294 billion, and reserve assets declined by USD 373.1 billion.

The deleveraging of the external debt relieved the previous risks of short term capital inflows. From the second half of 2014 to 2015, net outflows of inward non direct investments totaled USD 346.8 billion, accounting for 30 percent of total net inflows from

2003 to 2013 and 43 percent of the total net inflows from 2009 to 2013 when the major advanced economies employed their QE policies. That is to say, about 30–40 percent of the net inflows of non direct investments during the past decade have left the country. Nevertheless, under the background of increasing foreign trade and expanding channels for investment and funding, China's external funding will remain at a reasonable level even after its decline shrinking.

China's external assets continued to increase, although official reserve assets declined and assets of other entities increased. From the second half of 2014 to 2015, China's external assets increased by USD 267.2 billion. In particular, the direct investment assets of market participants, including enterprises, increased by 263.3 billion, accounting for 66 percent of the total increase during the 11 years from 2003 to 2013. Their portfolio investment assets and other investment assets increased by USD 86.5 billion and USD 287 billion respectively, 70 percent and 28 percent of the increase from 2003 to 2013. Domestic entities had previously been reluctant to hold external assets due to expectations that there would be an appreciation of the RMB. However, when the RMB exchange rate fluctuated in a two–way situation, their desire to hold external assets surged significantly, which was a major reason for the decline in reserve assets. This was inevitable during the process of more foreign assets being held by the people.

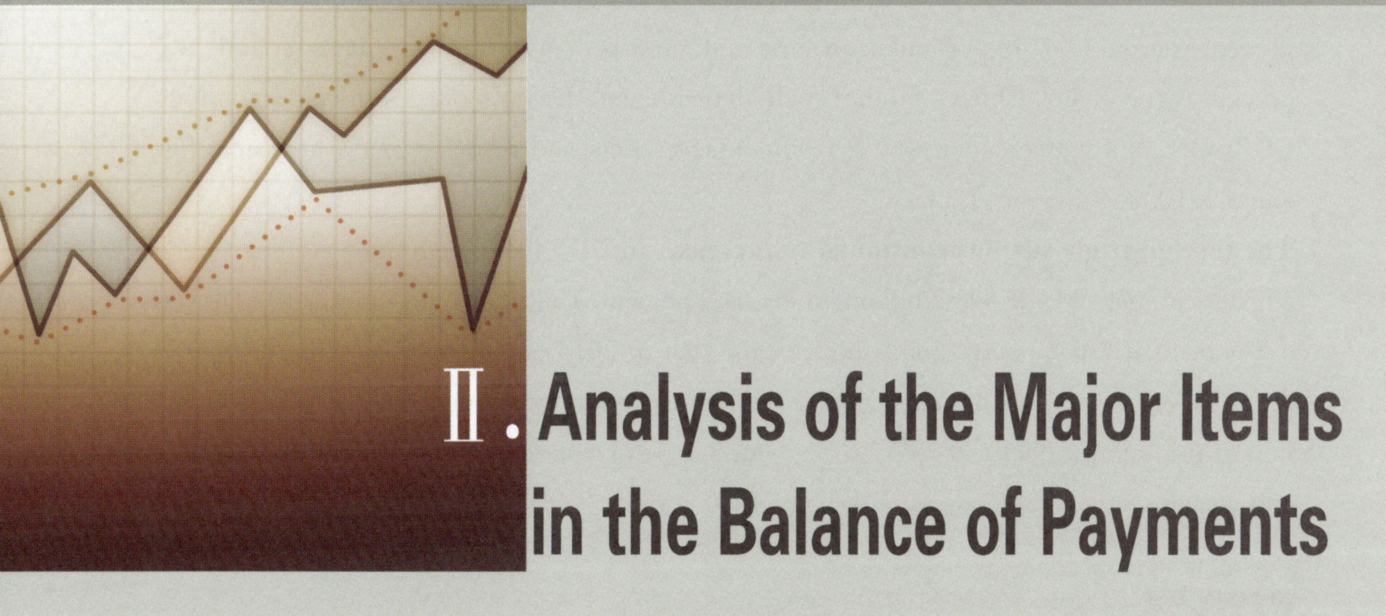

Ⅱ. Analysis of the Major Items in the Balance of Payments

(I) Trade in Goods

According to the statistics of the General Administration of Customs, trade in goods in 2015 was characterized by the following:

The total volume of imports and exports decreased. In 2015 the total volume of China's imports and exports decreased by 8 percent year on year due to the weakened demand and the declining price of staple goods. In 2014 China recorded an increase of 3.4 percent year on year. In particular, exports and imports decreased by 2.9 percent and 14.2 percent respectively. China's foreign trade dependence (the ratio of exports and imports to GDP) was 36.4 percent, down by 5.1 percentage points and representing a historical low since 2010 (see Chart 2-1).

The foreign trade surplus continued to increase. In 2015 the foreign trade surplus totaled a historical high of USD 593.2 billion, up by 54.9 percent. The ratio of the surplus to GDP was 5.5 percent, 1.8 percentage points higher than that in 2014 (see Chart 2-1). The decline in the price of imports was the major driver behind the expanded surplus. In 2015 the monthly import price index declined by 11.6 percent, 8.2 percentage point more than that in 2014 and accounting for 124 percent of the increased surplus (USD 260.3 billion, see Chart 2-2).

Chart 2-1

Foreign trade balance and dependence, 2001-2015

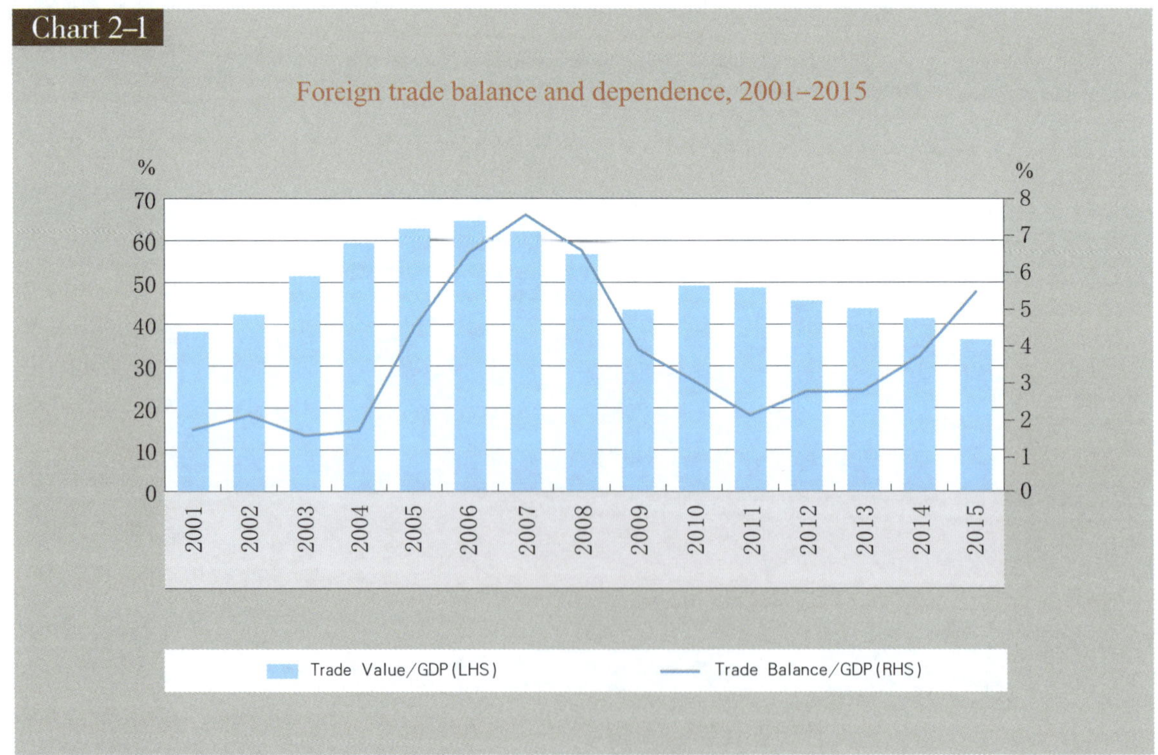

Sources: General Administration of Customs, SAFE.

Chart 2-2

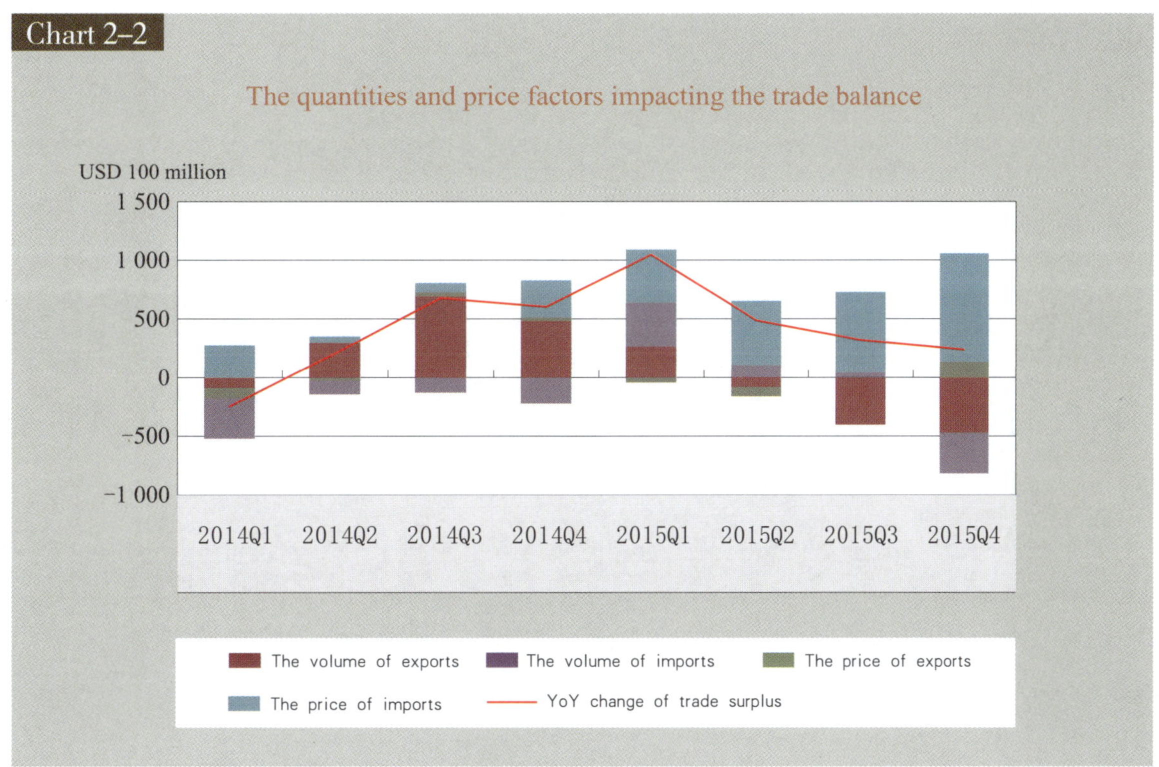

Source: CEIC.

Among staple goods, the phenomenon of decreased prices and increased volume was even more remarkable. In 2015 the quantity of imports of crude oil increased by 8.8 percent, but the import volume decreased by 41.1 percent. The import quantity of iron and iron ore concentrates increased by 2.2 percent but the volume of imports decreased by 38.3 percent. The quantity of imports of beans increased by 14.4 percent but the volume of imports decreased by 13.6 percent.

The structure of the trade surplus improved. In terms of trade patterns, ordinary trade grew remarkably due to the drop in the prices of staple goods. In 2015 the ordinary trade surplus amounted to USD 296.7 billion, up by 2.2 times. The processing trade surplus totaled USD 351.4 billion, down slightly by 2 percent (see Chart 2-3). In terms of the trade participants, the surplus of private-owned enterprises grew steadily with enhanced competition. In 2015 the trade surplus of private-owned enterprises totaled USD 583.6 billion, up by 29.2 percent; the surplus of foreign-funded enterprises totaled USD 174.8 billion, up by 5.7 percent; the deficit of stated-owned enterprises totaled USD 165.4 billion, down by 29.5 percent (see Chart 2-4).

China's market share in global trade remained stable with an upward trend. Since

Chart 2-3

Composition of trade in terms of trade patterns, 2000–2015

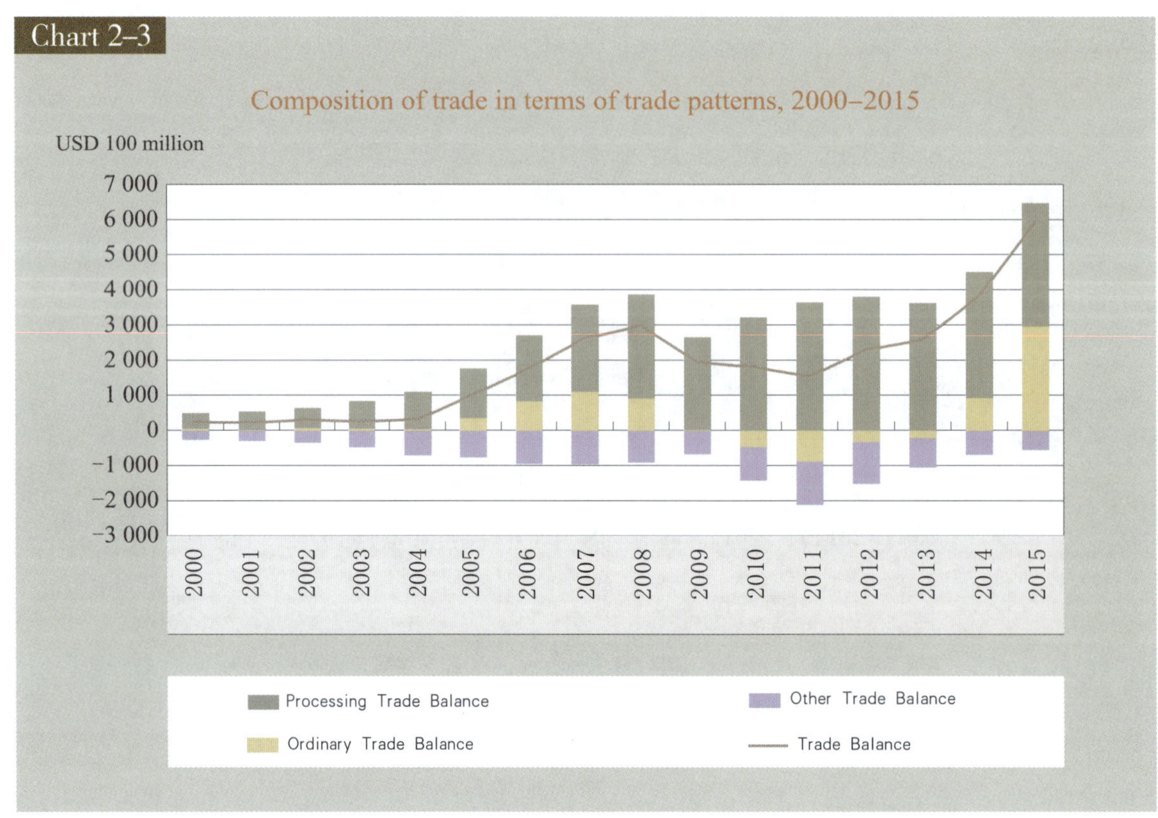

Source: General Administration of Customs.

Chart 2-4

Composition of trade in goods in terms of trade participants, 2000–2015

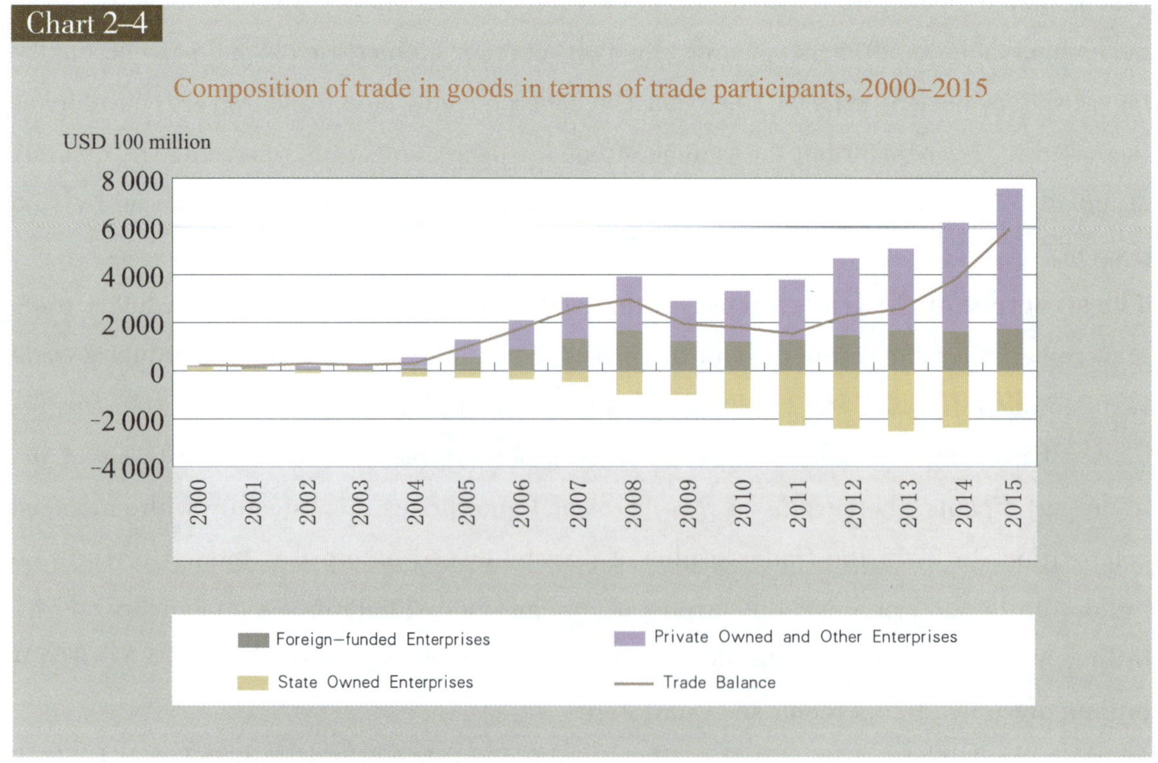

Source: General Administration of Customs.

Chart 2-5

Market shares in the advanced economies, 2002-2015

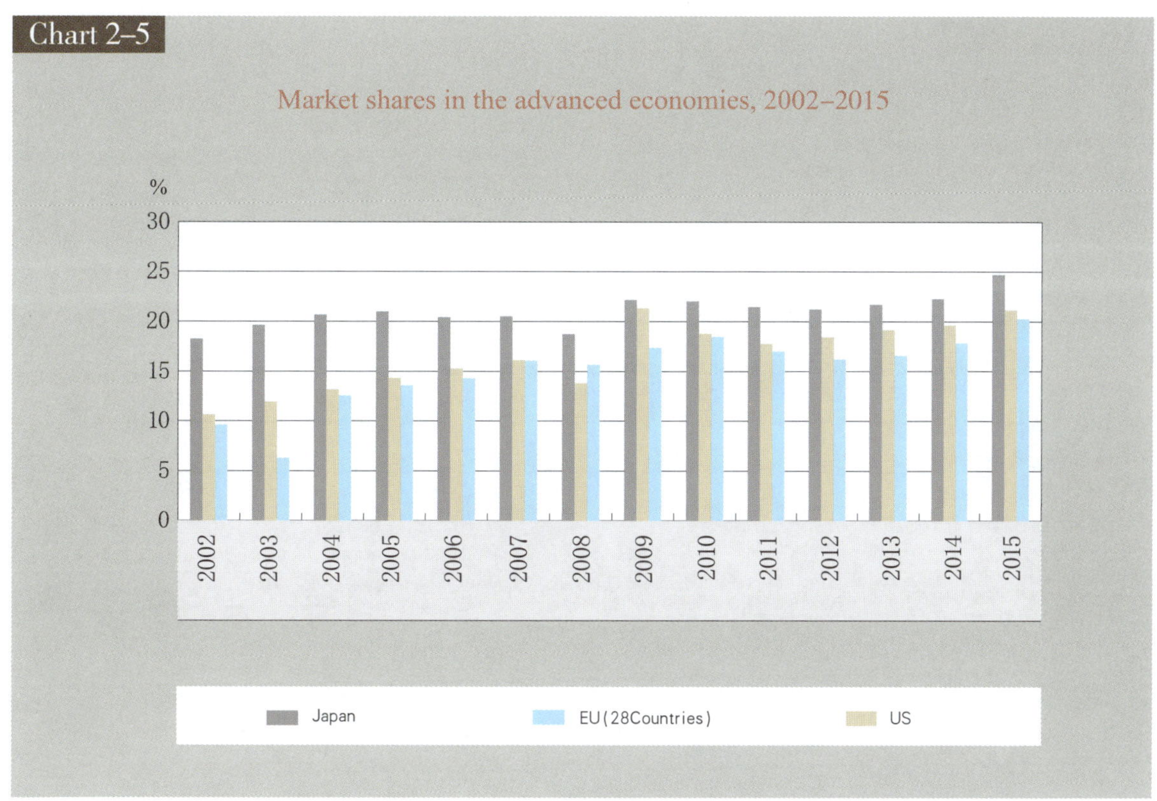

Source: CEIC.

2012, China's market share in the advanced economies grew steadily (see Chart 2-5). In 2015 China's market share of U.S., EU, and Japanese imports increased by 1.5 percentage points, 2.4 percentage points, and 2.4 percentage points respectively. China's exports to the emerging markets performed even better. In 2015 China's exports to ASEAN, India, and Africa recorded growth rates of 2.1 percent, 7.4 percent, and 2.4 percent respectively, higher than the average export growth rate. According to WTO statistics, China's market share of global trade increased from 12.2 percent in 2014 to over 13 percent in 2015, and China remained the world's largest trading partner.

Box 3

Global trade in the winter

There was a slowdown in global trade trends. From 2012 to 2014, the volume of global trade decreased by 0.6 percent annually, much lower than the annual growth rate of 9 percent from 1992 to 2007. In August 2015 the volume of global trade decreased by 13.5

Chart C3-1

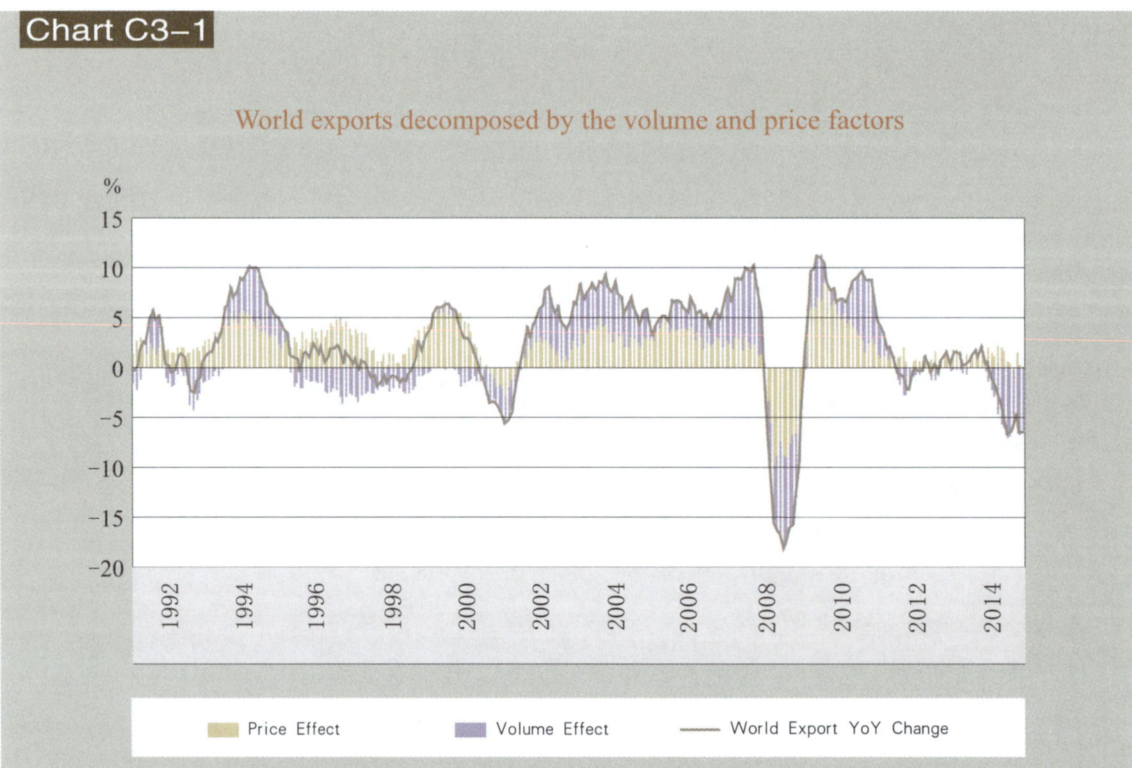

Source: CPB.

percent year on year and recorded a historical high decreasing rate since the international financial crisis of 2008. By decomposing the price factors and the volume factors, it has been recognized that the recent significant decline was driven by the slump in crude oil prices, the bear market for staple goods, and the strengthened USD. However, the slowdown indicated a decline in both volume and price (see Chart C3-1).

The slowdown in trade was impacted by both cyclical and structural factors. The slowdown in global trade can be attributed to continued weak economic growth after the financial crisis. Before the crisis, global economic growth from 2002 to 2007 posted 4.7 percent annually, but from 2012 to 2014 it was only 3.4 percent annually. The slowdown in trade indicated decreasing elasticity of trade to economic growth. By employing the methods of the IMF and the World Bank, after disaggregation, trade growth can be attributed to economic growth, cyclical factors, and the elasticity of trade to economic growth, i.e., a structural factor. The elasticity of trade to economic growth declined since 2000, especially after the financial crisis. In the 1990s, global trade increased by 2.5 percent, whereas the economy grew by 1 percent. However, from 2004 to 2013, 1 percent of economic growth led to only 1.7 percent of trade growth (see Chart C3-2).

Chart C3-2

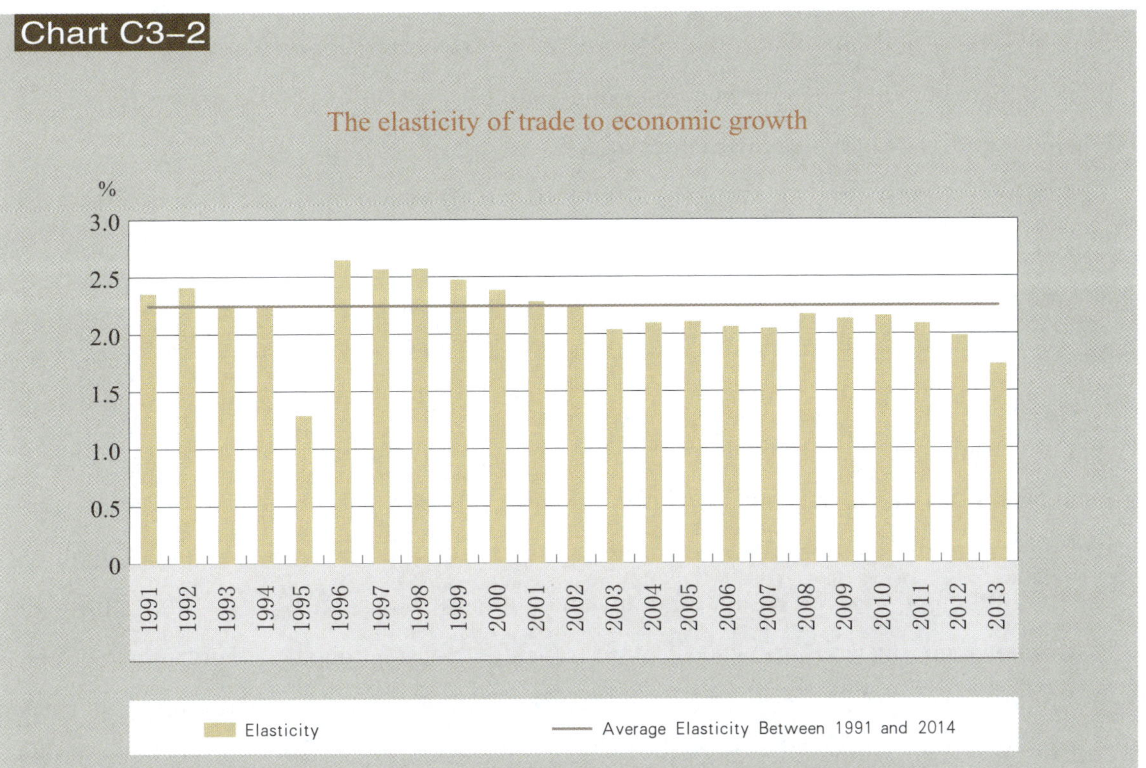

Note: Annual elasticity was the ten-year average elasticity of trade to economic growth based on the ECM.
Source: IMF. *World Economic Outlook.*

The structural slowdown in trade may be partially attributed to the change in the division of the value chain. The deeper global division of labor was due to the information and technology renovations in the1990s, which led to the development of a division in the global value chain and the growth of global trade. Recently, this deepening has slowed down. On the one hand, the advanced countries actively promoted re-industrialization. Since the financial crisis, the advanced countries have been rethinking the phenomenon of industrial hollowing and declining manufacturing competition, and have launched industrial policies to encourage domestic manufacturing. Automation and the popularization of industrial robots have offset the shortcomings of the high labor prices in the developed countries and have promoted re-industrialization. On the other hand, the effects of the developing countries, including China, joining the global division of labor have been fading somewhat. In the 1990s, China and the former Soviet Union opened their markets and joined the WTO or signed regional free-trade treaties, which promoted the development of global value chains. However, the stimulus of the market opening faded with the more open markets. In addition, some countries took strategic steps to change from an export-led policy to a domestic demand-driven policy, and gradually adjusted their industrial structures that had been dominated by processing trade, which inevitably impacted both the volume and structure of their exports.

The other reason for the structural slowdown in trade was the fading effect of free trade. First, trade protectionism was again on the rise. According to WTO statistics, beginning in 2008 countries listed 1 360 restrictive trade policy items, but less than one-quarter of them were retrieved. The World Bank's TTBD (Temporary Trade Barriers Database) also indicates a recent rising trend of trade barriers. Second, to some extent regional trade agreements have eroded the multilateral trading system. Since internal regional trade agreements conflict with the nondiscriminatory principles advocated by the multilateral trading system, it does not give preferential policies to nonmember countries outside of the region As a result, a country may import from a member country at a high cost rather than engaged in low-cost trade transfers from nonmember countries, resulting in "trade diversion," in nonmember countries losing trade and investment opportunities, and resources not being allocated optimally. Third, the further cutting of customs duties was limited. According to World Bank statistics, average global customs duties decreased from 10.8 percent in 1997 to 6.18 percent in 2010, but they rebounded slightly in 2012.

In general, it will be difficult for the global economy to return to the high-speed growth that existed before the crisis, and the structural factors, including the change in the global value chain and the slowdown in free trade, cannot ameliorated during the short term. As a result, global trade may show a cyclical turn for the better with improved economic performance to some extent, but it will not experience growth similar to that before 2008. The winter of global trade will continue.

(II) Trade in Services①

The volume of trade in services maintained high-speed growth and the growth of high value-added trade in services accelerated. In recent years, China's economic structure has been gradually adjusted and the service industry has recorded rapid growth, especially

① The data on trade in services in 2015 have been adjusted in two respects. One is an adjustment of the methods of international travel revenue by the China National Tourism Administration, which led to a growth in revenue of almost 100 percent compared with the revenue prior to the adjustment. The other is the calculation of travel expenditures under the new statistical methodology. The SAFA uses the sum of external remittances, credit-card data, and estimated cash data instead of the former data from partner countries. The data for 2014 have been adjusted as well.

Chart 2-6

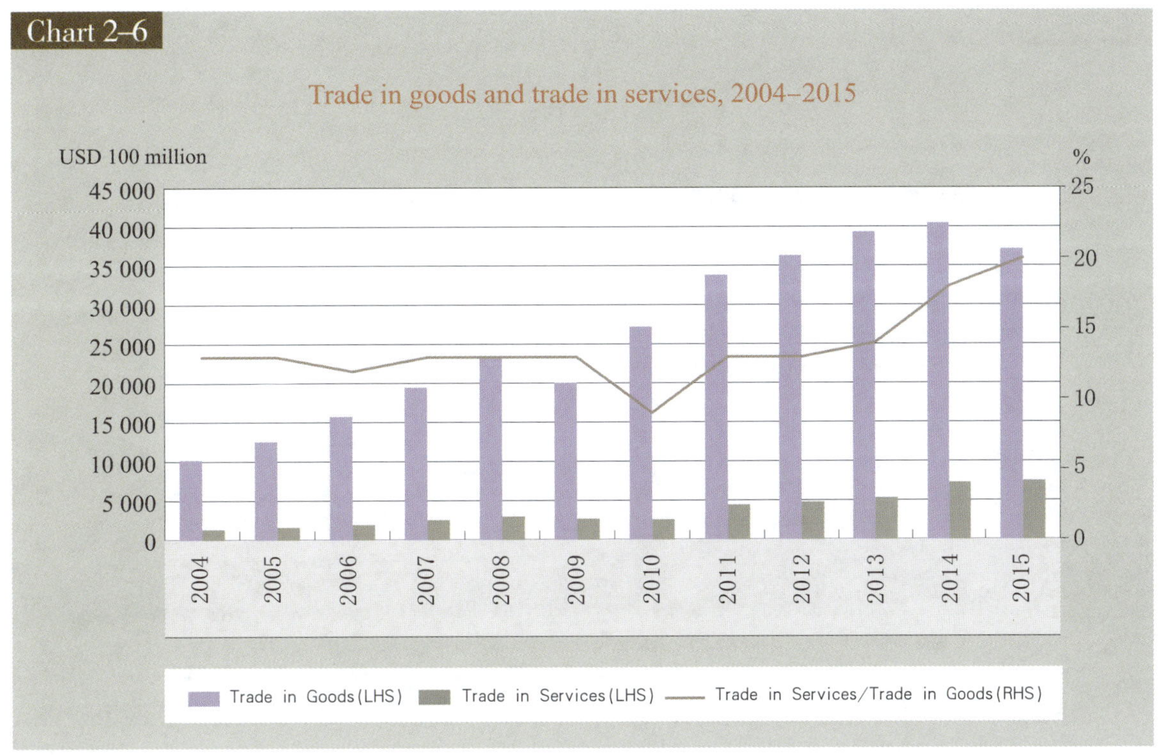

Source: SAFE.

trade in services. Since 2011 trade in services posted an average annual growth rate of over 20 percent. In 2015 revenue and expenditures of trade in services totaled USD 755.4 billion, up by 3 percent year on year and nearly two times the volume in 2010. The volume of trade in services was 20 percent of the volume of trade in goods, 2 percentage points higher than that in 2014 (see Chart 2–6). In 2015 high value–added trade in services grew rapidly. For instance, telecommunications and information services, construction, and culture and entertainment grew by 16 percent, 33 percent, and 150 percent respectively year on year. Traditional trade in services declined. Processing trade and transportation decreased by 4 percent and 15 percent respectively, indicating that the transformation of China's trade in services was deepening with an improved structure.

Revenue from trade in services recorded slow growth. In 2015 revenue from trade in services totaled USD 286.5 billion, up by 2 percent year on year (see Chart 2–7). In particular, travel revenue totaled USD 114.1 billion, up by 8 percent. Other commercial services and financial services recorded a significant decrease. In 2015 revenue of other commercial services (including R&D transactions, legal services, accounting, advertisements, management consultancy services, technical services, and operational leasing) totaled USD 58.4 billion, down by 15 percent year on year. Financial services recorded revenue of USD 2.3 billion, down by 48 percent.

Chart 2-7

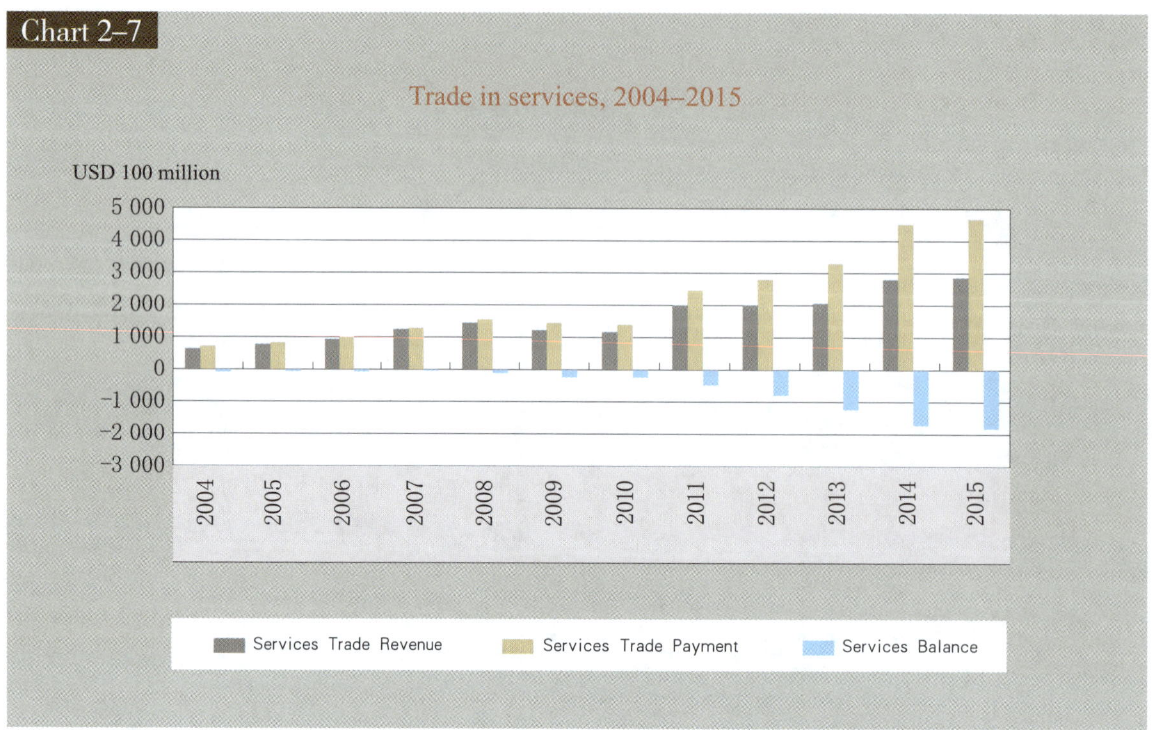

Source: SAFE.

Expenditures in trade in services grew rapidly, among which travel expenditures accounted for over one-half. Expenditures in trade in services in 2015 totaled USD 468.9 billion, up by 4 percent. In particular, travel expenditures amounted to USD 292.2 billion, up by 25 percent and accounting for 62 percent of the total, which was 10 percentage points higher than that in 2014. Transportation expenditures totaled USD 75.6 billion, down by 21 percent and accounting for 16 percent of the total, down by 5 percentage points year on year. Expenditures for construction, telecommunications, computers and information services, and cultural and entertainment services recorded rapid growth, but expenditures for financial services, insurance and pension services, and other commercial services decreased rapidly.

The trade in services deficit continued to expand due to an increased contribution from travel. In 2015 the trade in services deficit totaled USD 182.4 billion, up by 6 percent. In particular, the travel deficit totaled USD 178.1 billion, up by 38 percent and accounting for 98 percent of the total deficit in trade in services, 23 percentage points more than that in 2014 (see Chart 2-8). The significant surge in the travel deficit was driven by the overseas travel of Chinese residents that has expanded tremendously during recent years. According to the data of the China National Tourism Administration, the number of outward tourists increased from 10 million in 2000 to 120 million in 2015, which led to the increase in overseas consumption.

Chart 2-8

Contribution of travel to the deficit in trade in services, 2009–2015

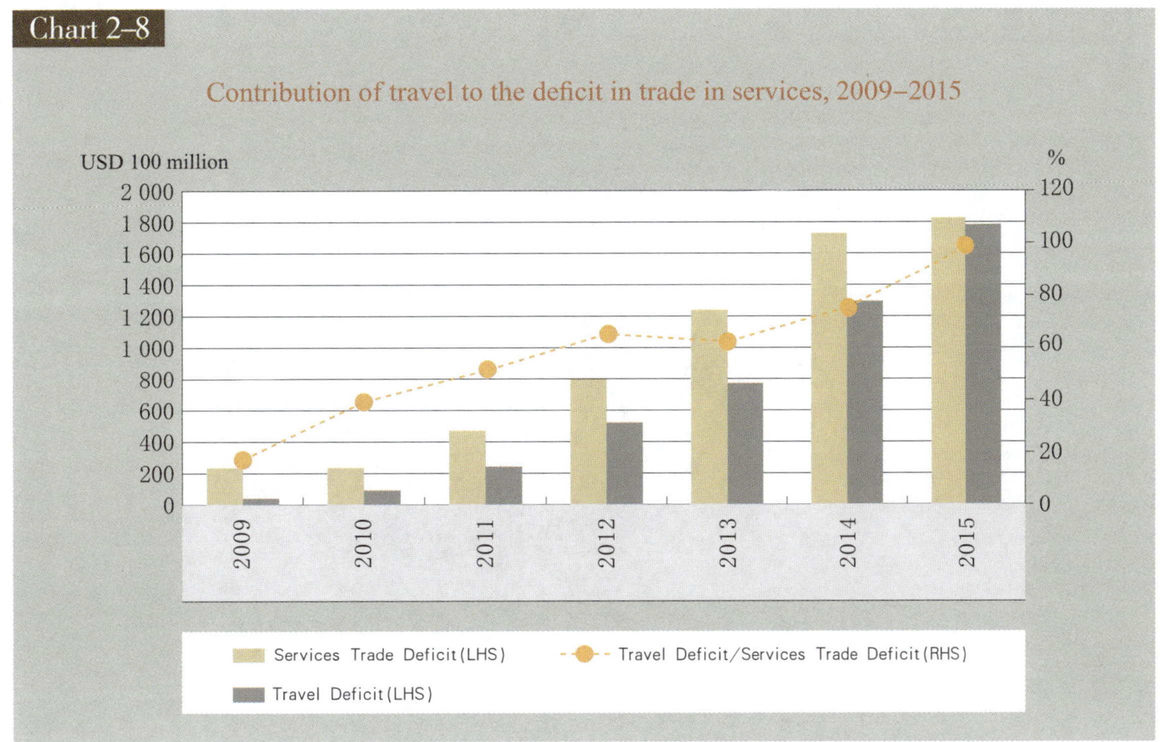

Source: SAFE.

Trading partners were highly concentrated. In 2015 China's top ten partners for trade in services were Hong Kong SAR, the United States, Japan, Korea, Taiwan of China, Macau SAR, the United Kingdom, Australia, Germany, and Canada, amounting to USD 462.9 billion and accounting for 61 percent of the total. Except for Taiwan of China, trading with the other nine countries/regions recorded deficits.

Box 4

Overseas card-swiping consumption by Chinese residents in 2015

The data on cross-border card-swiping consumption, statistics published by the State Administration of Foreign Exchange (hereafter referred to as the SAFE) reveal that in 2015 Chinese residents spent USD 133 billion overseas by using bank cards. The surrounding areas as well as the advanced economies were the main beneficiaries: 45 percent of the consumption occurred in Hong Kong SAR, Macau SAR, and Taiwan of China; 23 percent occurred in Japan, Korea, Thailand, Russia, and Indonesia; and 12 percent occurred in the United States and France.

Chart C4–1

Overseascard-swiping consumption by Chinese residents, by type of transaction

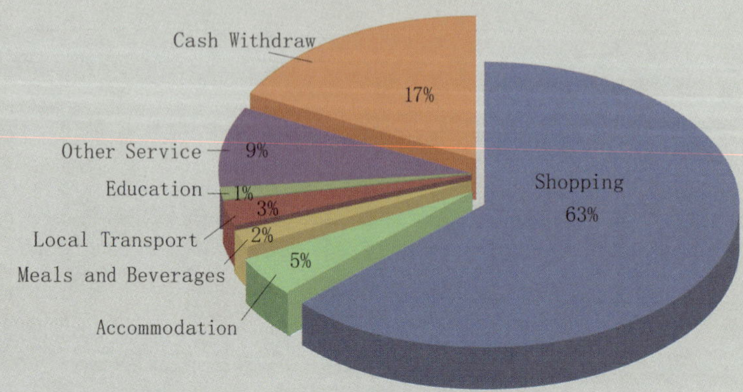

Source: SAFE.

Overseas shopping was the biggest contributor to the overseas card-swiping consumption. By types of transaction, overseas shopping dominated. In 2015 overseas card–swiping shopping amounted to USD 83.6 billion, accounting for 63 percent of the total overseas card consumption (see Chart C4–1). The top 10 shopping destinations were Hong Kong SAR (26 percent), Macau SAR (18 percent), the United States (8 percent), Japan (8 percent), and Korea, France, Thailand, Taiwan of China and Italy. The overseas shopping in the top 10 economies constituted 83 percent of the overseas card–swiping shopping.

Cash withdrawals were the second largest contributor to overseas card consumption. These transactions mainly occurred in Hong Kong SAR, Macau SAR, Taiwan of China, Japan, Korea, and the surrounding countries. The second largest type of transaction was cash withdrawals. In 2015 Chinese residents withdrew USD 23.1 billion of cash from bank cards abroad, accounting for 17 percent of the overseas consumption by cards. The cash withdrawals were highly concentrated in certain economies. The top 10 countries and areas contributed 90 percent of the cash withdrawn. In particular, Chinese residents withdrew cash from their cards totaling USD 9.8 billion in Hong Kong SAR and Macau SAR, accounting for 42 percent of the total cash withdrawals abroad. Cash withdrawals in Taiwan of China, Japan, and Korea amounted to USD 3.9 billion, USD 2.7 billion, and USD 1.4 billion respectively, accounting for 17 percent, 12 percent, and 6 percent respectively. To combat the abnormal high-frequency and large amount of overseas cash withdrawals by some Union Pay card-holders, a phenomenon observed in July 2015, the SAFE specified overseas cash withdrawal management policies on September 30, 2015. Since October 2015, overseas cash withdrawals by cards gradually dropped, and the ratio of cash withdrawals to the overseas consumption by cards dropped from 21 percent in September to 13 percent in December, indicating that overseas card-swiping was gradually converging to reflect normal consumption needs.

Spending on accommodations, meals, transportation, education, and other services accounted for 20 percent of overseas card consumption. In 2015 Chinese residents spent USD 6 billion by swiping cards for overseas accommodations, 5 percent of the total overseas card consumption. Spending on local transportation reached USD 3.6 billion, 3 percent of the overseas card consumption. Spending on meals and beverages reached USD 2.6 billion, 2 percent of the overseas consumption. Spending on education and overseas study reached USD 1.9 billion, 1 percent of the overseas consumption. Spending on other services reached USD 12.3 billion, 9 percent of the overseas consumption.

The active overseas travel, study, and shopping strongly supported the rapid growth of overseas card consumption. First, due to the development of China's economy, the continuous increase in income of Chinese residents, and the strengthening of the RMB in past years, the real purchasing power of Chinese residents has increased, boosting demand for outbound travel and study abroad. Second, due to the acceleration of the opening up policies, more countries and areas have waived their visa requirements or now grant visas to Chinese residents upon arrival, making it easier for Chinese residents to study and travel abroad. Meanwhile, the SAFE accelerated its reforms and largely simplified foreign exchange purchases and sales. The authorities also supported cross-border consumption via bank cards and via third-party payment institutions, and guaranteed to meet the foreign exchange repayment needs of credit-card users. The measures further facilitated overseas consumption by Chinese residents. Third, due to their relatively good reputation, lower prices, good quality, and their diversified markets, foreign brands have become more popular among middle and high income Chinese clients. Domestic banks also improved their services to support overseas consumption by cards, further contributing to the rapid development of overseas consumption. In the future, the above supporting factors may contribute to even higher growth in overseas card consumption and boost the expansion of China's cross-border travel expenses.

(III) Direct Investments

Direct investments maintained a net inflow. ① In 2015, based on the BOP statistics, China's direct investments recorded a net inflow of USD 62.1 billion (see Chart 2-9), down by 57 percent year on year. In 2015 expectations about the RMB exchange rate diversified. Many enterprises accelerated their USD debt payments and extended more loans to overseas affiliates, which together drove the debt flow between affiliates from a net inflow of USD 76.4 billion in 2014 to a net outflow of USD 12.4 billion in 2015, and the net inflows of direct investments declined.

Direct investment assets② increased because domestic enterprises were more competitive and accelerated resource allocations in overseas markets. In 2015 China's direct investment assets posted a net increase of USD 187.8 billion, up by 53 percent year on year (see Chart 2-10). The increase in direct investment assets reflected the strengthened power of domestic enterprises and that they began to allocate resources globally.

Chart 2-9

The balance of direct investments, 2000–2015

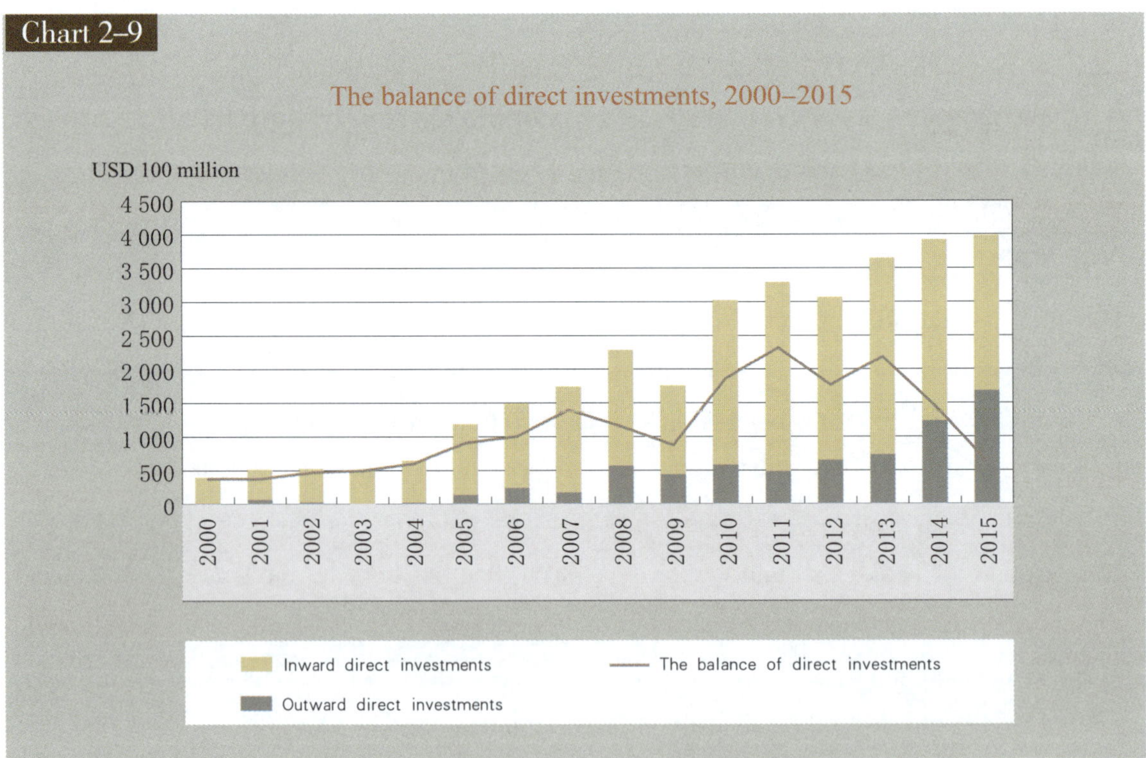

Source: SAFE.

① Direct investment net flows =the net increase in outward direct investments–the net increase in inward direct investments. When the net increase in outward direct investments exceeds the net increase in inward direct investments, direct investments record a net outflow. When the net increase in inward direct investments exceeds the net increase in outward direct investments, direct investments record a net inflow.

② Direct investment assets are mainly composed of outward direct investments, including also some reverse investment by domestic foreign-funded enterprises to their mother companies.

From the perspective of the investments, equity assets recorded a net increase of USD 145.2 billion, up by 2 percent year on year and accounting for nearly 80 percent of the total direct investment assets. Equity investments were usually long–term investments, and the increase in equity investments indicated that domestic enterprises were trying to located new investment opportunities when the domestic economy which faced increased downward pressures. Loan assets to overseas affiliates recorded a net increase of USD 42.6 billion, but in 2014 they recorded a net decrease of USD 19.2 billion.

In terms of sectors, the direct investment assets of the nonfinancial sector recorded a net increase of USD 159.7 billion, up by 44 percent year on year. The major destinations of outward direct investments were still concentrated in Hong Kong SAR (60 percent), and the United States and Singapore (12 percent together). In addition, with the promotion of "One belt and one road" initiative, China's investments to the relevant countries and regions increased. In 2015 the net outflow of related direct investments accounted for 4 percent of the total, up by 3 percentage points year on year. In terms of industries, leasing and commercial services and manufacturing accounted for nearly 50 percent of the total direct investment assets (see Chart 2–11). The direct investment assets of the financial sector recorded a net increase of USD 28.1 billion, 1.3 times more than the increase in 2014, with the banking sector as the major investor.

Chart 2–10

Direct investment assets, 2000–2015

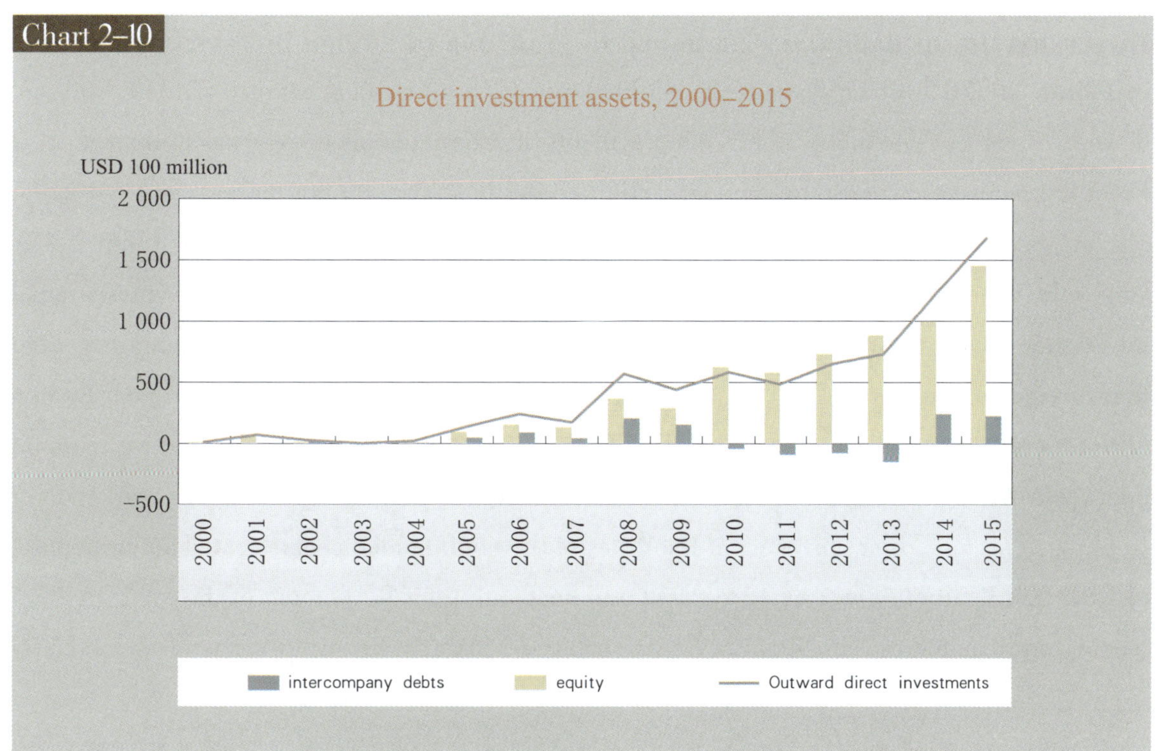

Source: SAFE.

Chart 2–11

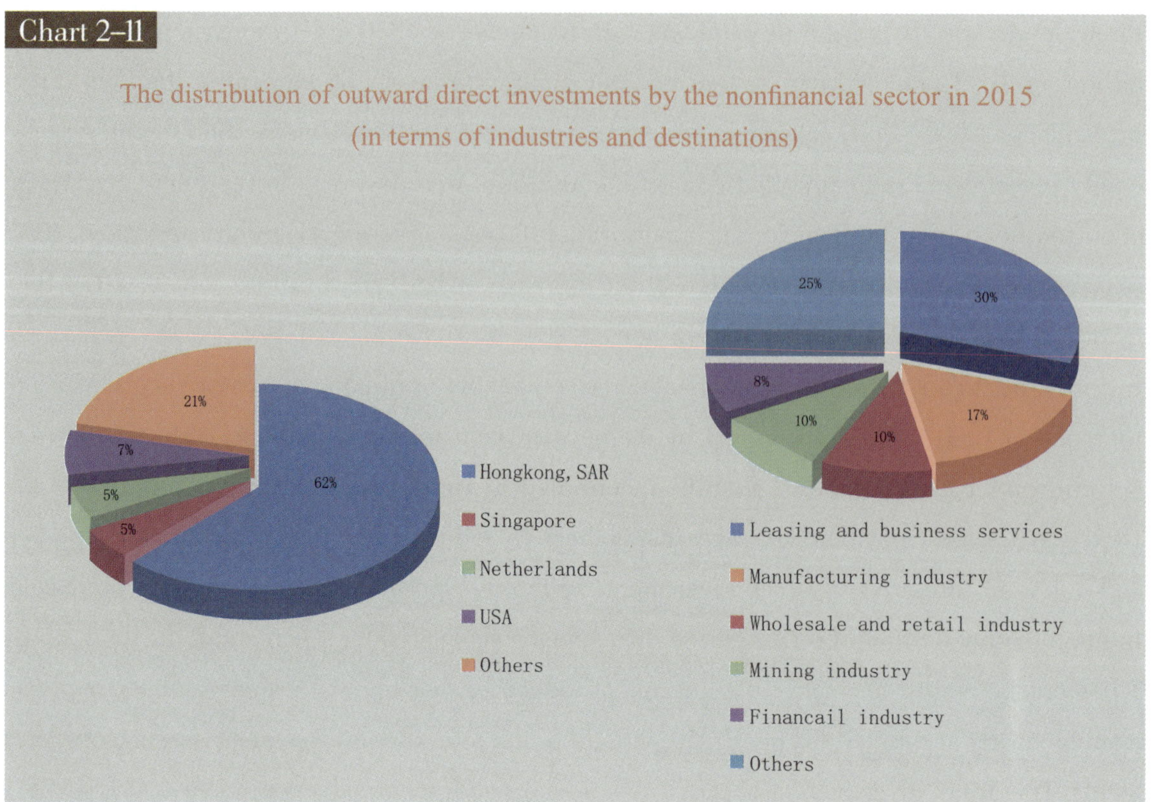

Source: SAFE.

Direct investment liabilities① **continued to grow due to foreign investors' confidence in China**. In 2015 direct investment liabilities recorded a net increase of USD 249.9 billion, down by 7 percent due to the increase in payments of external loans to overseas affiliates.

From the perspective of the investments, equity liabilities posted a net increase of USD 219.6 billion, accounting for 90 percent of the total and up by 4 percent year on year (see Chart 2–12). Under the conditions whereby China's economic growth had slowed down and the international environment was facing uncertainties, the growth of inward equity investments revealed that foreign investors were still confident about China over the long run. Loans from foreign affiliates recorded a net increase of USD 30.2 billion, down by 47 percent due to financial operations by enterprises based on the differences between domestic and overseas markets.

In terms of sectors, direct investment liabilities of the nonfinancial sector posted a net increase of USD 226.1 billion, down by 12 percent and accounting for 90 percent of the total. In 2015 leasing and commercial business services surpassed manufacturing in terms of the industry

① Direct investment liabilities are mainly composed of inward foreign direct investments, including as well some reverse investments by overseas affiliates to domestic mother companies.

Chart 2-12

Direct investment liabilities, 2000-2015

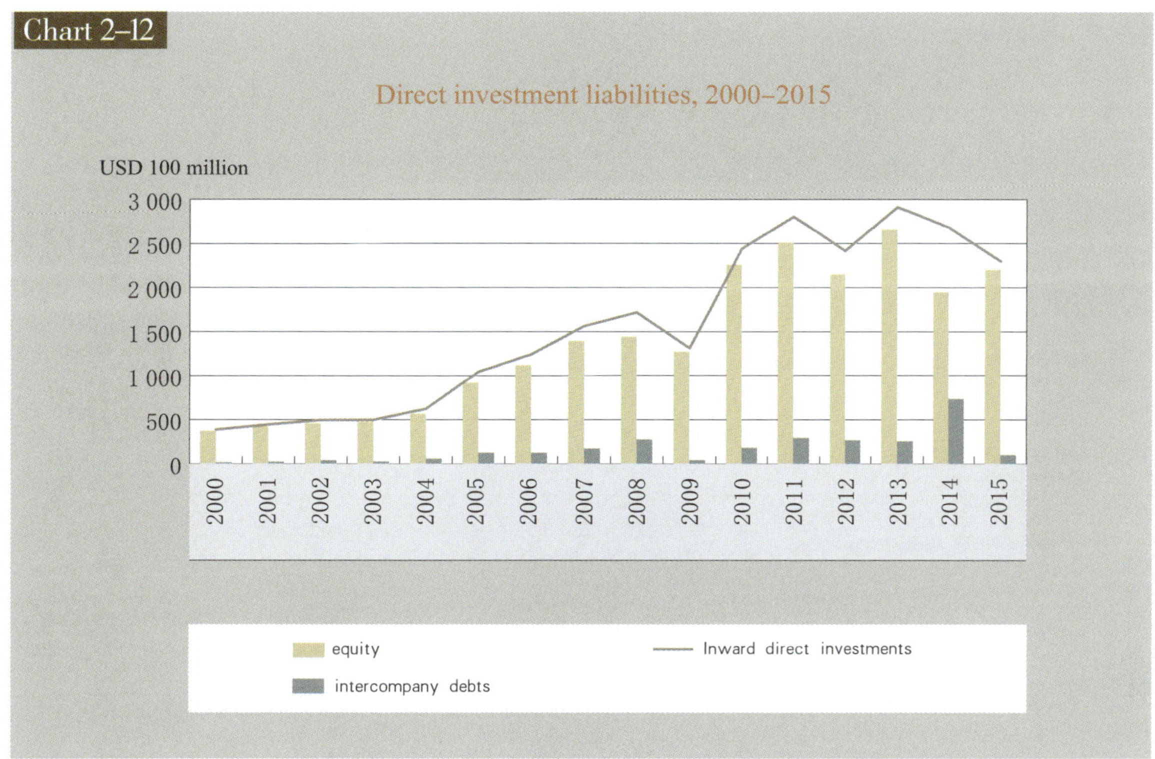

Source: SAFE.

with the most direct investments in the nonfinancial sector. The Hong Kong SAR was still the largest investor, followed by Singapore, the United States, and Taiwan of China. The direct investment liabilities of the financial sector recorded a net increase of USD 23.8 billion, up by 90 percent, among which over 50 percent was invested in the banking sector and in insurance companies.

(IV) Portfolio Investments

Portfolio investments changed to a net outflow, indicating increased net assets under portfolio investments. In 2015 the net outflow of portfolio investments amounted to USD 66.5 billion. In 2014 portfolio investments recorded a net inflow of USD 82.4 billion (see Chart 2-13). Since 2007, 2015 was the first year that China increased its net assets under portfolio investments due to more overseas asset allocations by domestic entities.

There was a remarkable increase in China's outward portfolio investments. In 2015 China's outward portfolio investments recorded a net outflow of USD 73.2 billion, up by 5.8 times year on year. In particular, outward equity investments and bond investments recorded net outflows of USD 39.7 billion and USD 33.5 billion, up by 27.3 times and 2.6 times

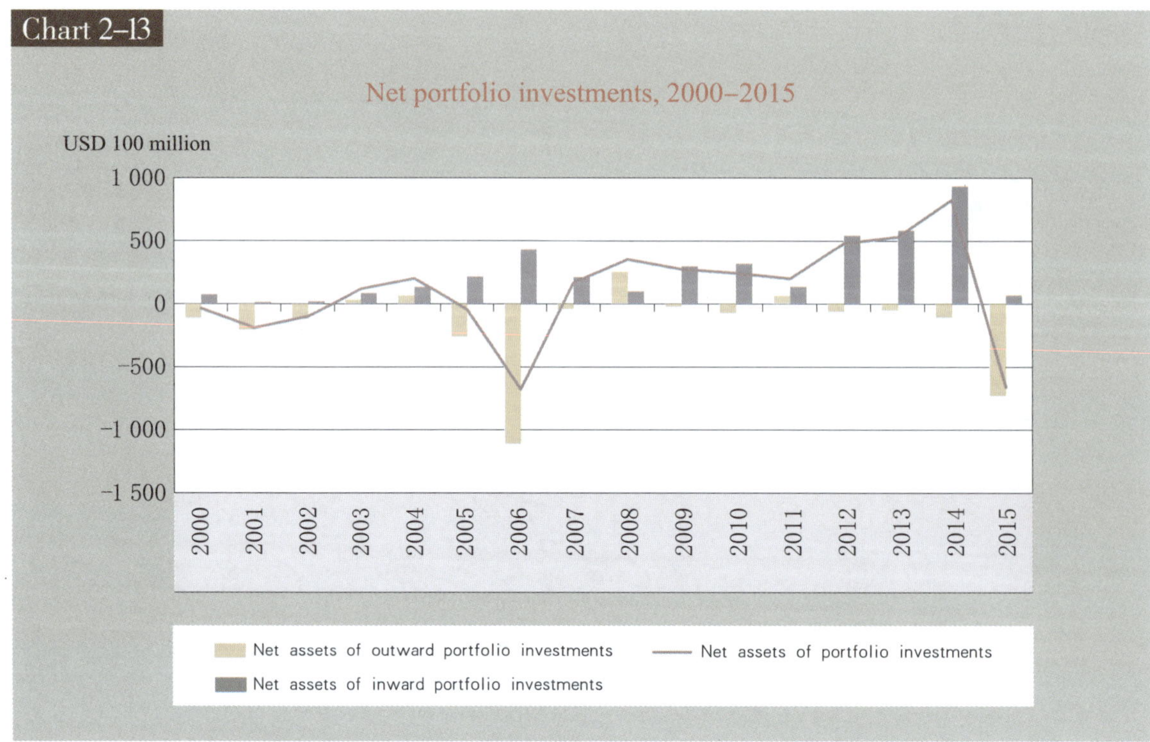

Note: Positive outward portfolio investments refer to a decrease in outward equity or bond investments, otherwise they are negative. Positive inward portfolio investments refer to an increase in inward equity or bond investments, otherwise they are negative.
Source: SAFE.

respectively. It was more convenient for domestic residents to buy assets such as stocks in overseas markets through QFII and the Shanghai–Hong Kong Stock Connect and their demand for cross–border asset allocations was better satisfied. On the one hand, net outflows via the Shanghai–Hong Kong Sock Connect totaled USD 13.3 billion. On the other hand, qualified domestic institution investors' (QDII and RQDII) investments in stocks and bonds issued by nonresidents totaled USD 22 billion. In addition, domestic financial institutions including bank, invested USD 32 billion in overseas bonds.

Inward portfolio investments continued their increasing net inflow. In 2015 inward portfolio investments recorded a net inflow of USD 6.7 billion, a significant decline of 93 percent year on year. In particular, inward equity portfolio investments recorded a net inflow of USD 15 billion, and bond portfolio investments recorded a net outflow of USD 8.2 billion. In terms of channels, domestic enterprises were active in overseas listings, SPOs, and bond issuances. In 2015 funds raised via overseas listings and bond issuances from nonresidents totaled USD 35.7 billion, which revealed that foreign investors were still positive about Chinese enterprises. Inflows via the Shanghai–Hong Kong Sock Connect were USD 3 billion. Investments by QFIIs and RQFIIs decreased by USD 14.1 billion. In addition, the decreasing balance of acceptance letters of credit with drafts① created a net outflow of USD 8.5 billion.

Box 5

The market value of shares listed abroad by Chinese enterprises exceeded USD 600 billion

In recent years, an increasing number of Chinese enterprises have decided to list abroad. From the perspective of China's external assets and liabilities, the more shares issued abroad by Chinese enterprises and held by foreign shareholders, the higher China's external liabilities. Prior to 2015, the SAFE used the accumulated value of the IPOs abroad as the external position of shares listed abroad, a method that does not take into account the revaluations. Since 2015, based on publication, by the China Security Regulatory Commission (CSRC), of the enterprises incorporated in mainland China and directly listed abroad the SAFE conducted a quarterly survey of the market value of the shares listed abroad. The SAFE also uses company reports and listed share prices on the exchanges to support these estimations.

At end-September 2015, the market value of the shares listed abroad by 207 Chinese companies reached USD 617.6 billion, 79 percent (USD 491.1 billion) of the value was held by foreign shareholders and 33 out of 207 enterprises had single foreign shareholders that held more than 10 percent of the outstanding equity of the companies. The value of the investment totaled USD 17 billion. The value of the shares held by foreign shareholders who held less than 10 percent of the total outstanding equity of the companies totaled USD 474.1 billion. According to the BOP definition, these equity investments belong to portfolio investments. The relatively high foreign holdings of shares listed abroad reveal that international investors have a relatively high preference for investing in Chinese enterprises.

Nonfinancial enterprises remain dominant in terms of number, but financial enterprises remain dominant in terms of value. Of 207 enterprises, 182 are

① According to the IMF's *Balance of Payments and International Investment Position Manual* (Sixth Edition) , acceptance letters of credit with drafts are under portfolio investments/debt instruments instead of under other investments/loans.

nonfinancial enterprises, accounting for 88 percent of the number of companies listed abroad. Banks and nonbank financial institutions account for 14 and 11 respectively. The nonfinancial enterprises come from the infrastructure, consumption, media, and energy sectors, and the nonbank financial institutions include insurance, securities, and asset management. The market value of the financial institutions was USD 414.9 billion, 67 percent of the tolal market value of the shares listed abroad of which the market value of the bank shares was USD 317.2 billion, 51 percent of the total market value of the shares listed abroad. The market value of nonbank financial institutions was USD 97.7 billion, 16 percent of the total market value of the listed shares. The market value of nonfinancial enterprises was USD 202.8 billion, accounting for 33 percent (see Chart 5-1).

The top 10 enterprises accounted for over 60 percent of the market value, of which the banks dominated. The total market value of the top 10 enterprises totaled USD 385.3 billion, 62 percent of the total market value. The top 10 enterprises included six banks, two nonfinancial institutions, and two nonfinancial enterprises.

The market value fluctuated according to the same pattern as the Hong Kong stocks. At end-December 2014, end-March 2015, end-June 2015, and end-September

Chart C5-1

An overview of enterprises listed abroad, by number grouped and by industry (LHS) and by market value and grouped by industry

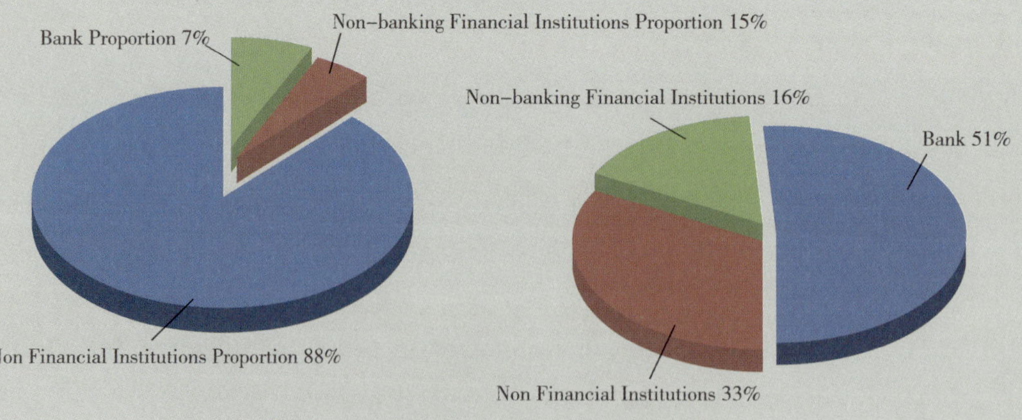

Source: Aggregates from the SAFE survey.

2015, the market values of the targeted shares were USD 736.7 billion, USD 750.5 billion, USD 830.6 billion, and USD 617.6 billion respectively. Meanwhile, the Hang Seng Index (HIS) reached 23 605, 24 901, 26 250, and 20 846 respectively. The market value of the shares listed abroad moved in a similar direction as the HSI.

The survey only targeted domestic entities that directly listed their shares abroad. There are two types of listings abroad, direct listings abroad and indirect listings abroad. Under direct listings abroad, domestic entities directly approach the foreign securities administration and apply to list their shares on the local exchanges. Under indirect listings, domestic entities register a company abroad. By exchanging equities, mergers, and acquisitions, the foreign company will take over control of the domestic assets that were initially owned by domestic entities. Alibaba and Jingdong are examples of indirect listings. According to the BOP statistical principles, only equities directly listed abroad and held by foreign investors should be recorded as China's external liabilities. Depending on their nature, shares can be divided into either direct investments or portfolio investments. Of the 207 domestic companies listed abroad that were covered by the SAFE survey, only three were listed on the Singapore exchange and the rest were listed in the Hong Kong SAR.

(V) Other Investments

Net assets of other investments grew rapidly. Capital flows under other investments are an important factor in the BOP balance. In 2015 the net assets of other investments increased by USD 479.1 billion, up by 72 percent year on year. In 2015 the major items in other investments all posted an increase, indicating that domestic entities' expectations about the exchange rate, interest rate, and market risks were changing and those entities increased their overseas investments and repaid their external debts. In particular, the net assets of currencies and deposits, and the net assets of loans increased by USD 222.7 billion and USD 214.1 billion respectively, accounting for the increase in the net assets of other investments by 46 percent and 45 percent respectively (see Chart 2-14).

Capital outflows under other investments continued to increase. In 2015 capital outflows under other investments posted a net increase of USD 127.6 billion, down by 61 percent year on year and indicating that the capital used in overseas markets increased at a relatively lower rate. In particular, overseas currencies and deposits increased by USD 100.1 billion, 46 percent less than the increase in 2014. External loans increased by USD 47.5 billion, 36

Chart 2–14

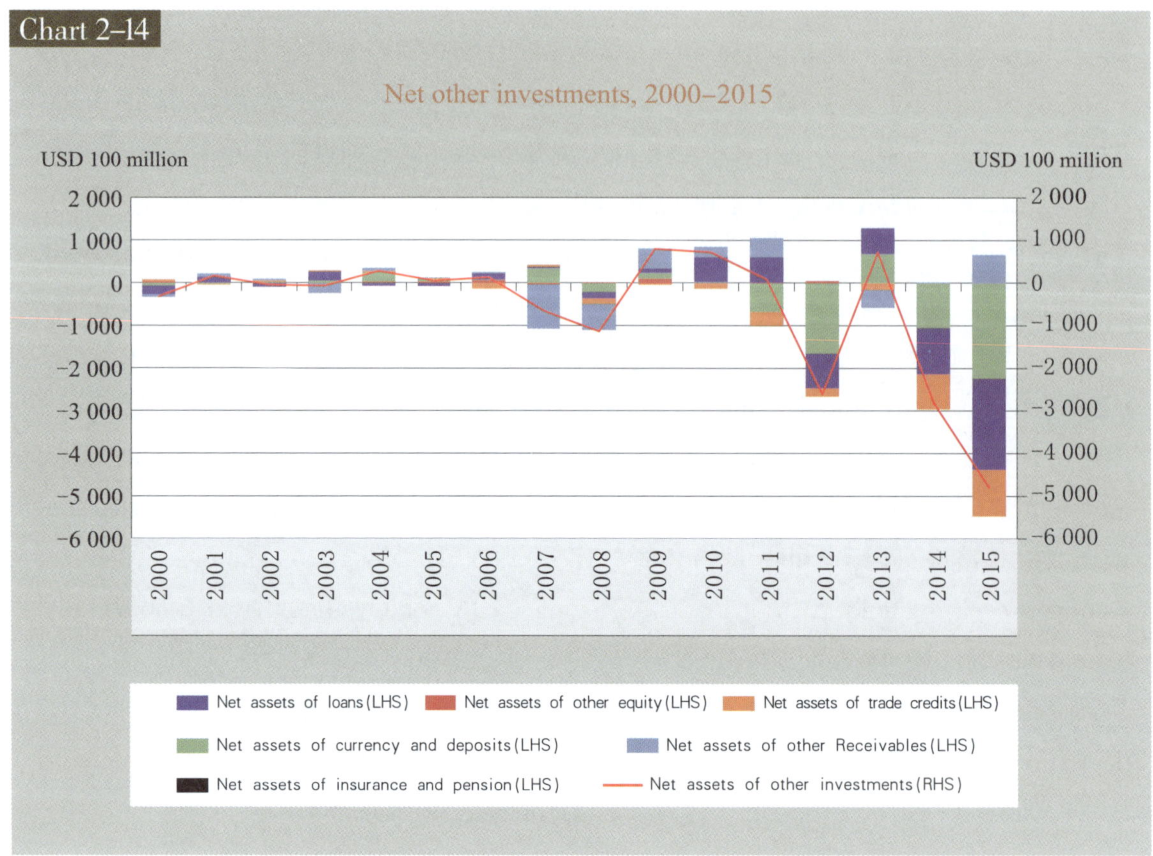

Source: SAFE.

percent less than the increase in 2014. Moreover, external trade credit assets increased by USD 46 billion (increases in collectables and advance payments of trade credits), 33 percent less than the increase in 2014.

External liabilities under other investments declined dramatically. In 2015 other investment liabilities recorded a net outflow of USD 351.5 billion (that is, a decrease in China's external liabilities), but in 2014 they recorded a net inflow of USD 50.2 billion. Loans from abroad constituted one source for the net outflows, which decreased by USD 166.7 billion since the enterprises accelerated the payback of their external debts to reduce the risks of exchange–rate volatility. The decrease in currencies and deposits by USD 122.6 billion due to the decrease in RMB deposits by nonresidents was another source. A third source was trade credits, which decreased by USD 62.3 billion (the decrease in payables and advanced collections of trade credits).

Box 6

A decrease in the external debt in 2015 with a lower risk of debt payments

By the end of 2015, China's outstanding external debt was USD 1416.2 billion (excluding the external debt of Hong Kong SAR, Macau SAR, and Taiwan of China), down by 15 percent outstanding at the end of March 2015. The external debt remained stable in the first half of 2015 but dropped during the second half of the year. The outstanding dropped by 9 percent and 7 percent in the third and fourth quarters respectively year on year. The outstanding external debt featured the following characteristics.

In terms of currencies, the decreasing rate of the external debt denominated in RMB was higher than the debt denominated in foreign currencies. By the end of 2015, the outstanding external debt denominated in RMB and in foreign currencies dropped by 18 percent and 13 percent respectively from the outstanding at the end of March. The outstanding RMB external debt constituted 46 percent of the total, down by 2 percentage points from March.

In terms of duration, the outstanding short-term external debt decreased by 22 percent and was the major contributor to the decrease in the external debt. By the end of December, the ratio of the short term debt to the total had decreased by 5 percentage points from the end of March. The outstanding medium and long term external debt was stable, with an increase of USD 1.4 billion from that at the end of March.

In terms of debtors, the decrease in the external debts of other deposit-taking corporations, including banks, led to a decrease in the total external debt. By the end of December, the outstanding external debt of other deposit–taking corporations, including banks, had decreased by 25 percent from the amount outstanding in March, accounting for 80 percent of the total decrease in the external debt. In the third and fourth quarters it decreased by 14 percent and 13 percent respectively. From March, the outstanding external debt in other sectors (corporations and nonbanking financial institutions) decreased by 15 percent.

In terms of debt instruments, loans and, currency and deposits decreased at a more rapid rate. By the end of December, loans, currency and deposits decreased by 30 percent and 24 percent respectively,[①] far more than the decrease in the rate of the total external debt and accounting for 54 percent and 41 percent respectively of the total decrease in the external debt. In the second, third and fourth quarters, loans decreased by 4 percent, 13 percent, and 16 percent respectively. Currency and deposits increased slightly in the second quarter but decreased in the third and fourth quarters by 15 percent. The decrease in loans was the result of the decrease in trade financing by banks.

Impacted by expectations that the RMB would depreciate, the Fed interest rate, the decrease in the interest–rate gap between domestic and external markets, and the decrease in foreign trade, the total outstanding external debt experienced a sharp decrease in the second half of 2015. From the micro perspective of debtors' risks, the decrease was the result of balance sheet adjustments according to market conditions and was helpful to relieve the debt burden and enhance risk management. From the macro perspective of debt risks, the decrease indicated a lower risk in China's total external debt and payment risk. According to internationally recognized external debt safety indicators, by the end of 2015 the ratio of the outstanding external debt to GDP was 13 percent, the ratio of the outstanding external debt to foreign exchange income was 58 percent, the debt service ratio was 5 percent, and the ratio of short term debt to foreign reserves was 28 percent. The above indicators all fall within accepted safe thresholds.

In the future, China's external debt volatility over the short term may become a new normal, along with increased RMB exchange rate elasticity, further development of capital account convertibility, and fluctuations of interest rates and exchange rates in the international market. The SAFE will further strengthen monitoring and guard against the risks of abnormal cross–border capital flows.

① Since June 2015, letters of credit with drafts were adjusted from loans to debt securities; the above comparison is based on this adjustment.

Ⅲ. International Investment Position

Both external financial assets and liabilities declined. At end-December 2015, China's external financial assets and liabilities[①] reached USD 6 218.9 billion and USD 4 622.5 billion respectively, a year-on-year decline of 3 percent and 4 percent respectively. Net external assets reached USD 1 596.5 billion, a slight decrease of USD 6.3 billion (see Chart 3-1). Transaction-related net asset increases were USD 142.7 billion (recorded in the BOP statement), and net asset decreased due to non-transaction factors, such as exchange rate changes and revaluations, were USD 149 billion.

The ratio of private-sector holdings of external assets was on the rise. Among the external financial assets at end-December 2015, international reserve assets reached USD 3 406.1 billion, a year-on-year decline of 13 percent. The transaction-related decline

Chart 3-1

External assets, liabilities, and net assets, 2004-2015

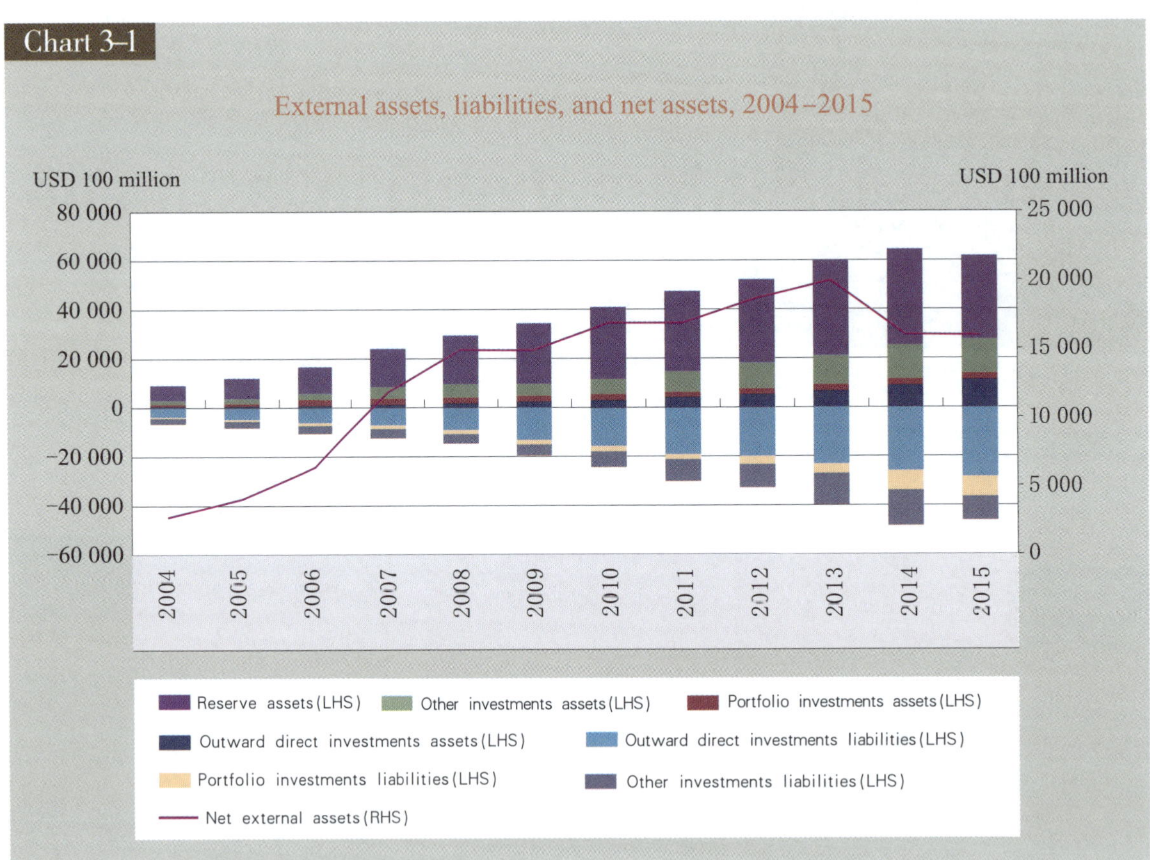

Source: SAFE.

① External financial assets and liabilities include direct investments, portfolio investments, and other investments, such as loans and deposits. Outward direct investments are included as financial assets because the equities issued by direct investment enterprises abroad and held by domestic investors are the same type of financial instruments as the equity investments in portfolio investments. The difference is that direct investments require a higher threshold of equity holdings so as to reflect significant influence or control over the production and operations of the enterprises. Inward direct investments belong to external financial liabilities because foreign investors hold equities in foreign-owned companies.

was USD 342.9 billion, and the non-transaction decline, due to exchange rate changes and price changes, was USD 150.3 billion. As the largest component of China's external financial assets, international reserves accounted for 55 percent of the total external claims. However, compared with the ratio at end-December 2014, it had declined by 5 percentage points, posting a historical low since China's first IIP statement at end-December 2004. In the meantime, due to policies such as the "going-out" policy and "one belt and one road" initiative, outward direct investments reached USD 1 129.3 billion and accounted for a historical high of 18 percent of the external assets, 4 percentage points higher than that at end-December 2014. Portfolio investments amounted to USD 261.3 billion and accounted for 4 percent of the external assets, a ratio similar to that at end-December 2014. Other assets such as loans and deposits reached USD 1 418.5 billion, 23 percent of the total external claims. The ratio was 1 percentage point higher than that at year-end 2014 (see Chart 3-2).

Due to the repayment of external debts and the decrease in nonresident deposits, external liabilities decreased but foreign direct investments continued to rise. At end-

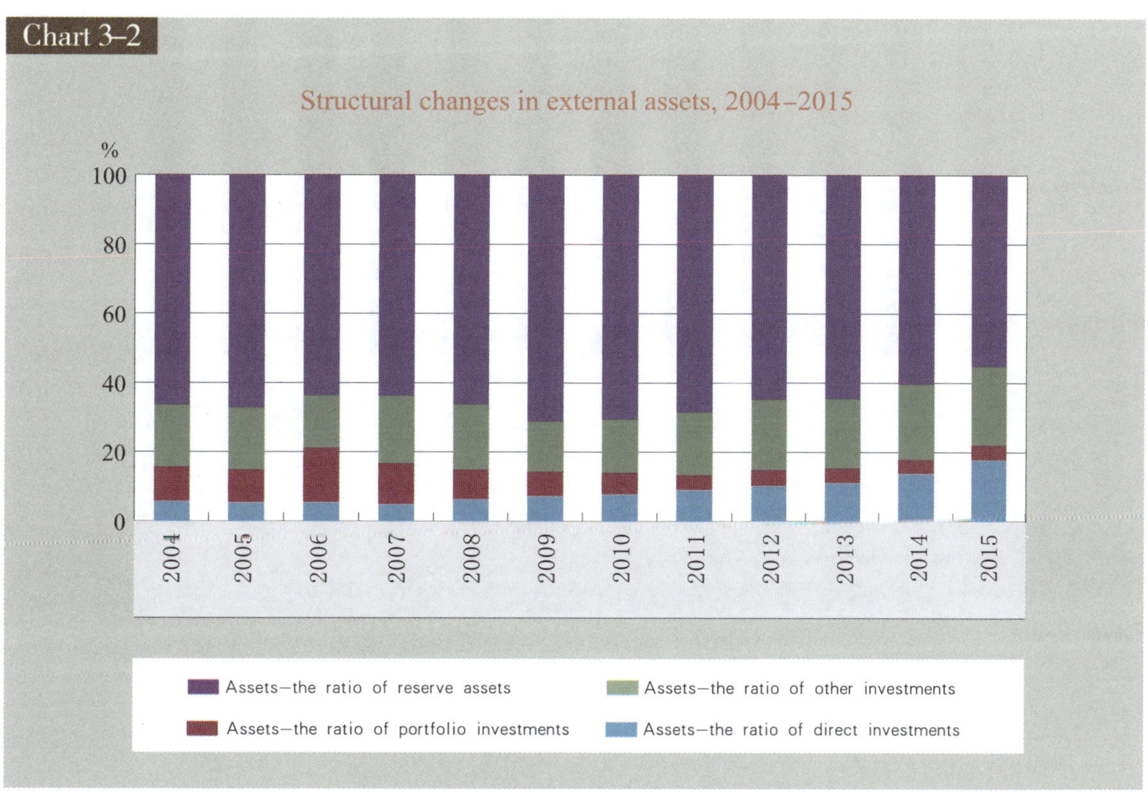

Source: SAFE.

December 2015, FDI liabilities amounted to USD 2 842.3 billion,① a year-on-year increase of 9 percent. The item continued to be the largest component on the liability side, accounting for 61 percent of total external liabilities. This indicates that foreign investors continue to be optimistic about China's economic development. Portfolio investment liabilities reached USD 810.5 billion, a year-on-year increase of 2 percent. This accounted for 18 percent of external liabilities, an increase of 2 percentage points compared to that at end-December 2014. Other liabilities such as loans and deposits amounted to USD 964.3 billion, a drastic year-on-year decrease of 33 percent. They accounted for 21 percent of total external liabilities, a decrease of 9 percentage points compared to the previous year-end ratio (see Chart 3-3). The decrease in other investment liabilities was the major contributor to the decrease in China's external liabilities. Due to domestic and international interest-rate changes and exchange rate changes, domestic entities adjusted their balance sheets and continued to repay their external debts, and

Chart 3-3

Structural changes in external liabilities, 2004-2015

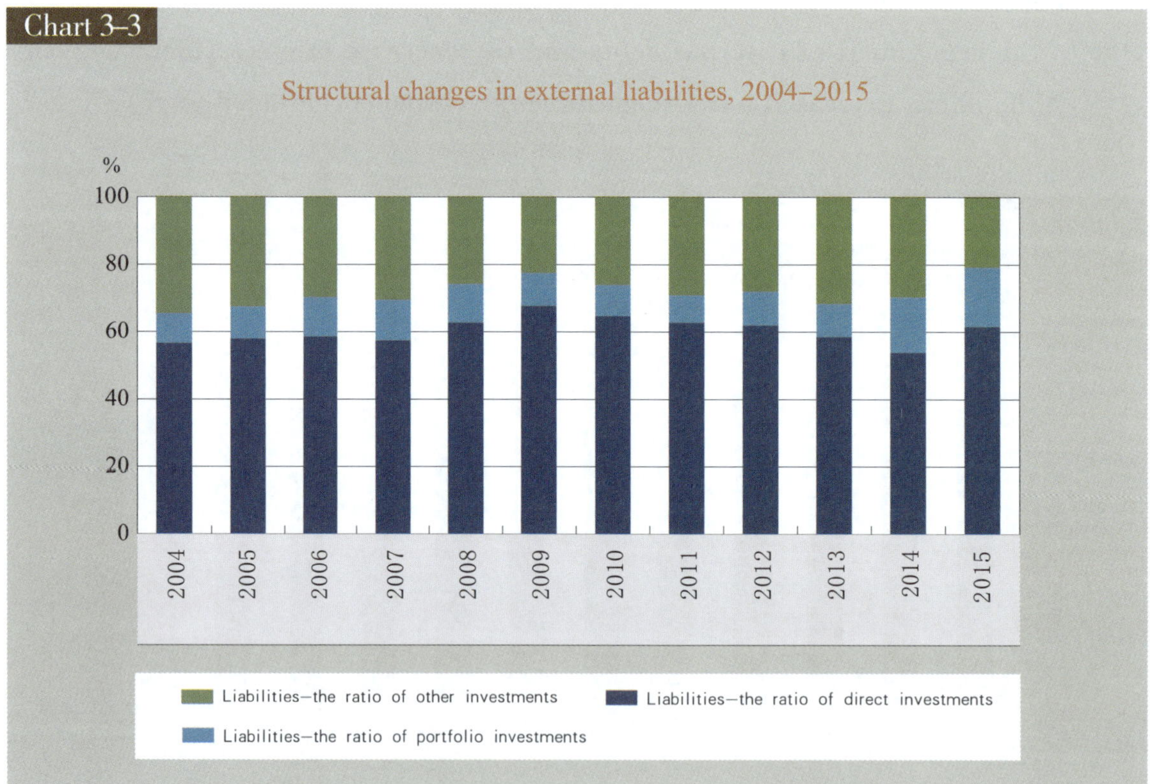

Source: SAFE.

① The inward foreign direct investment positions include FDI stocks of both the nonfinancial sector and the financial sector in China. The positions also include inter-company lending as well as other debt positions among the relevant offices, such as parent companies and subsidiaries located in different economies. The statistics also reflect the impact of revaluations. The statistical coverage of inward FDI is different from the cumulative statistics of the Ministry of Commerce. The latter uses the cumulative FDI equity investment flows over the years as the inward FDI position.

nonresidents decreased their deposits in China.

The net income of external investments continued to record a deficit. In 2015 China's balance of payments recorded a deficit of USD 73.4 billion in investment income, of which receipts of external investment income reached USD 193.9 billion and payments reached USD 267.3 billion. The difference between the annualized yields of receipts and payments of income was -2.6 percentage points (see Chart 3–4). The net deficit in the income account was determined by the structure of China's external assets and liabilities. In 2015 international reserves accounted for more than 50 percent of China's external financial assets. As a market principle, this type of asset generally receives a relatively lower yield than other asset types because it requires low risks and high liquidity. Consequently, the annual average yields of China's external financial assets were 3.3 percent from 2005 to 2015. In contrast, inward FDI is a major component of China's external liabilities. Because equity investments in FDI are long–term, relatively stable investments, they require higher yields than other types of investments. From 2005 to 2015, the yields of China's external liabilities were 6.6 percent. The relatively high yields of inward investments demonstrate that China was a desirable destination for foreign investors. The continuous inflows of inward FDI helped to stabilize China's cross–border capital flows.

Chart 3–4

The yields of external assets and liabilities, 2005–2015

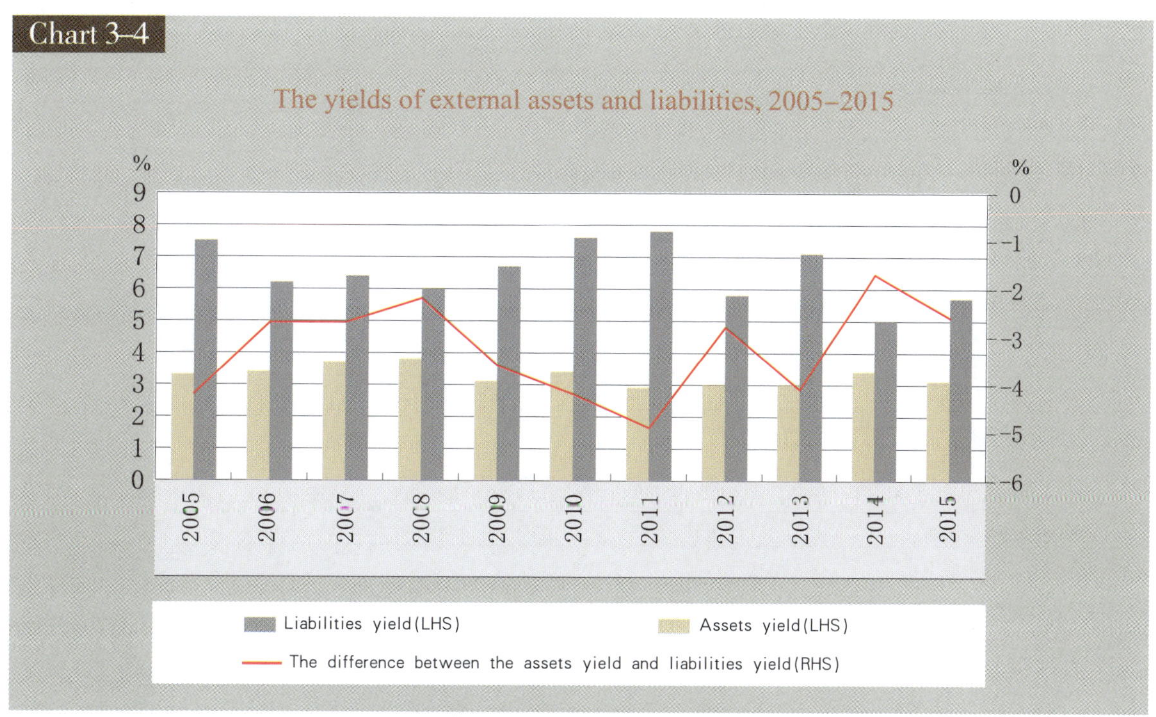

Note: 1. Yields on assets (liabilities)= $\frac{\text{annualized receipts or payments of investment income}}{\text{(positions at the previous year-end+positions in the reference year-end)/2}}$

2. The difference between the yields of assets and liabilities= the yields of assets – the yields of liabilities

Source: SAFE.

Table 3-1 China's international investment position at end-December 2015[①]

Unit: USD 100 million

Item	Line No.	2015
Net International Investment Position	1	15 965
Assets	2	62 189
1 Direct investment	3	11 293
1.1 Equity and investment fund shares	4	9 393
1.2 Debt instruments	5	1 901
2 Portfolio investment	6	2 613
2.1 Equity and investment fund shares	7	1 620
2.2 Debt securities	8	993
3 Financial derivatives (other than reserves) and employee stock options	9	36
4 Other investment	10	14 185
4.1 Other equity	11	1
4.2 Currency and deposits	12	3 895
4.3 Loans	13	4 569
4.4 Insurance, pension, and standardized guarantee schemes	14	172
4.5 Trade credit and advances	15	5 137
4.6 Other accounts receivable	16	412
5 Reserve assets	17	34 061
5.1 Monetary gold	18	602
5.2 Special drawing rights	19	103
5.3 Reserve position in the IMF	20	45
5.4 Foreign currency reserves	21	33 304
5.5 Other reserve assets	22	7
Liabilities	23	46 225
1 Direct investment	24	28 423
1.1 Equity and investment fund shares	25	26 181
1.2 Debt instruments	26	2 242
2 Portfolio investment	27	8 105
2.1 Equity and investment fund shares	28	5 906
2.2 Debt securities	29	2 200
3 Financial derivatives (other than reserves) and employee stock options	30	53
4 Other investment	31	9 643
4.1 Other equity	32	0
4.2 Currency and deposits	33	3 267
4.3 Loans	34	3 293
4.4 Insurance, pension, and standardized guarantee schemes	35	93
4.5 Trade credit and advances	36	2 721
4.6 Other accounts payable	37	172
4.7 Special drawing rights	38	97

Source: SAFE.

① Since 2015, the SAFE has compiled and published the *International Investment Position Statement of China* in accordance with the IMF's *Balance of Payments and International Investment Position Manual* (Sixth Edition). In line with the latest BPM, the SAFE measures items in the International Investment Position at market value instead of the previous practice of using the cumulative flows as positions for particular items. However, due to the short period for implementing the new statistical methodology and the unavailability of some historical data, the SAFE only revised the quarterly IIP data since 2014, and has not adjusted the time series data prior to 2014.

Box 7

The external assets and liabilities of China's banking sector

At end-December 2015, the external assets of China's banking sector reached USD 721.6 billion,[①] 12 percent of China's total external assets at the end of the same period.[②]The external liabilities of China's banking sector reached USD 943.7 billion, 20 percent of China's external liabilities. The net liability positions were USD 222.1 billion.

1.The external assets and liabilities of China's banking sector (see TableC7-1).

By type of instrument, cross-border assets and liabilities for loans and deposits accounted for 80 percent and 50 percent of cross-border assets and liabilities of banks respectively. The cross-border assets of loans and deposits in China's banking sector amounted to USD 574.7 billion, accounting for 80 percent of the cross-border assets of banks. The assets of debt securities amounted to USD 48.4 billion, 7 percent of the cross-border assets. Equities and financial derivatives accounted for USD 98.5 billion, 14 percent of the cross-border assets. The external liabilities of China's banking sector totaled USD 485.8 billion, 52 percent of the cross-border liabilities of banks, of which loans and deposits amounted to USD 137.5 billion, debt securities amounted to USD 137.5 billion, and equities and financial derivatives amounted to USD 320.4 billion, accounting for 52 percent, 15 percent, and 34 percent of the cross-border liabilities of banks respectively.

By currency, USD assets exceeded 70 percent of the cross-border assets, and RMB liabilities accounted for approximately 50 percent of the cross-border liabilities. The RMB assets amounted to USD 57.9 billion, 8 percent of the banks' cross-border assets; USD assets reached USD 528.5 billion, 73 percent of the cross-border assets; and Euro assets reached USD 22.4 billion, 3 percent of the cross-border assets. The RMB liabilities amounted to USD 436.2 billion, 46 percent of the banks' cross-border liabilities. USD liabilities amounted to USD 229.8 billion, 24 percent of the cross-border liabilities; and Euro liabilities reached USD 22.7 billion, 3 percent of the cross-border

---

① The data are derived from the *Statistical Report on External Assets and Liabilities*, a statistical reporting requirement of the SAFE. At the end of 2015, China participated in international banking statistics of the Bank for International Settlements and started to report the cross-border financial assets and liabilities of Chinese banks on a quarterly basis. The box is based on the reported data at end-December 2015.

② The positions of external assets include international reserve assets. If the international reserve assets are excluded, the external assets of banks constitute 26 percent of China's total external assets.

liabilities.

As to the net positions, China,s banks recorded a net liability position in equities and financial derivatives, and a net asset position in loans and deposits. Due to the high external demand for listed shares of banks, equities and financial derivatives of Chinese banks recorded a net liability of USD 221.9 billion. Debt investments also recorded a net liability of USD 89.1 billion. Loans and deposits recorded a net asset position of USD 88.9 billion.

Table C7-1 The structure of external assets and liabilities of China's banking sector at end-December 2015

Unit: USD 100 million

		Asset		Liability		Net asset
		Value	Ratio	Value	Ratio	Value
By instrument	Loans and deposits	5 747	79.6%	4 858	51.5%	889
	Debt securities	484	6.7%	1 375	14.6%	-891
	Other investments	985	13.7%	3 204	33.9%	-2 219
By currency	CNY	579	8.0%	4 362	46.2%	-3 783
	USD	5 285	73.2%	2 298	24.3%	2 987
	EUR	224	3.1%	277	3.0%	-53
	JPY	77	1.1%	140	1.5%	-64
	GBP	49	0.7%	15	0.2%	35
	Other	1 002	13.9%	2 345	24.8%	-1 343
Total		7 216	100%	9 437	100%	-2 221

Source: SAFE.

2. Cross-country comparison: External assets and liabilities of China's banking sector

China's banking sector has relatively large external asset and liability positions. The cross-border assets and liabilities of China's banking sector were smaller than those of the major advanced economies, but larger than those of other economies. Chinese banks are ranked at the mid-point with regard to their cross-border position. Comparing cross-country position at end-September 2015, the banking sectors in the United States, Japan, the United Kingdom, Germany, and France generally held cross-border assets and liabilities of more than USD one trillion respectively. Banks in China held cross-border assets of USD 766.2 billion, and incurred cross-border liabilities of USD 1.0262 trillion.

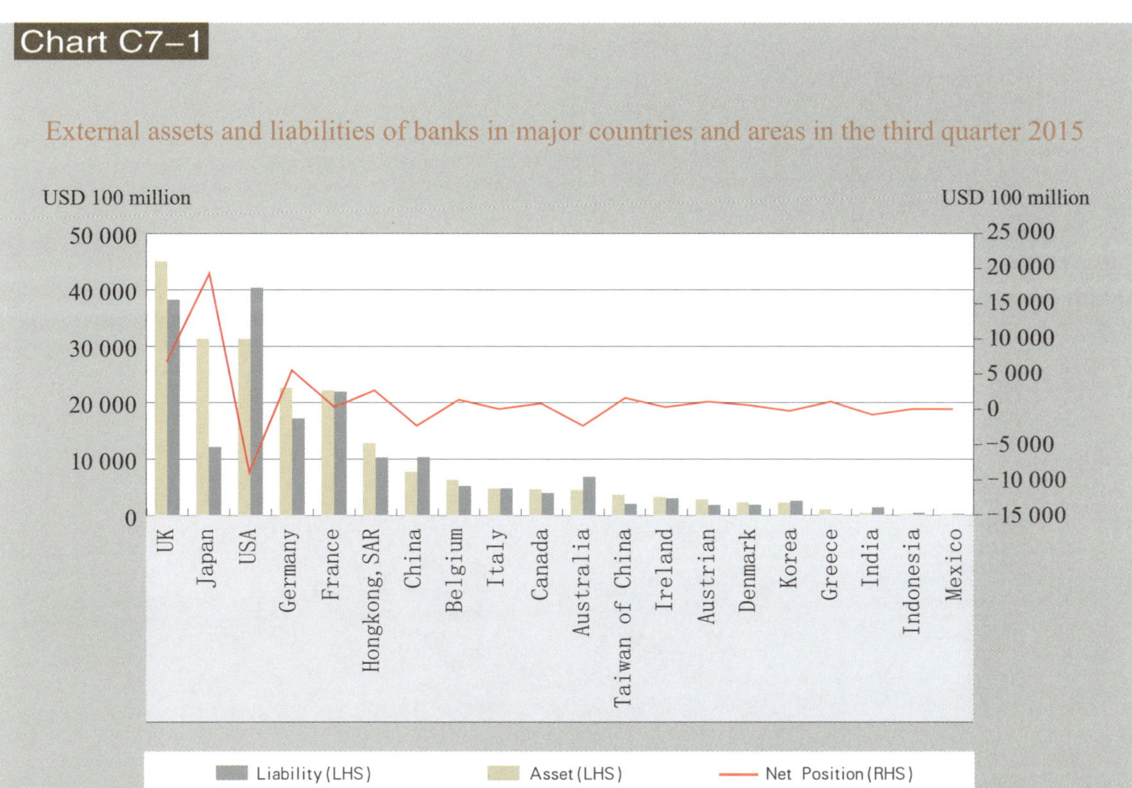

Chart C7–1

External assets and liabilities of banks in major countries and areas in the third quarter 2015

Source: Bank for International Settlements.

The cross-border position of China's banks were larger than those of banks in Asian countries, such as Korea, India, Indonesia, as well as in some advanced economies, such as Italy, Australia, and Canada (see Chart C7–1).

China's banking sector received a large amount of foreign investments. At end-September 2015, China's banking sector posted a net liability position of USD 260 billion. Internationally, the net liability position was smaller only than that of the US. Banks in other economies, such as Australia, Korea, Mexico, Italy, India, and Indonesia, also recorded net liability position. Banks in Japan held a relatively large net asset position (USD 1.9201 trillion). Banks in the UK, Germany, France, Belgium, Canada, Taiwan of China, and Hong Kong SAR also held net asset position. A net liability position indicated that China's banking sector received a large amount of foreign investments due to the relatively high acceptance of Chinese banks among international investors.

IV. Operation of the Foreign Exchange Market and the RMB Exchange Rate

(I) Trends in the RMB Exchange Rate

The RMB exchange rates against the major currencies showed both appreciations and depreciations. At the end of 2015, the mid–price of the RMB exchange rate against the USD was 6.4936, a depreciation of 5.8 percent from the end of 2014 (see Chart 4–1). The RMB spot exchange rates against the USD in the inter–bank foreign exchange market (CNY) and in the offshore market (CNH) declined by 4.5 percent and 5.4 percent respectively (see Chart 4–2).

At the end of 2015, the mid–price of the RMB exchange rate against the EUR, 100JPY, GBP, AUD, and CAD stood at 7.0952, 5.3875, 9.6159, 4.7276, and 4.6814 respectively, an appreciation of 5.1 percent, a depreciation of 4.6 percent, a depreciation of 0.8 percent, an appreciation of 6.1 percent, and an appreciation of 12.7 percent respectively.

The RMB exchange rate remained basically stable against the basket of currencies. According to the BIS, the nominal effective exchange rate of the RMB appreciated by 3.7 percent in 2015. Deducting for inflation, the real effective exchange rate of the RMB appreciated by 3.9 percent (see Chart 4–3). Among the 61 currencies observed by the BIS, the RMB ranked 11th in terms of the extent of the appreciation in its nominal effective exchange rate and ranked 12th in terms of the extent of the appreciation in its real effective exchange rate(see Chart 4–4). Since the exchange rate regime reform in 2005, the nominal and real effective exchange

Chart 4–1

Trends in the spot RMB exchange rate against the USD in domestic and offshore markets, 2015

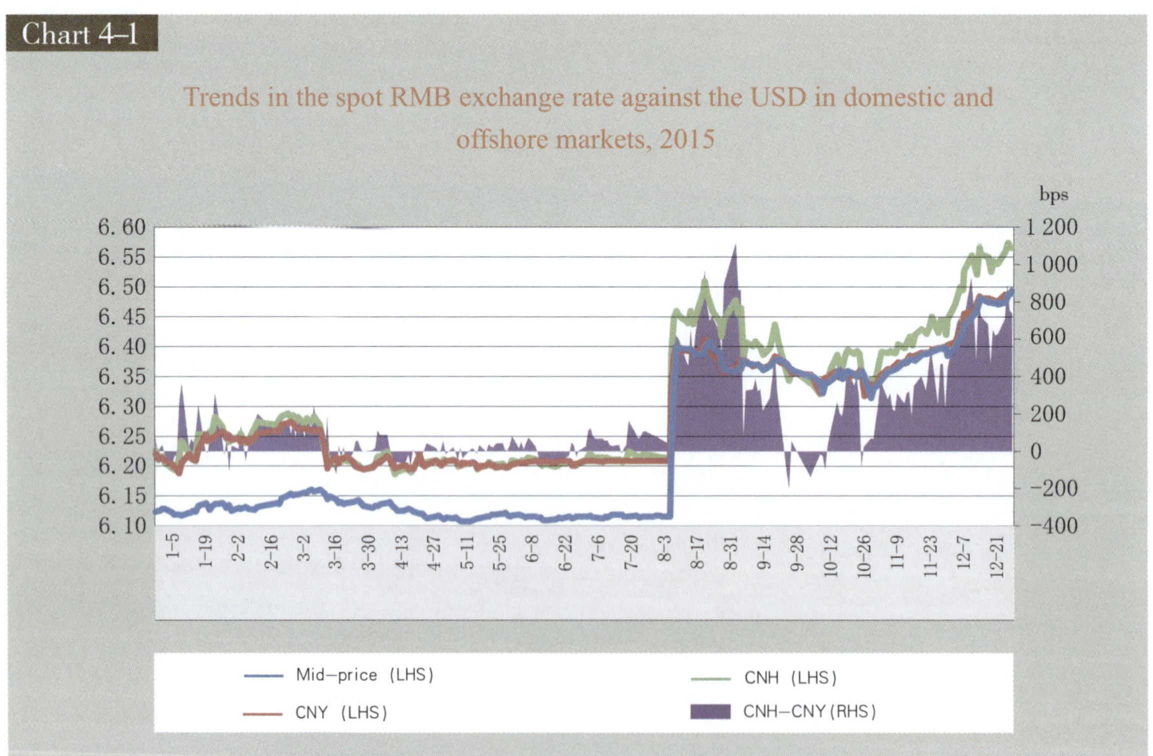

Sources: CFETS, Reuters.

Chart 4–2

Changes in the exchange rates of the major developed economies and the emerging markets against the USD, 2015

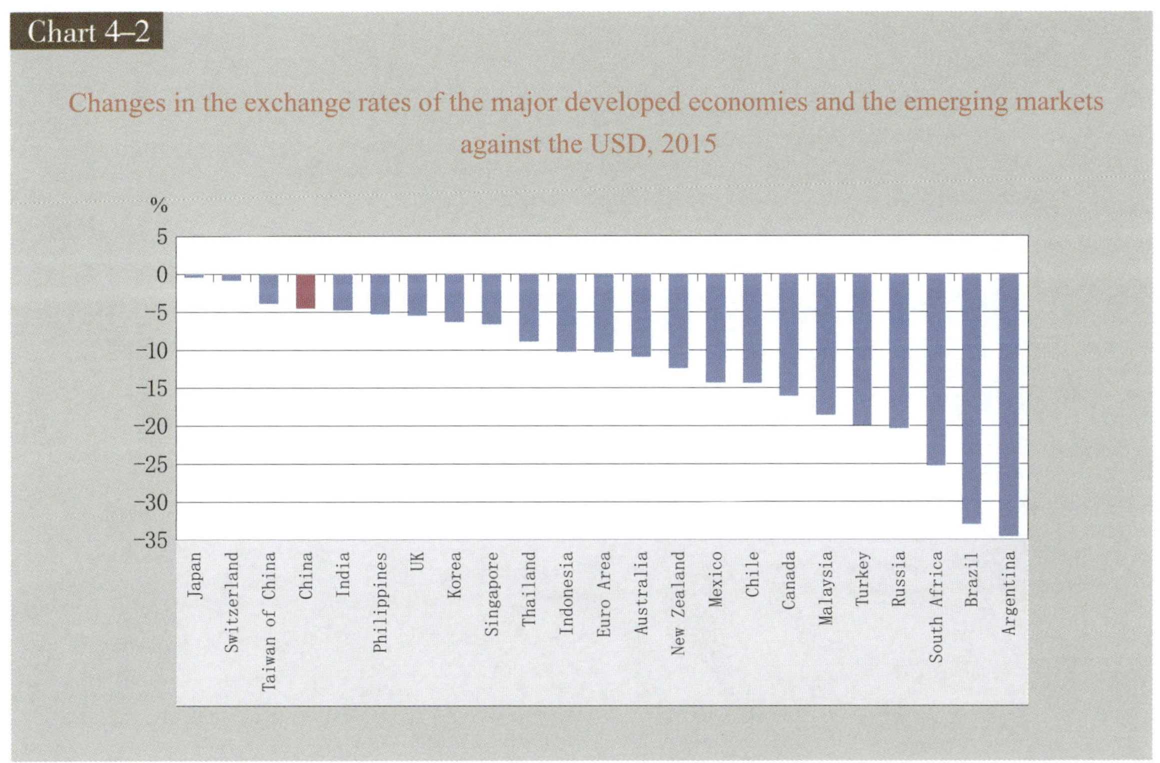

Sources: CFETS, Bloomberg.

Chart 4–3

Trends in the RMB effective exchange rate, 1994–2015

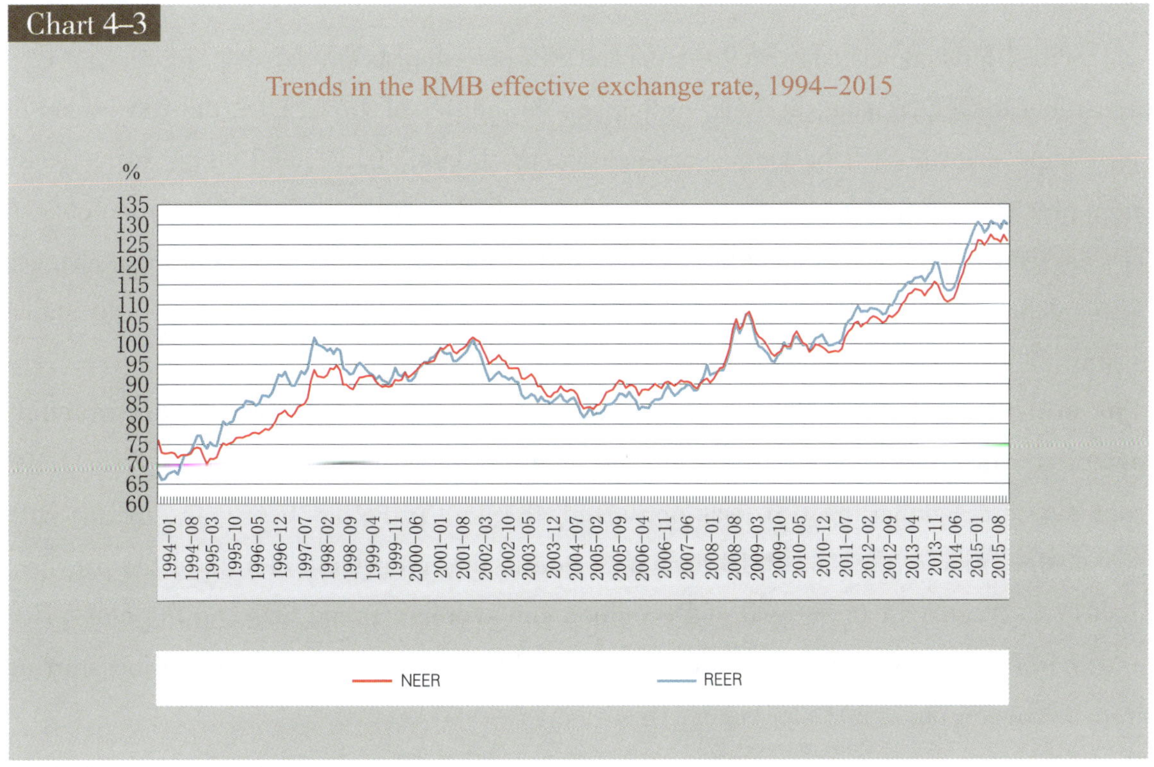

Source: BIS.

Chart 4-4

Changes in the effective exchange rates of the major developed economies and the emerging markets, 2015

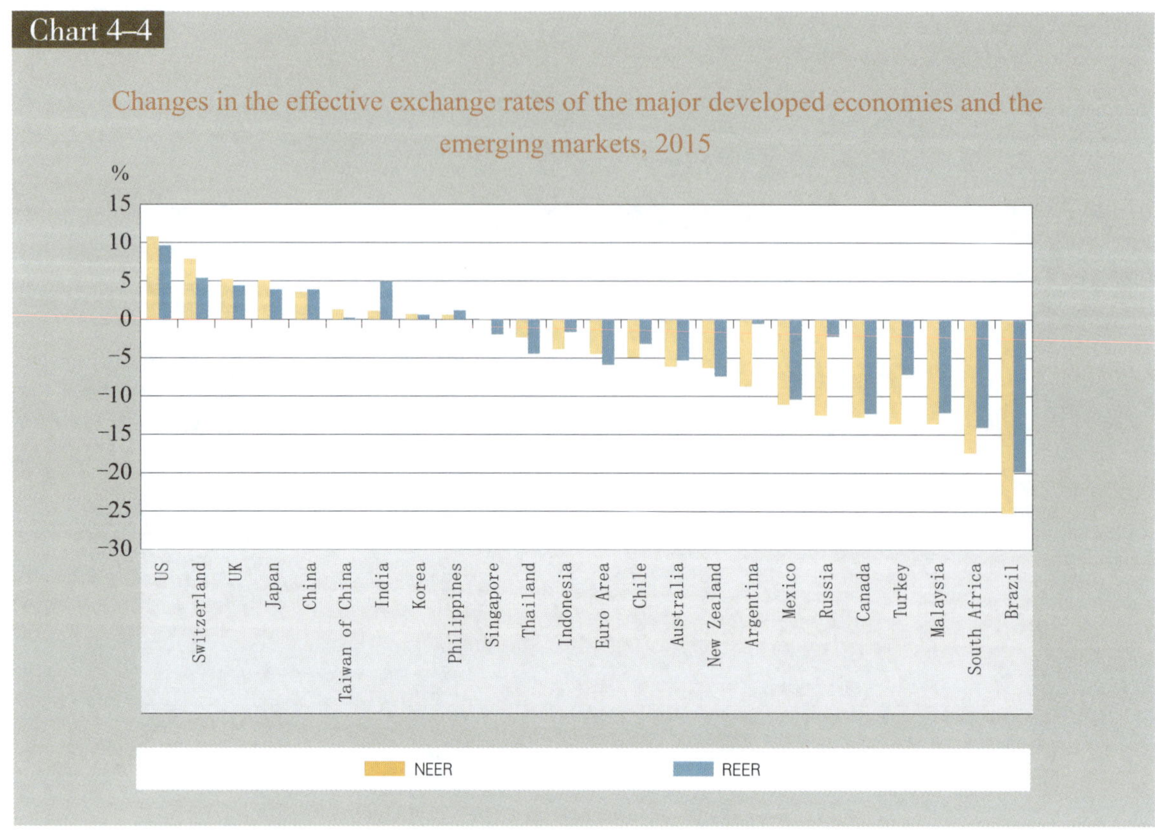

Sources: BIS.

rates of the RMB appreciated by 45.9 percent and 56.2 percent respectively.

According to CFETS data, the RMB exchange rate indexes of the CFETS, the BIS basket of currencies, and the SDR basket of currencies were 100.94, 101.71, and 98.84 respectively, an appreciation of 0.94 percent, an appreciation of 1.71 percent, and a depreciation of 1.16 percent respectively. The three indexes of the RMB exchange rate incurred only slight changes of one depreciation and two appreciations. This shows that the RMB remained basically stable against the basket of currencies.

The mid-price of the RMB exchange rate against the USD became more market-oriented. Since August 11, 2015 when the quoting system of the mid–price of the RMB exchange rate against the USD was optimized, the mid–price has been more in line with the closing price of the spot RMB exchange rate in the inter–bank market of the previous day. From August 11 to the end of December, the average spread between the mid–price and the closing price was 33 bps, down by 874 bps from that during the period starting from the beginning of 2015 to August 10.

In 2015, the largest daily average fluctuation of the spot RMB exchange rate against the mid–

price was 1.01 percent, up 0.22 percent from the previous year. Before the exchange rate regime reform in August, the RMB exchange rate stood at the depreciation band of the mid–price and in February even moved toward the 2 percent upper limit of the floating band. From the beginning of 2015 to August 10, the largest daily average fluctuation of the RMB exchange rate against the mid–price was 1.53 percent. After the exchange–rate regime reform, the RMB exchange rate started to move up and down around the mid–price to a small extent. From August 11 to the end of 2015, the largest daily average fluctuation of the RMB exchange rate against the mid–price was 0.2 percent.

The two-directional fluctuations in the elasticity of the RMB exchange rate were significantly enhanced. After the exchange rate regime reform in August 2015, as the mid–price of the RMB exchange rate against the USD became more market–oriented, the two–directional fluctuations in the elasticity of the RMB exchange rate were significantly enhanced. At the end of 2015, the 1–year historical volatilities of the RMB exchange rate in the domestic and offshore markets stood at 3.1 percent and 4.4 percent, up by 51.2 percent and double from the beginning of 2015 respectively. The implied volatilities in the domestic and offshore options markets reached 5 percent and 7.4 percent, up by 80.5 percent and 1.1 times from the

Chart 4–5

The volatility of the spot RMB exchange rate against the USD in the inter-bank foreign exchange market, 2015

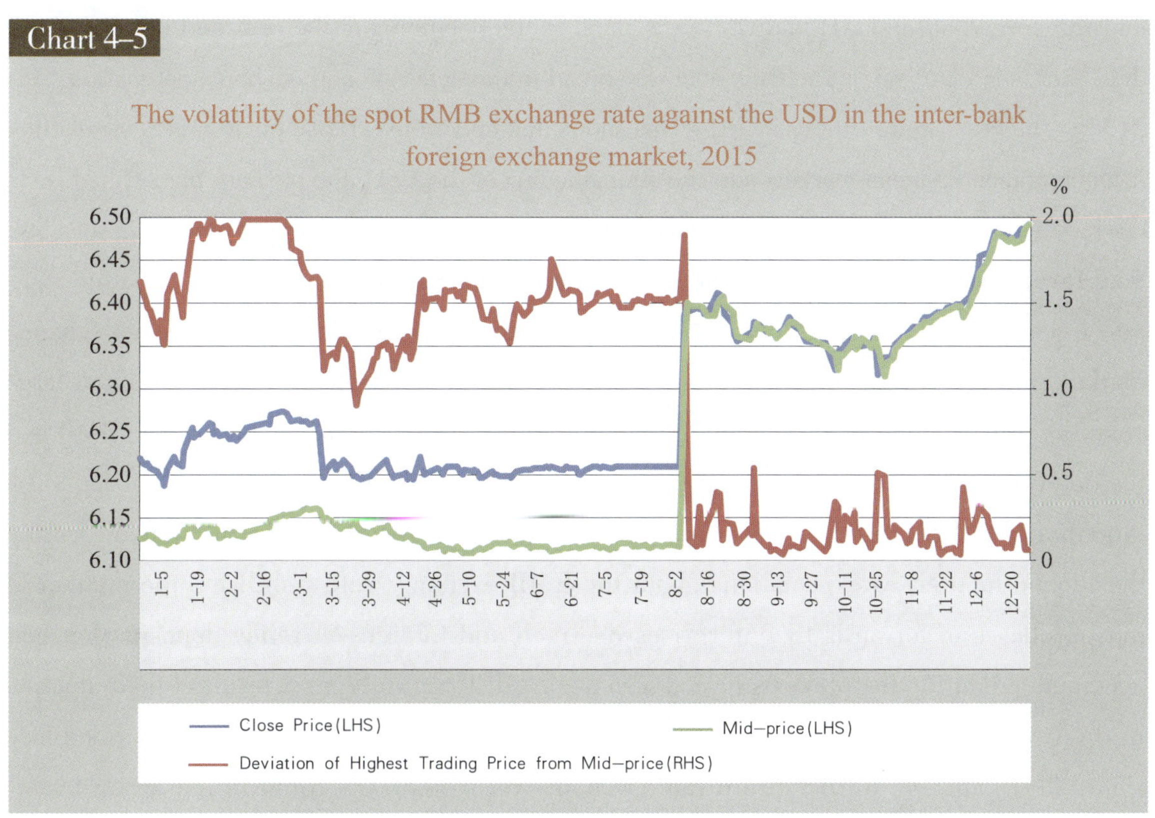

Source: CFETS.

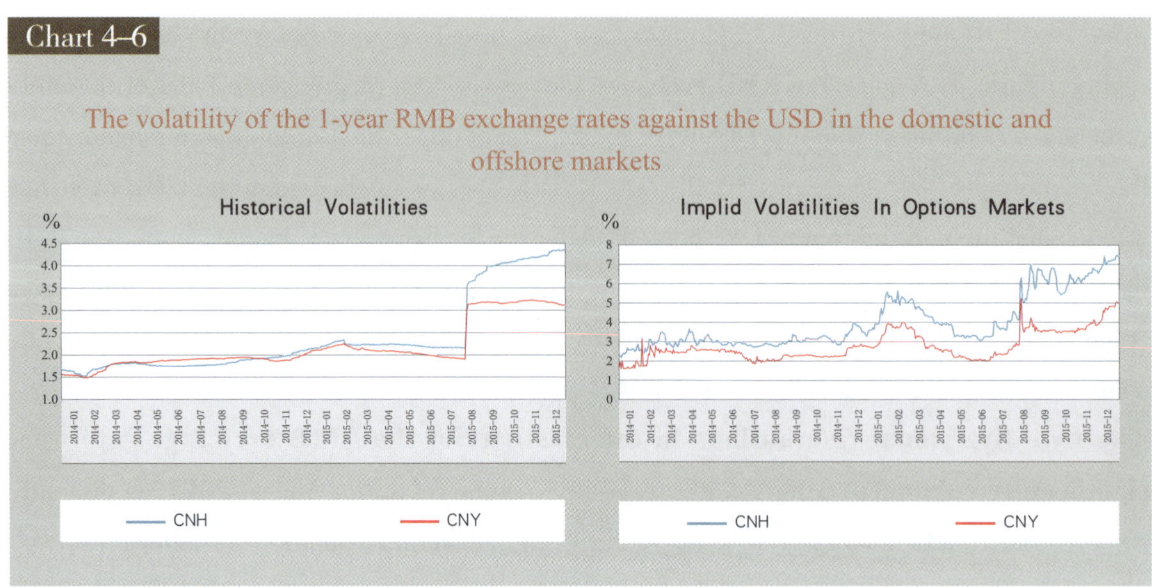

Chart 4-6

The volatility of the 1-year RMB exchange rates against the USD in the domestic and offshore markets

Source: Bloomberg.

beginning of 2015 respectively (see Chart 4–6).

A larger volatility of the spread of the RMB exchange rates in the domestic and offshore markets. The CNH generally showed a depreciation against the CNY in 2015 and the spread of the CNH and CNY was small at the beginning of the year and became larger thereafter (see Chart 4–7). The daily average spread in the domestic and offshore spot markets was 213 bps, higher than the 79 bps in 2014.This shows that under the external environment of volatility in international financial markets and the strengthening of the USD, the offshore market had some downward expectations for the RMB. It also reflects the fact that the offshore market had its own volatility.

The foreign-exchange forward market showed large volatility. Impacted by the interest–rate spread of the domestic and foreign currencies, supply and demand in the foreign–exchange market, and market expectations, the domestic and offshore forward markets exhibited large volatility (see Chart 4–9). During the first quarter, due to expectations of shorting the RMB and the deleveraging process of debts denominated in foreign currencies, enterprises carried out a large number of net purchases of forwards, causing the RMB forward rate to weaken. During the second quarter, as expectations about the RMB exchange rate stabilized, the number of net purchases of forwards by enterprises declined and foreign–currency deposits that had accumulated during the previous period also declined. Meanwhile, as a result of the reduction in the RMB interest rate and the deposit reserve rate, the interest–rate spread declined (see Chart 4–10) and the RMB forward rate gradually recovered. The trend in the forward rates in the domestic and offshore markets during the first quarter recurred during the second half

Chart 4-7

Spread of the RMB exchange rates against the USD in the domestic and offshore markets, 2015

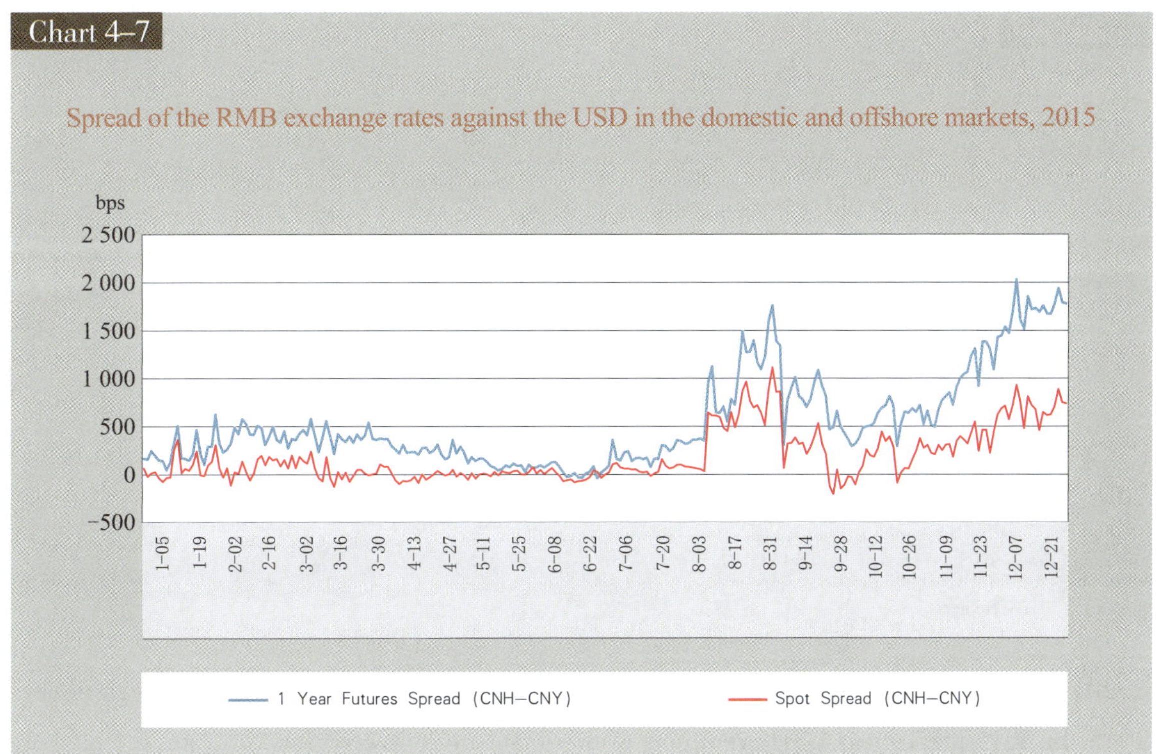

Sources: CFETS, Reuters.

Chart 4-8

Spread of the spot RMB exchange rates against the USD in the domestic and offshore markets

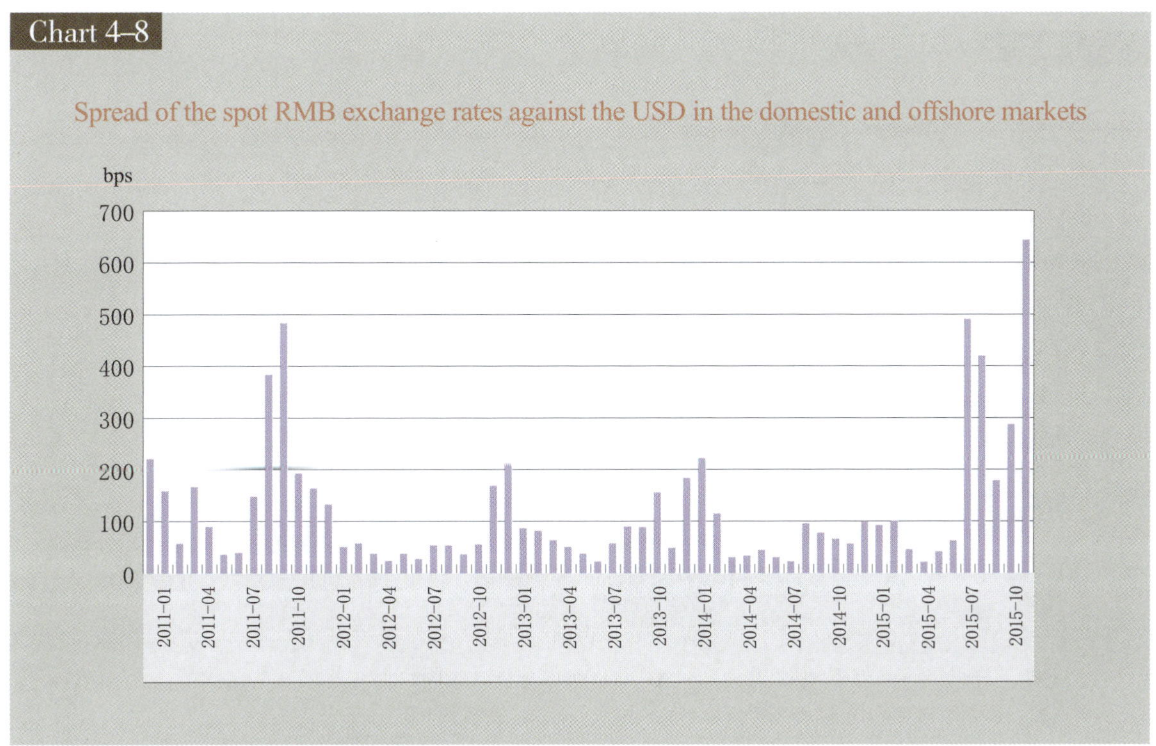

Note: The absolute values of the average daily spread.

Sources: CFETS, Reuters.

Chart 4-9

The 1-year RMB exchange rate against the USD in the domestic and offshore markets, 2003–2015

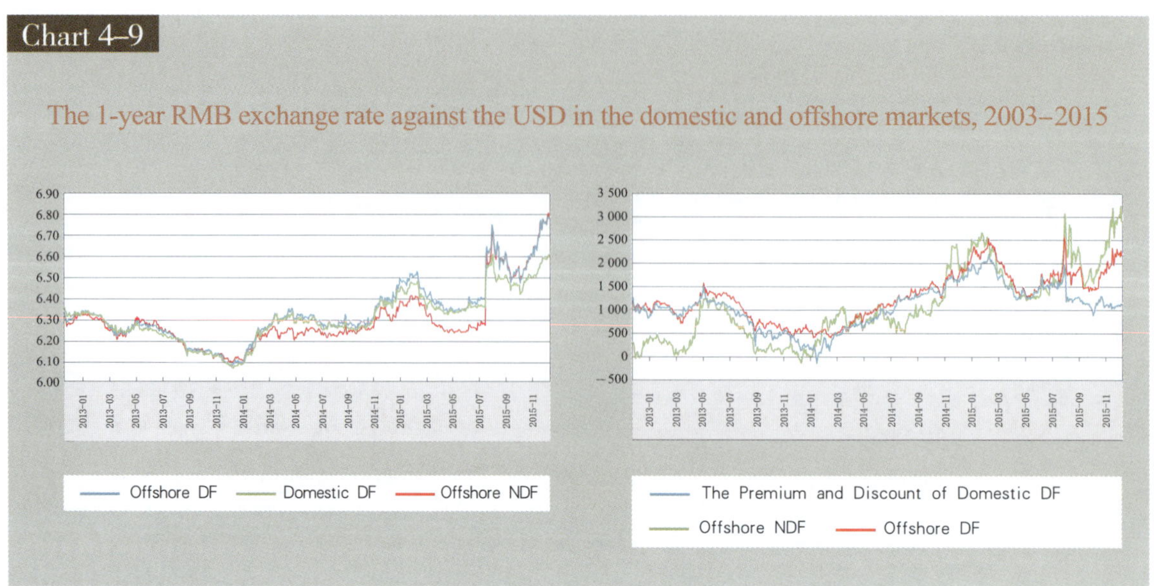

Sources: CFETS, Reuters.

of 2015. The RMB forward rates weakened, reaching the lowest level since the beginning of 2015. In 2015 the 1-year USD premiums of the domestic delivered forward rate, the offshore delivered forward rate, and the offshore delivered forward rate without principals declined by 3.8 percent, 6.1 percent, and 6.6 percent respectively.

Chart 4-10

The 6-month interest-rate spread of the domestic RMB and the USD, 2003–2015

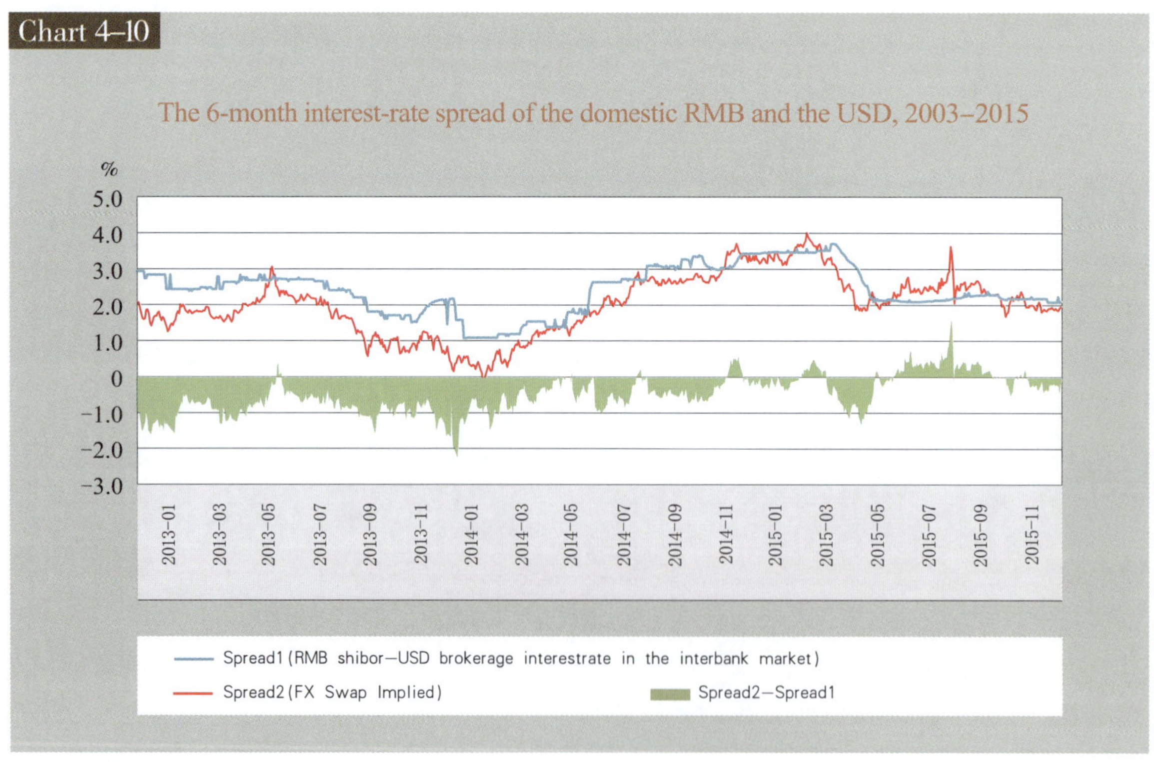

Sources: CFETS, Reuters.

(II) Transactions in the Foreign Exchange Market

In 2015 the cumulative trading volume of the RMB/foreign–currency market totaled USD 17.76 trillion, an increase of 39.3 percent from the previous year, with a daily average trading volume of USD 72.8 billion (see Chart 4–11). The total trading volumes in the client market and the inter–bank market were USD 4.21 trillion and USD 13.55 trillion respectively.① Spot and derivative transactions saw a trading volume of USD 8.26 trillion and USD 9.50 trillion respectively (see Table 4–1). Derivatives, at 53.5 percent, accounted for a historical high share of the total transactions in the foreign exchange market. The structure was close to that of the global foreign exchange market (see Chart 4–12).

Foreign exchange spot transactions grew slightly. In 2015 the spot foreign exchange market saw a trading volume of USD 8.26 trillion, up by 14.0 percent from the previous year. Spot purchases and sales of foreign exchange in the client market totaled USD 3.40 trillion (including banks, but excluding implementation of forwards), up by 8.7 percent from the previous year. The spot inter–bank foreign exchange market saw a trading volume of USD 4.86 trillion, up by 17.9 percent from the previous year. The share of USD transactions was 94.9 percent.

A continued decrease in foreign exchange forward transactions. In 2015 the forwards

Chart 4–11

Sources: SAFE, CFETS, BIS.

① The amount of transactions in the client market is the total amount of transactions including purchases and sales of foreign exchange by clients. The amount of transactions in the inter–bank market is the amount of unilateral transactions. The same as below.

Chart 4–12

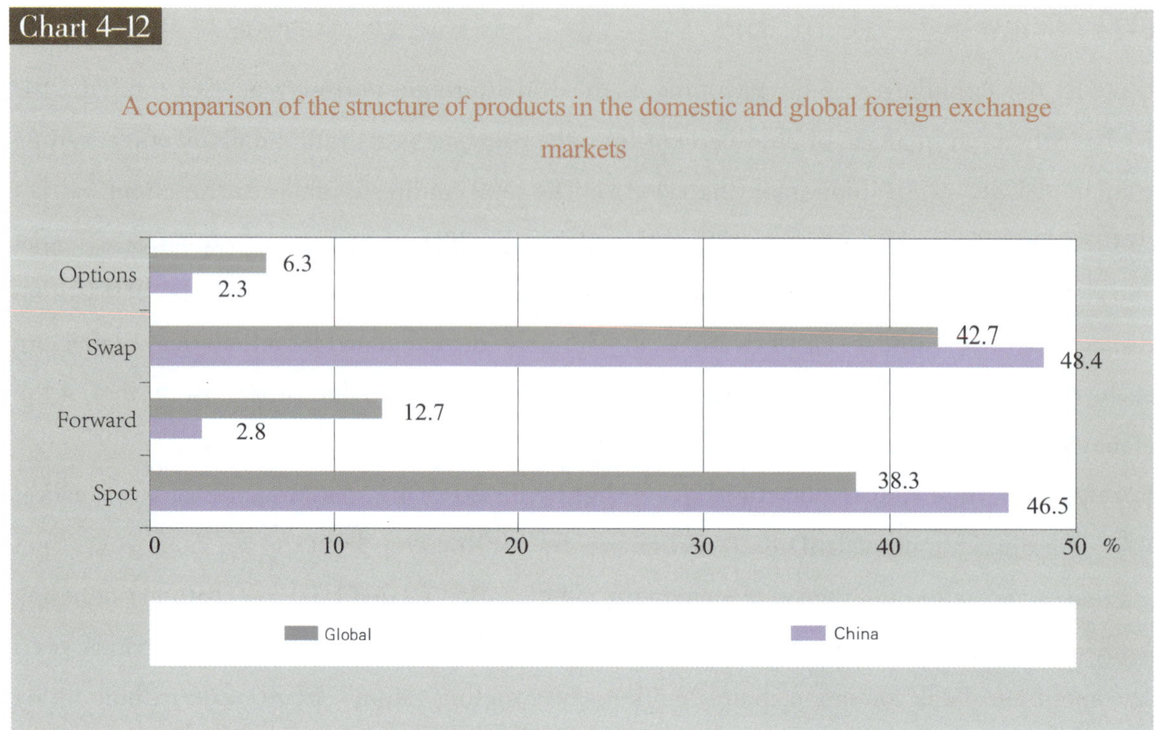

Note: The data for China are from 2015; the global data are from a survey conducted by the BIS in April 2013.
Sources: SAFE, CFETS, BIS.

market saw a trading volume of USD 495 billion, down by 17.2 percent from the previous year. In the client market, purchases and sales of forwards in foreign exchange totaled USD 457.8 billion, down by 16.0 percent from the previous year. Purchases and sales of forward were USD 131.8 billion and USD 326 billion, down by 56.1 percent and 33.3 percent respectively (see Chart 4–13). Short–term 6–month transactions accounted for 72.9 percent of the total transactions, up by 9.7 percent from the previous year (see Chart 4–14). In the inter–bank foreign exchange market, forwards totaled USD 37.2 billion, down by 29.7 percent from the previous year.

A large increase in swap transactions. In 2015 the cumulative foreign exchange and currency swap transactions totaled USD 8.6 trillion, up by 82.4 percent from the previous year. The cumulative foreign exchange and currency swap transactions in the client market reached USD 242.7 billion, up by 11.7 percent from the previous year. Spot purchases/forward sales and spot sales/forward purchases stood at USD 21.3 billion and USD 221.4 billion respectively, up by 11.1 percent and 11.7 percent from the previous year respectively. The cumulative foreign exchange and currency swap transactions in the inter–bank market reached USD 8.36 trillion, up by 85.8 percent from the previous year. The swap market continued to experience active transactions. This reflected the fact that the market–oriented mechanism between the domestic RMB and the foreign currencies and between the interest rate and the foreign exchange rates grew closer.

Chart 4–13

The trading volume of forward foreign exchange transactions in the client market, 2012–2015

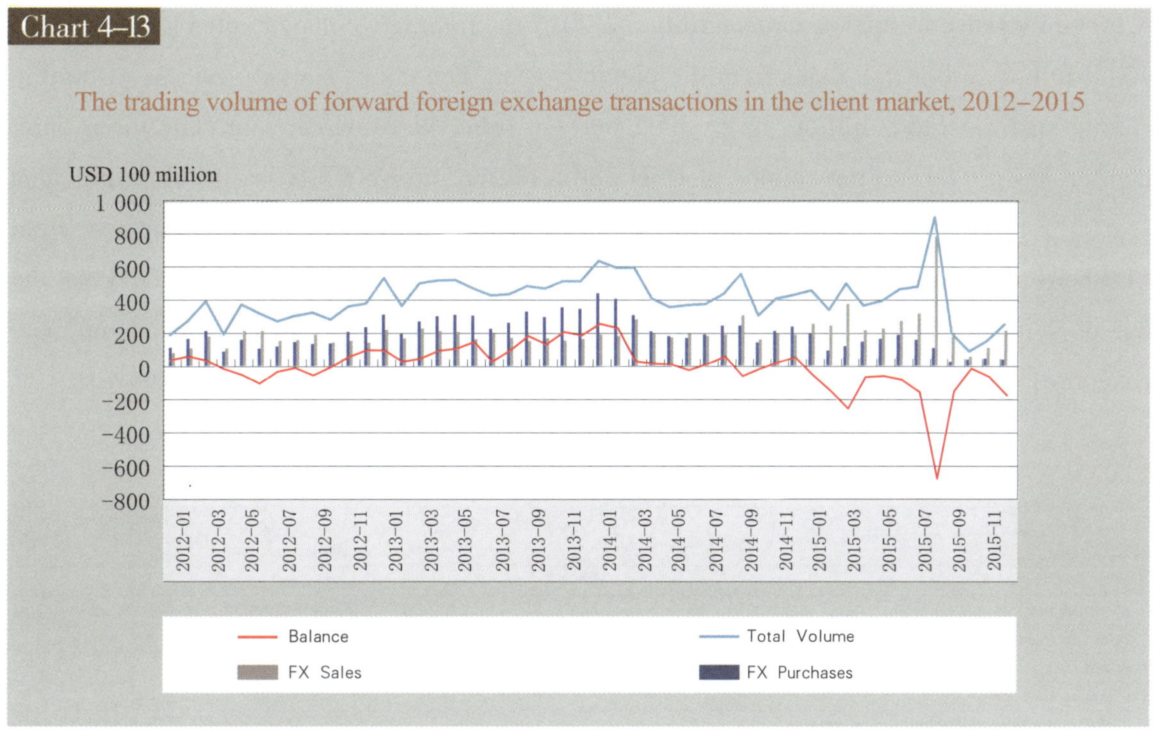

Source: SAFE.

Chart 4–14

The term structure of forward transactions of foreign exchange purchases and sales in the client market, 2015

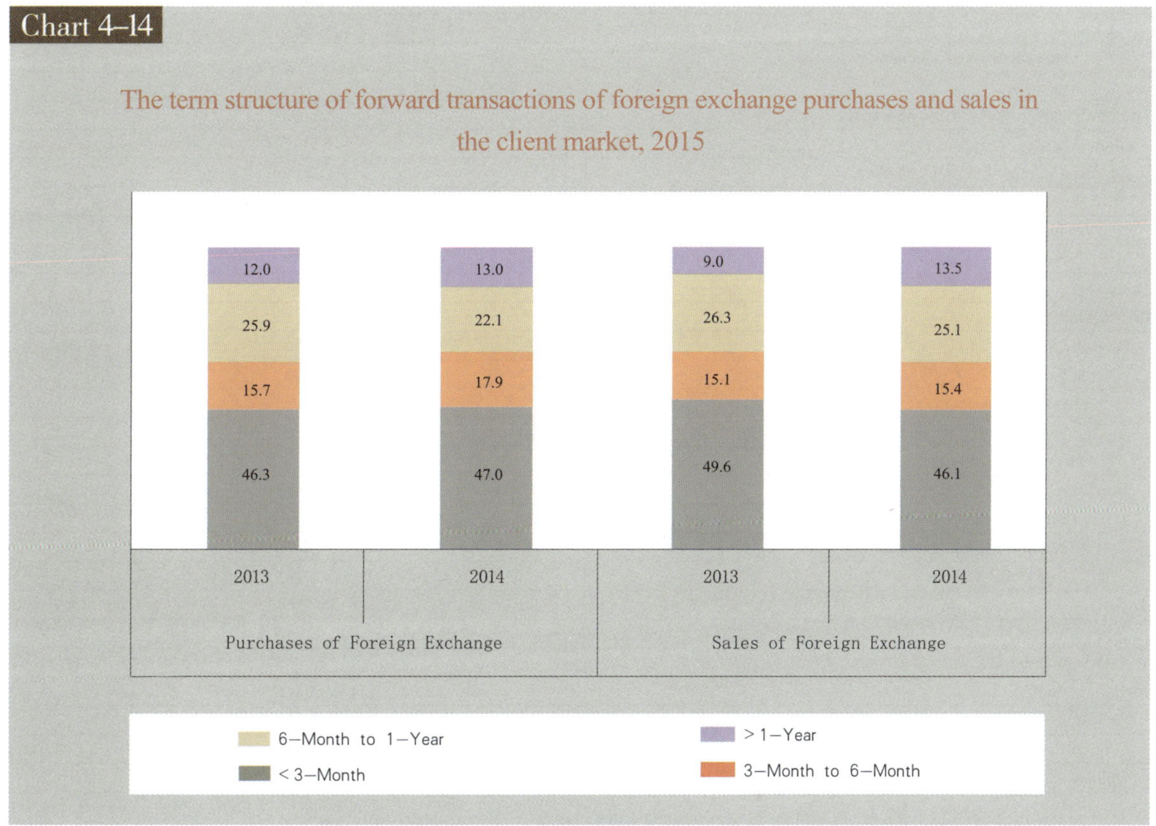

Source: SAFE.

A large increase in option transactions. In 2015 the trading volume of options totaled USD 404.7 billion, up by 1.1 times from the previous year. The client market saw a total trading volume of USD 115.9 billion, up by 84.2 percent from the previous year. The inter-bank market saw a total trading volume of USD 288.8 billion, up by 1.2 times from the previous year. The ratio of the trading volume of options over forwards in the client market rose from 11.6 percent in 2014 to 25.3 percent in 2015. The growing active options market showed that the two-directional fluctuations in the elasticity of the RMB exchange rate were enhanced and more enterprises took part in options since options were flexible in terms of managing exchange-rate risks.

Table 4-1 Transactions in the RMB/foreign exchange market, 2015

Products	Trading Volume (USD 100 million)
Spot	82 602
Client Market	33 978
Interbank Foreign Exchange Market	48 623
Forward	4 950
Client Market	4 578
Less than 3-month (including 3-month)	2 442
3- month to 1-year (including 1-year)	1 736
More than 1 year	399
Interbank Foreign Exchange Market	372
Less than 3-month (including 3-month)	267
3- month to 1-year (including 1-year)	96
More than 1-year	9
Foreign Exchange and Currency Swaps	86 033
Client Market	2 427
Interbank Foreign Exchange Market	83 606
Less than 3-month (including 3-month)	76 420
3-month to 1-year (including 1-year)	7 055
More than 1-year	131
Options	4 047
Client Market	1 159
Foreign Exchange Call Options/RMB Put Options	656
Foreign Exchange Put Options/RMB Call Options	503
Less than 3 months (including 3 months)	501
3 months to 1-year (including 1-year)	475
More than 1-year	183
Interbank Foreign Exchange Market	2 888
Less than 3 months (including 3 months)	2 406
3 months to 1 year (including 1 year)	478
More than 1 year	4
Total	177 631
Client Market	42 142
Interbank Foreign Exchange Market	135 489
Including: Spots	80 602
Forwards	4 950
Foreign Exchange and Currency Swaps	86 033
Options	4 047

Note: The trading volumes here are all unilateral transactions and the data employ rounded-off numbers.
Source: SAFE, CFETS.

Chart 4–15

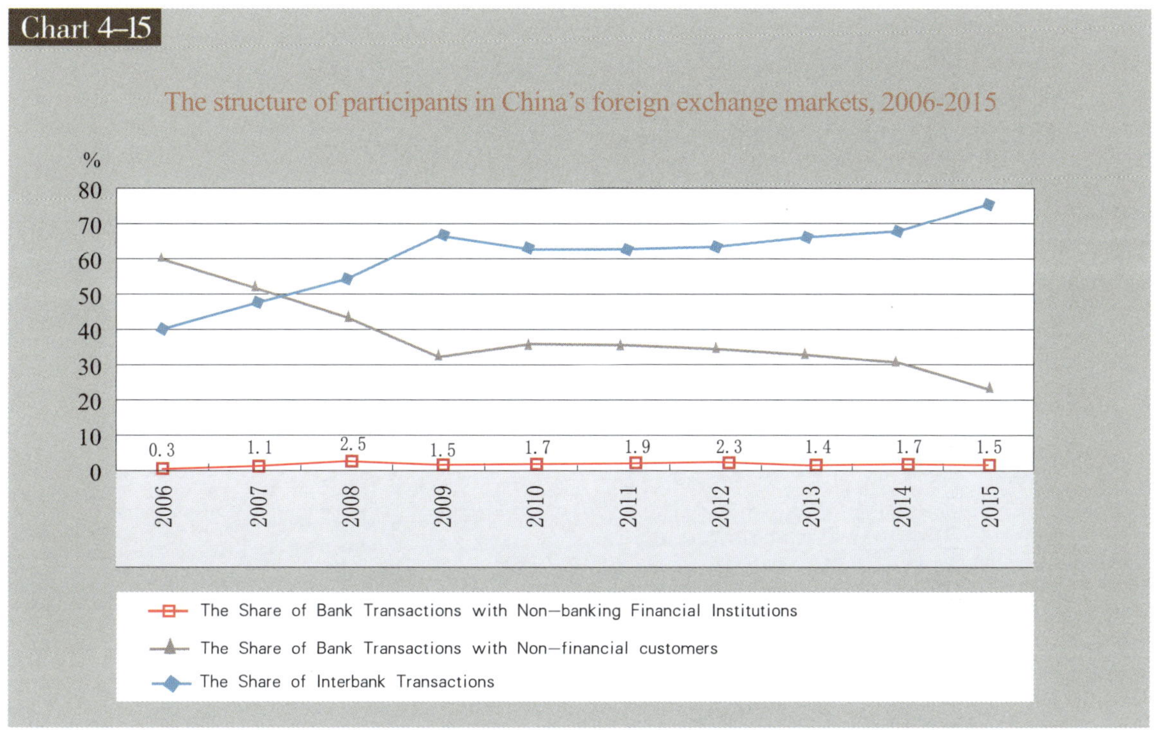

Sources: SAFE, CFETS.

Continued stability in the structure of the participants in the foreign exchange markets. Proprietary transactions by banks continued to dominate (see Chart4–15). The share of inter–bank transactions among all foreign exchange transactions rose from 67.7 percent in 2014 to 75.4 percent in 2015. The share of bank transactions with nonfinancial customers fell from 30.5 percent to 23.0 percent. One important reason might be the substitute effect of the development of cross–border RMB settlement transactions. The share of nonbanking financial institutions was 1.5 percent, down by 0.2 percentage Point. Participation in the foreign exchange market by nonbanking financial institutions remained quite limited.

V . BOP Outlook

In 2016 China's balance of payments will continue to record a surplus in the current account and a deficit in the capital and financial account (excluding the reserve assets).

The current account will maintain a surplus. First, trade in goods will record a surplus. From the perspective of trade in goods, the global economy will recover slowly, contributing to stable external demand for Chinese goods. According to the IMF's latest forecast in January 2016, the global economy will grow at 3.4 percent in 2016, 0.3 percentage point more than that in 2015. Meanwhile, the progress of China's "one belt and one road" initiative as well as the strengthening of bilateral and multilateral strategic cooperation will also help to boost its exports. In terms of imports, due to the strengthening of the USD and the sluggish global demand, the volatility in the low prices in international commodity markets, and the relatively stable domestic demand, imports will be less than the exports. Second, such items as trade in services will record deficits. Travel will continue to be the main contributing sub-item to the deficit due to the high demand for overseas travel and study abroad among Chinese residents. In summary, driven by the surplus in trade in goods, the current account will maintain a surplus. The ratio of the current account surplus to GDP will be within the globally recognized reasonable range.

The capital and financial account will remain in deficit, but cross-border capital flows will be more stable. On the one hand, the domestic and international economic and financial situations have become more complicated. Internationally, the recovery of the global economy has been slow, and the emerging market economies still face many pressures. The monetary policies of the major economies vary, and uncertainties, such as the timing of the US Fed rate increase and the negative interest-rate policies in the Euro zone area and the Bank of Japan, are on the rise. International financial markets may fluctuate and encounter shocks, thereby affecting market sentiment and possibly inducing more volatile short-term capital flows. Domestically, the Chinese economy is at a new normal. During the transition in the momentum of domestic development, it is inevitable for the economy to experience a slowdown in its growth rate. The situation may result in ongoing market concerns and may trigger adjustments in external assets and liabilities among domestic entities. On the other hand, many factors still support the stable performance of China's balance of payments. The economy is expected to grow at 6.5 to 7.0 percent in 2016, a relatively high growth rate. The continuous improvements in the economic structure and the good economic prospects will continue to make China a desirable destination for foreign investment inflows, especially for long-term investment inflows. Meanwhile, with abundant foreign exchange reserves and deleveraging in the private sector for approximately two years, domestic entities will have substantially lower risks for future repayments. In addition, if the adjustments in the monetary policy of the US Fed meet market expectations, the impact on international financial markets will be progressively released and the capital outflow pressures in the emerging market economies may be relieved.

In 2016 the foreign exchange administration will continue to balance between facilitating the market and fighting against risks. On the one hand, the authorities will follow the target of serving the development of the real economy and reforming the foreign exchange administration. They will continue to facilitate and meet the needs of market participants to use both domestic and international markets. They will also meet market needs to obtain sufficient foreign exchange to support real trade and investment. The authorities will continue to simplify administration, delegate power, manage according to legal provisions, and deepen reforms to facilitate current account activities. They will also improve cross-border investments and financial-exchange administration, promote foreign exchange market development, and further improve foreign exchange services. On the other hand, the authorities will actively guard against risks in cross-border capital flows and observe the bottom line in terms of regional systemic risks. They will strengthen analysis and forecasting of the balance of payments and continue to effectively communicate with market participants. Furthermore, they will improve external debts and cross-border capital flows under the framework of macro-prudential management, guide banks to carry out their foreign exchange business according to the three principles, that is, understanding your clients, understanding your business, and making diligent investment, fulfill their duties to strictly abide by the authenticity of their compliance with audits, and fight against illegal operations in the foreign exchange market.

附 录 统计资料
Appendix Statistics

一、国际收支①

I. Balance of Payments

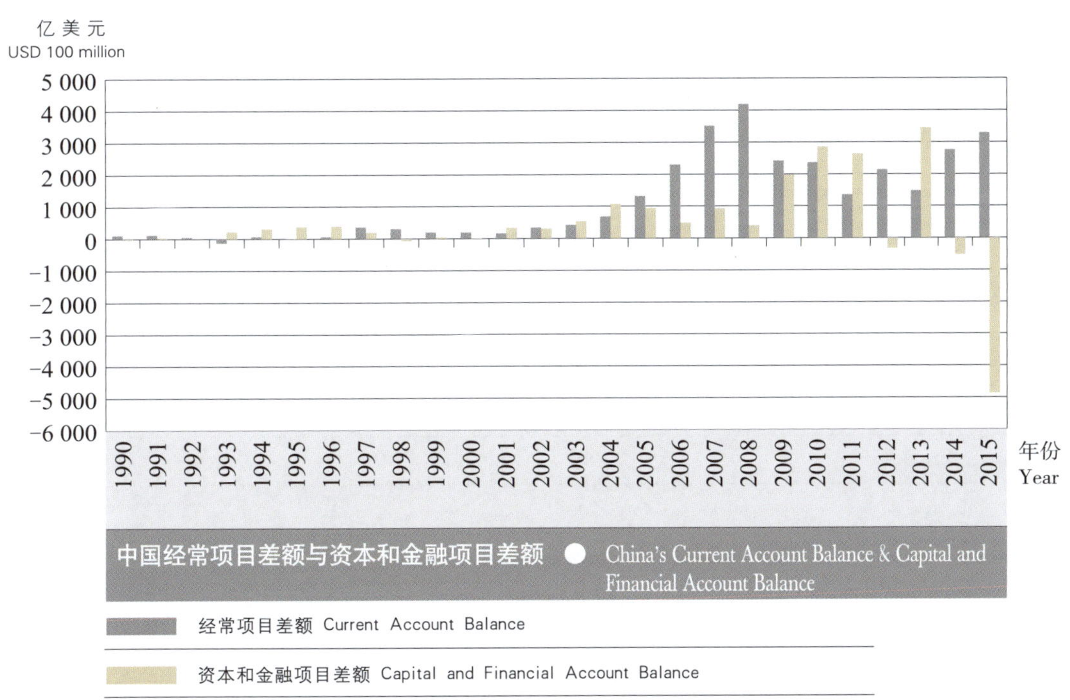

中国经常项目差额与资本和金融项目差额 ● China's Current Account Balance & Capital and Financial Account Balance

① 资料来源：国家外汇管理局；IMF《国际收支统计》、《国际金融统计》；环亚经济数据库。

Source: State Administration of Foreign Exchange; IMF, *Balance of Payments Statistics*, *International Financial Statistics*; CEIC Database.

中国国际收支概览表（1）

China's Balance of Payments Abridged (1)

项目 / 年份 Item / Year	1982	1983	1984	1985	1986	1987
1.经常账户Current account	57	42	20	-114	-70	3
贷方Credit	243	240	273	276	276	354
借方Debit	-186	-198	-253	-390	-347	-351
A.货物和服务Goods and services	48	26	1	-125	-74	3
贷方Credit	226	220	248	258	262	341
借方Debit	-178	-194	-247	-383	-336	-338
a.货物Goods	42	18	-2	-131	-90	-13
贷方Credit	199	192	217	227	223	300
借方Debit	-158	-174	-219	-358	-313	-313
b.服务Services	6	8	2	6	16	16
贷方Credit	27	28	31	31	39	41
借方Debit	-20	-20	-29	-25	-23	-25
B.初次收入Primary income	4	12	15	8	0	-2
贷方Credit	10	15	19	14	9	10
借方Debit	-6	-3	-4	-5	-9	-12
C.二次收入Secondary income	5	5	4	2	4	2
贷方Credit	7	6	6	4	5	4
借方Debit	-2	-1	-2	-2	-1	-2
2.资本和金融账户 Capital and financial account	-60	-41	-32	139	83	11
2.1 资本账户Capital account	0	0	0	0	0	0
贷方Credit	0	0	0	0	0	0
借方Debit	0	0	0	0	0	0
2.2 金融账户Financial account	-60	-41	-32	139	83	11

单位：亿美元
Unit: USD 100 million

项目 / 年份 Item / Year	1982	1983	1984	1985	1986	1987
资产Credit	–71	–54	–58	50	13	–58
负债Debit	11	13	25	89	70	69
2.2.1 非储备性质的金融账户 Financial account excluding reserve assets	–17	–14	–38	85	65	27
资产Credit	–29	–27	–63	–4	–4	–42
负债Debit	11	13	25	89	70	69
直接投资Direct investment	4	8	13	13	18	17
资产Credit	0	–1	–1	–6	–5	–6
负债Debit	4	9	14	20	22	23
证券投资Portfolio investment	0	–6	–16	30	16	11
资产Credit	0	–6	–17	23	0	–1
负债Debit	0	0	1	8	16	12
金融衍生工具 Financial derivatives (other than reserves) and employee stock options	0	0	0	0	0	0
资产Credit	0	0	0	0	0	0
负债Debit	0	0	0	0	0	0
其他投资Other investment	–21	–16	–34	41	32	0
资产Assets	–28	–19	–44	–20	1	–34
负债Liabilities	6	4	10	62	31	34
2.2.2 储备资产Reserve assets	–42	–27	5	54	17	17
其中：外汇储备 Foreign exchange reserves	–43	–19	7	56	12	–15
3.净误差与遗漏 Net errors and omissions	3	–2	12	–25	–12	–14

中国国际收支概览表（2）

China's Balance of Payments Abridged(2)

项目 / 年份 Item / Year	1994	1995	1996	1997	1998	1999
1.经常账户 Current account	77	16	72	370	315	211
贷方Credit	1 121	1 389	1 645	1 986	1 990	2 124
借方Debit	–1 045	–1 373	–1 573	–1 617	–1 675	–1 913
A.货物和服务 Goods and services	74	120	176	428	438	306
贷方Credit	1 046	1 319	1 548	1 874	1 888	1 987
借方Debit	–973	–1 199	–1 373	–1 446	–1 449	–1 681
a.货物Goods	35	128	122	366	456	329
贷方Credit	844	1 074	1 268	1 532	1 637	1 693
借方Debit	–810	–947	–1 147	–1 167	–1 181	–1 364
b.服务Services	39	–8	54	63	–18	–23
贷方Credit	202	244	280	342	251	294
借方Debit	–163	–252	–226	–280	–268	–317
B.初次收入 Primary income	–10	–118	–124	–110	–166	–145
贷方Credit	57	52	73	57	56	83
借方Debit	–68	–170	–198	–167	–222	–228
C.二次收入 Secondary income	13	14	21	51	43	49
贷方Credit	18	18	24	55	47	54
借方Debit	–4	–4	–2	–3	–4	–4
2.资本和金融账户 Capital and financial account	21	162	83	–147	–127	–33
2.1 资本账户 Capital account	0	0	0	0	0	0
贷方Credit	0	0	0	0	0	0
借方Debit	0	0	0	0	0	0
2.2 金融账户 Financial account	21	162	83	–147	–127	–33

单位：亿美元
Unit: USD 100 million

项目 / 年份 Item / Year	1994	1995	1996	1997	1998	1999
资产Credit	-367	-247	-357	-788	-479	-452
负债Debit	389	409	440	641	352	419
2.2.1 非储备性质的金融账户 Financial account excluding reserve assets	326	387	400	210	-63	52
资产Credit	-62	-22	-40	-431	-415	-367
负债Debit	389	409	440	641	352	419
直接投资 Direct investment	318	338	381	417	411	370
资产Credit	-20	-20	-21	-26	-26	-18
负债Debit	338	358	402	442	438	388
证券投资 Portfolio investment	35	8	17	69	-37	-112
资产Credit	-4	1	-6	-9	-38	-105
负债Debit	39	7	24	78	1	-7
金融衍生工具 Financial derivatives (other than reserves) and employee stock options	0	0	0	0	0	0
资产Credit	0	0	0	0	0	0
负债Debit	0	0	0	0	0	0
其他投资 Other investment	-27	40	2	-276	-437	-205
资产Assets	-38	-3	-13	-396	-350	-244
负债Liabilities	12	43	15	120	-86	39
2.2.2 储备资产 Reserve assets	-305	-225	-317	-357	-64	-85
其中：外汇储备 Foreign exchange reserves	-304	-220	-315	-349	-51	-97
3.净误差与遗漏 Net errors and omissions	-98	-178	-155	-223	-187	-178

中国国际收支概览表（3）

China's Balance of Payments Abridged (3)

项目 / 年份 Item / Year	2000	2001	2002	2003	2004	2005
1.经常账户 Current account	204	174	354	431	689	1 324
贷方Credit	2 725	2 906	3 551	4 825	6 522	8 403
借方Debit	-2 521	-2 732	-3 197	-4 395	-5 833	-7 080
A.货物和服务 Goods and services	288	281	374	358	512	1 246
贷方Credit	2 531	2 721	3 330	4 480	6 074	7 733
借方Debit	-2 243	-2 440	-2 956	-4 121	-5 562	-6 487
a.货物Goods	299	282	377	398	594	1 301
贷方Credit	2 181	2 329	2 868	3 966	5 429	6 949
借方Debit	-1 881	-2 047	-2 491	-3 568	-4 835	-5 647
b.服务Services	-11	-1	-3	-40	-82	-55
贷方Credit	350	392	462	513	645	785
借方Debit	-362	-393	-465	-553	-727	-840
B.初次收入 Primary income	-147	-192	-149	-102	-51	-161
贷方Credit	126	94	83	161	206	393
借方Debit	-272	-286	-233	-263	-257	-554
C.二次收入 Secondary income	63	85	130	174	229	239
贷方Credit	69	91	138	185	243	277
借方Debit	-5	-6	-8	-10	-14	-39
2.资本和金融账户 Capital and financial account	-86	-125	-432	-513	-819	-1 553
2.1 资本账户 Capital account	0	-1	0	0	-1	41
贷方Credit	0	0	0	0	0	42
借方Debit	0	-1	0	0	-1	-1

单位：亿美元
Unit: USD 100 million

项目 / 年份 Item / Year	2000	2001	2002	2003	2004	2005
2.2 金融账户 Financial account	–86	–125	–432	–512	–818	–1 594
资产Credit	–666	–541	–932	–1 212	–1 916	–3 352
负债Debit	580	416	500	699	1 098	1 758
2.2.1 非储备性质的金融账户 Financial account excluding reserve assets	20	348	323	549	1 082	912
资产Credit	–561	–67	–177	–150	–16	–845
负债Debit	580	416	500	699	1 098	1 758
直接投资 Direct investment	375	374	468	494	601	904
资产Credit	–9	–69	–25	0	–20	–137
负债Debit	384	442	493	495	621	1 041
证券投资 Portfolio investment	–40	–194	–103	114	197	–47
资产Credit	–113	–207	–121	30	65	–262
负债Debit	73	12	18	84	132	214
金融衍生工具 Financial derivatives (other than reserves) and employee stock options	0	0	0	0	0	0
资产Credit	0	0	0	0	0	0
负债Debit	0	0	0	0	0	0
其他投资 Other investment	–315	169	–41	–60	283	56
资产Assets	–439	208	–31	–180	–61	–447
负债Liabilities	123	–39	–10	120	345	502
2.2.2 储备资产 Reserve assets	–105	–473	–755	–1 061	–1 901	–2 506
其中：外汇储备 Foreign exchange reserves	–109	–466	–742	–1 060	–1 904	–2 526
3.净误差与遗漏 Net errors and omissions	–119	–49	78	82	130	229

中国国际收支概览表（4）

China's Balance of Payments Abridged (4)

项目 / 年份 Item / Year	2006	2007	2008	2009	2010	2011
1.经常账户Current account	2 318	3 532	4 206	2 433	2 378	1 361
贷方Credit	10 779	13 832	16 597	14 006	17 959	22 087
借方Debit	−8 460	−10 300	−12 391	−11 574	−15 581	−20 726
A.货物和服务Goods and services	2 089	3 080	3 488	2 201	2 230	1 819
贷方Credit	9 917	12 571	14 953	12 497	16 039	20 089
借方Debit	−7 828	−9 490	−11 465	−10 296	−13 809	−18 269
a.货物Goods	2 157	3 117	3 599	2 435	2 464	2 287
贷方Credit	8 977	11 316	13 500	11 272	14 864	18 078
借方Debit	−6 820	−8 199	−9 901	−8 836	−12 400	−15 791
b.服务Services	−68	−37	−111	−234	−234	−468
贷方Credit	941	1 254	1 453	1 226	1 175	2 010
借方Debit	−1 008	−1 291	−1 564	−1 460	−1 409	−2 478
B.初次收入Primary income	−51	80	286	−85	−259	−703
贷方Credit	546	835	1 118	1 083	1 424	1 443
借方Debit	−597	−754	−832	−1 168	−1 683	−2 146
C.二次收入Secondary income	281	371	432	317	407	245
贷方Credit	316	426	526	426	495	556
借方Debit	−35	−55	−94	−110	−88	−311
2.资本和金融账户 Capital and financial account	−2 355	−3 665	−4 394	−2 019	−1 849	−1 223
2.1 资本账户Capital account	40	31	31	39	46	54
贷方Credit	41	33	33	42	48	56
借方Debit	−1	−2	−3	−3	−2	−2
2.2 金融账户Financial account	−2 395	−3 696	−4 425	−2 058	−1 895	−1 278

单位：亿美元
Unit: USD 100 million

项目 / 年份 Item / Year	2006	2007	2008	2009	2010	2011
资产Credit	–4 519	–6 371	–6 087	–4 283	–6 536	–6 136
负债Debit	2 124	2 676	1 662	2 225	4 641	4 858
2.2.1 非储备性质的金融账户 Financial account excluding reserve assets	453	911	371	1 945	2 822	2 600
资产Credit	–1 671	–1 764	–1 291	–280	–1 819	–2 258
负债Debit	2 124	2 676	1 662	2 225	4 641	4 858
直接投资Direct investment	1 001	1 391	1 148	872	1 857	2 317
资产Credit	–239	–172	–567	–439	–580	–484
负债Debit	1 241	1 562	1 715	1 311	2 437	2 801
证券投资Portfolio investment	–684	164	349	271	240	196
资产Credit	–1 113	–45	252	–25	–76	62
负债Debit	429	210	97	296	317	134
金融衍生工具 Financial derivatives (other than reserves) and employee stock options	0	0	0	0	0	0
资产Credit	0	0	0	0	0	0
负债Debit	0	0	0	0	0	0
其他投资Other investment	136	–644	–1 126	803	724	87
资产Assets	–319	–1 548	–976	184	–1 163	–1 836
负债Liabilities	455	904	–150	619	1 887	1 923
2.2.2 储备资产Reserve assets	–2 848	–4 607	–4 795	–4 003	–4 717	–3 878
其中：外汇储备 Foreign exchange reserves	–2 853	–4 609	–4 783	–3 821	–4 696	–3 848
3.净误差与遗漏 Net errors and omissions	36	133	188	–414	–529	–138

中国国际收支概览表（5）

China's Balance of Payments Abridged（5）

项目 / 年份 Item / Year	2012	2013	2014	2015
1.经常账户 Current account	2 154	1 482	2 197	3 306
贷方Credit	23 933	25 927	27 299	26 930
借方Debit	−21 779	−24 445	−25 102	−23 624
A.货物和服务 Goods and services	2 318	2 354	2 840	3 846
贷方Credit	21 751	23 556	24 758	24 293
借方Debit	−19 432	−21 202	−21 917	−20 447
a.货物Goods	3 116	3 590	4 350	5 670
贷方Credit	19 735	21 486	22 438	21 428
借方Debit	−16 619	−17 896	−18 087	−15 758
b.服务Services	−797	−1 236	−1 510	−1 824
贷方Credit	2 016	2 070	2 320	2 865
借方Debit	−2 813	−3 306	−3 830	−4 689
B.初次收入 Primary income	−199	−784	−341	−454
贷方Credit	1 670	1 840	2 130	2 278
借方Debit	−1 869	−2 624	−2 471	−2 732
C.二次收入 Secondary income	34	−87	−302	−87
贷方Credit	512	532	411	359
借方Debit	−477	−619	−714	−446
2.资本和金融账户 Capital and financial account	−1 283	−853	−795	−1 424
2.1 资本账户 Capital account	43	31	0	3
贷方Credit	45	45	19	5
借方Debit	−3	−14	−20	−2

单位：亿美元
Unit: USD 100 million

项目 / 年份 Item / Year	2012	2013	2014	2015
2.2 金融账户 Financial account	–1 326	–883	–795	–1 427
资产Credit	–3 996	–6 517	–5 120	–491
负债Debit	2 670	5 633	4 325	–936
2.2.1 非储备性质的金融账户 Financial account excluding reserve assets	–360	3 430	383	–4 856
资产Credit	–3 030	–2 203	–3 942	–3 920
负债Debit	2 670	5 633	4 325	–936
直接投资 Direct investment	1 763	2 180	2 087	621
资产Credit	–650	–730	–804	–1 878
负债Debit	2 412	2 909	2 891	2 499
证券投资 Portfolio investment	478	529	824	–665
资产Credit	–64	–54	–108	–732
负债Debit	542	582	932	67
金融衍生工具 Financial derivatives (other than reserves) and employee stock options	0	0	0	–21
资产Credit	0	0	0	–34
负债Debit	0	0	0	13
其他投资 Other investment	–2 601	722	–2 528	–4 791
资产Assets	–2 317	–1 420	–3 030	–1 276
负债Liabilities	–284	2 142	502	–3 515
2.2.2 储备资产 Reserve assets	–966	–4 314	–1 178	3 429
其中：外汇储备 Foreign exchange reserves	–987	–4 327	–1 188	3 423
3.净误差与遗漏 Net errors and omissions	–871	–629	–1 401	–1 882

2015年中国国际收支平衡表

China's Balance of Payments in the 2015

项目 Item	行次 Line No.	2015年 Year
1. 经常账户Current account	1	3 306
贷方Credit	2	26 930
借方Debit	3	-23 624
1.A 货物和服务Goods and services	4	3 846
贷方Credit	5	24 293
借方Debit	6	-20 447
1.A.a 货物Goods	7	5 670
贷方Credit	8	21 428
借方Debit	9	-15 758
1.A.b 服务Services	10	-1 824
贷方Credit	11	2 865
借方Debit	12	-4 689
1.A.b.1 加工服务 Manufacturing services on physical inputs owned by others	13	203
贷方Credit	14	204
借方Debit	15	-2
1.A.b.2 维护和维修服务 Maintenance and repair services n.i.e	16	23
贷方Credit	17	36
借方Debit	18	-13
1.A.b.3 运输Transport	19	-370
贷方Credit	20	386
借方Debit	21	-756
1.A.b.4 旅行Travel	22	-1 781
贷方Credit	23	1 141
借方Debit	24	-2 922
1.A.b.5 建设Construction	25	65
贷方Credit	26	167
借方Debit	27	-102
1.A.b.6 保险和养老金服务 Insurance and pension services	28	-44
贷方Credit	29	50
借方Debit	30	-93
1.A.b.7 金融服务Financial services	31	-3

单位：亿美元
Unit: USD 100 million

项目 Item	行次 Line No.	2015年 Year
贷方Credit	32	23
借方Debit	33	-26
1.A.b.8 知识产权使用费 Charges for the use of intellectual property	34	-209
贷方Credit	35	11
借方Debit	36	-220
1.A.b.9 电信、计算机和信息服务 Telecommunications, computer, and information services	37	131
贷方Credit	38	245
借方Debit	39	-114
1.A.b.10 其他商业服务 Other business services	40	189
贷方Credit	41	584
借方Debit	42	-395
1.A.b.11 个人、文化和娱乐服务 Personal, cultural, and recreational services	43	-12
贷方Credit	44	7
借方Debit	45	-19
1.A.b.12 别处未提及的政府服务 Government goods and services n.i.e	46	-15
贷方Credit	47	11
借方Debit	48	-26
1.B 初次收入Primary income	49	-454
贷方Credit	50	2 278
借方Debit	51	-2 732
1.B.1 雇员报酬Compensation of employees	52	274
贷方Credit	53	331
借方Debit	54	-57
1.B.2 投资收益Investment income	55	-734
贷方Credit	56	1 939
借方Debit	57	-2 673
1.B.3 其他初次收入Other primary income	58	7
贷方Credit	59	8
借方Debit	60	-2

2015年中国国际收支平衡表

China's Balance of Payments in the 2015

项目 Item	行次 Line No.	2015年 Year
1.C 二次收入Secondary income	61	-87
贷方Credit	62	359
借方Debit	63	-446
2. 资本和金融账户Capital and financial account	64	-1 424
2.1 资本账户Capital account	65	3
贷方Credit	66	5
借方Debit	67	-2
2.2 金融账户Financial account	68	-1 427
资产Assets	69	-491
负债Liabilities	70	-936
2.2.1 非储备性质的金融账户 Financial account excluding reserve assets	71	-4 856
资产Assets	72	-3 920
负债Liabilities	73	-936
2.2.1.1 直接投资Direct investment	74	621
2.2.1.1.1 直接投资资产Assets	75	-1 878
2.2.1.1.1.1 股权 Equity and investment fund shares	76	-1 452
2.2.1.1.1.2 关联企业债务 Debt instruments	77	-426
2.2.1.1.2直接投资负债Liabilities	78	2 499
2.2.1.1.2.1 股权 Equity and investment fund shares	79	2 196
2.2.1.1.2.2 关联企业债务 Debt instruments	80	302
2.2.1.2 证券投资Portfolio investment	81	-665
2.2.1.2.1 资产Assets	82	-732
2.2.1.2.1.1 股权 Equity and investment fund shares	83	-397
2.2.1.2.1.2 债券Debt securities	84	-335
2.2.1.2.2 负债Liabilities	85	67
2.2.1.2.2.1 股权 Equity and investment fund shares	86	150
2.2.1.2.2.2 债券Debt securities	87	-82
2.2.1.3 金融衍生工具Financial derivatives (other than reserves) and employee stock options	88	-21
2.2.1.3.1 资产Assets	89	-34
2.2.1.3.2 负债Liabilities	90	13
2.2.1.4 其他投资Other investment	91	-4 791
2.2.1.4.1 资产Assets	92	-1 276

单位：亿美元
Unit: USD 100 million

项目 Item	行次 Line No.	2015年 Year
2.2.1.4.1.1 其他股权Other equity	93	0
2.2.1.4.1.2 货币和存款 Currency and deposits	94	-1 001
2.2.1.4.1.3 贷款Loans	95	-475
2.2.1.4.1.4 保险和养老金 Insurance, pension, and standardized guarantee schemes	96	-32
2.2.1.4.1.5 贸易信贷 Trade credit and advances	97	-460
2.2.1.4.1.6 其他应收款 Other accounts receivable	98	692
2.2.1.4.2 负债Liabilities	99	-3 515
2.2.1.4.2.1 其他股权Other equity	100	0
2.2.1.4.2.2 货币和存款 Currency and deposits	101	-1 226
2.2.1.4.2.3 贷款Loans	102	-1 667
2.2.1.4.2.4 保险和养老金 Insurance, pension, and standardized guarantee schemes	103	24
2.2.1.4.2.5 贸易信贷 Trade credit and advances	104	-623
2.2.1.4.2.6 其他应付款 Other accounts payable	105	-24
2.2.1.4.2.7 特别提款权 Special drawing rights	106	0
2.2.2 储备资产Reserve assets	107	3 429
2.2.2.1 货币黄金Monetary gold	108	0
2.2.2.2 特别提款权Special drawing rights	109	-3
2.2.2.3 在国际货币基金组织的储备头寸 Reserve position in the IMF	110	9
2.2.2.4 外汇储备Foreign exchange reserves	111	3 423
2.2.2.5其他储备资产Other reserve assets	112	0
3.净误差与遗漏Net errors and omissions	113	-1 882

美国国际收支概览表

Balance of Payments Abridged of United States

项目 Item 年份 Year	2008	2009	2010	2011	2012	2013	2014	2015
一、经常项目差额 Current Account Balance	-681.34	-381.64	-449.48	-457.73	-440.42	-379.28	-389.53	-484.08
贷方 Credit	2 752.25	2 283.01	2 622.80	2 981.37	3 100.04	3 178.73	3 306.57	3 138.70
借方 Debit	3 433.59	2 664.65	3 072.28	3 439.10	3 540.46	3 558.01	3 696.10	3 622.78
A.货物和服务差额 Goods and Services Balance	-702.30	-383.63	-499.35	-556.80	-534.61	-474.82	-508.32	-539.76
贷方 Credit	1 842.83	1 580.90	1 846.19	2 114.75	2 212.47	2 272.58	2 343.20	2 223.62
借方 Debit	2 545.12	1 964.52	2 345.54	2 671.55	2 747.08	2 747.40	2 851.52	2 763.38
a.货物差额 Goods Balance	-832.49	-509.75	-649.74	-743.56	-740.80	-703.26	-741.46	-759.31
贷方 Credit	1 308.80	1 070.27	1 289.21	1 496.43	1 561.91	1 590.32	1 632.64	1 513.45
借方 Debit	2 141.29	1 580.03	1 938.95	2 239.99	2 302.71	2 293.57	2 374.10	2 272.76
b.服务差额 Services Balance	130.19	126.13	150.40	186.76	206.19	228.43	233.14	219.55
贷方 Credit	534.03	510.62	556.99	618.32	650.56	682.26	710.57	710.17
借方 Debit	403.84	384.50	406.59	431.56	444.37	453.83	477.42	490.62
B.初次收入差额 Primary Income Balance	146.14	123.58	177.66	232.64	223.92	228.77	237.98	191.32
贷方 Credit	823.71	614.38	684.92	767.58	783.24	795.22	823.35	783.08
借方 Debit	677.57	490.80	507.26	534.94	559.31	566.45	585.37	591.76
C.二次收入差额 Secondary Income Balance	-125.19	-121.59	-127.79	-133.58	-129.74	-133.22	-119.19	-135.65
贷方 Credit	85.71	87.73	91.69	99.04	104.33	110.93	140.02	132.00
借方 Debit	210.89	209.32	219.48	232.61	234.07	244.15	259.20	267.65
二、资本项目差额 Capital Account Balance	6.01	-0.14	-0.16	-1.21	6.96	-0.41	-0.05	-0.05
三、金融项目净贷出(+)/净借入(-) Financial Account Net Lending(+)/Net Borrow(-)	-730.57	-231.02	-438.04	-551.71	-439.35	-351.23	-236.06	-202.92
1.直接投资差额 Direct Investment Balance	18.99	159.94	95.23	178.78	221.88	166.28	225.36	-64.76

单位：10亿美元
Unit: USD billion

项目 Item　　年份 Year	2008	2009	2010	2011	2012	2013	2014	2015
1.1资产 Assets	351.72	313.73	354.58	431.32	425.67	402.15	357.19	345.12
1.2负债 Liabilities	332.73	153.79	259.34	252.54	203.79	235.87	131.83	409.87
2.证券投资差额 Portfolio Investment Balance	-809.40	17.76	-620.41	-245.87	-586.79	-46.25	-166.97	-77.02
2.1资产 Assets	-285.72	375.11	200.02	78.20	157.60	427.18	538.06	186.34
2.2负债 Liabilities	523.69	357.35	820.44	324.07	744.39	473.43	705.03	263.36
3.金融衍生产品（储备除外）和雇员认股权差额 Derivatives (other than reserves) and Employee Stock Options Balance	32.95	-44.82	-14.08	-35.01	7.06	1.85	-54.37	-25.40
4.其他投资差额 Other Investment Balance	22.05	-416.16	99.39	-465.49	-85.96	-470.01	-240.08	-35.74
4.1资产 Assets	-380.32	-608.89	407.02	-50.78	-452.88	-230.74	-99.52	-282.94
4.2负债 Liabilities	-402.37	-192.73	307.63	414.72	-366.92	239.27	140.56	-247.20
5.储备资产差额 Reserve Assets Balance	4.85	52.26	1.84	15.88	4.46	-3.10	-3.58	-6.30
四、净误差与遗漏 Net Errors and Omissions	-55.24	150.76	11.60	-92.77	-5.89	28.46	149.93	274.88

德国国际收支概览表

Balance of Payments Abridged of Brazil

项目 Item / 年份 Year	2008	2009	2010	2011	2012	2013	2014	2015
一、经常项目差额 Current Account Balance	226.27	198.35	212.16	247.22	255.38	273.97	290.00	285.37
贷方 Credit	2 022.77	1 643.34	1 824.31	2 131.23	2 026.88	2 095.53	2 110.00	1 860.52
借方 Debit	1 796.50	1 444.99	1 612.15	1 884.01	1 771.49	1 821.56	1 820.00	1 575.15
A.货物和服务差额 Goods and Services Balance	228.80	161.19	189.85	196.71	205.81	227.29	252.00	258.66
贷方 Credit	1 711.80	1 371.93	1 545.99	1 812.19	1 737.57	1 805.31	1 770.00	1 573.47
借方 Debit	1 483.00	1 210.74	1 356.14	1 615.47	1 531.76	1 578.02	1 520.00	1 314.81
a.货物差额 Goods Balance	267.78	182.22	209.35	222.96	233.97	257.79	304.00	292.12
贷方 Credit	1 446.50	1 123.24	1 286.70	1 526.67	1 461.84	1 506.33	1 490.00	1 309.01
借方 Debit	1 178.72	941.01	1 077.36	1 303.72	1 227.87	1 248.54	1 190.00	1 016.89
b.服务差额 Services Balance	−38.98	−21.03	−19.50	−26.25	−28.16	−30.50	−51.96	−33.46
贷方 Credit	265.31	248.70	259.29	285.51	275.73	298.98	278.00	264.46
借方 Debit	304.28	269.73	278.79	311.76	303.89	329.48	330.00	297.92
B.初次收入差额 Primary Income Balance	46.27	83.09	73.41	97.44	98.22	102.42	87.83	70.68
贷方 Credit	283.49	247.17	255.16	291.22	264.70	261.76	259.00	216.01
借方 Debit	237.22	164.07	181.75	193.78	166.48	159.34	172.00	145.33
C.二次收入差额 Secondary Income Balance	−48.79	−45.94	−51.10	−46.94	−48.64	−55.74	−49.70	−43.97
贷方 Credit	27.48	24.24	23.16	27.83	24.61	28.45	76.88	71.04
借方 Debit	76.27	70.18	74.26	74.76	73.26	84.20	127.00	115.01
二、资本项目差额 Capital Account Balance	−0.18	0.01	−0.74	0.85	0.02	2.42	3.92	−0.14
三、金融项目净贷出（+）/净借入（−） Financial Account Net Lending(+)/Net Borrow(−)	255.87	221.95	166.33	242.88	286.39	333.23	324.00	259.38
1.直接投资差额 Direct Investment Balance	68.36	44.13	61.53	21.40	66.48	30.07	110.00	62.61
1.1资产 Assets	84.89	81.90	96.79	66.08	101.18	62.70	119.00	108.84
1.2负债 Liabilities	16.53	37.77	35.26	44.68	34.71	32.63	8.39	46.23

单位：10亿美元
Unit: USD billion

项目 Item　年份 Year	2008	2009	2010	2011	2012	2013	2014	2015
2.证券投资差额 Portfolio Investment Balance	-44.54	119.24	154.11	-42.57	83.42	218.62	168.00	220.34
2.1资产 Assets	-14.74	110.19	230.22	29.50	141.58	186.67	199.00	138.26
2.2负债 Liabilities	29.80	-9.04	76.11	72.07	58.16	-31.95	30.97	-82.08
3.金融衍生产品（储备除外）和雇员认股权差额 Derivatives (other than reserves) and Employee Stock Options Balance	48.05	-13.80	22.94	38.56	20.86	21.40	42.27	28.71
3.1资产 Assets	0	0	0	0	0	0	0	0
3.2负债 Liabilities	-48.05	13.80	-22.94	-38.56	-20.86	-21.40	-42.27	-28.71
4.其他投资差额 Other Investment Balance	181.22	76.94	-74.41	221.57	113.95	61.98	6.54	-52.28
4.1资产 Assets	221.78	-130.24	160.23	196.68	217.52	-247.83	40.43	16.78
4.2负债 Liabilities	40.56	-207.18	234.64	-24.88	103.57	-309.81	33.90	69.05
5.储备资产差额 Reserve Assets Balance	2.78	-4.56	2.16	3.92	1.68	1.16	-3.32	-2.42
四、净误差与遗漏 Net Errors and Omissions	29.78	23.60	-45.09	-5.19	30.99	56.84	29.69	-28.27

英国国际收支概览表

Balance of Payments Abridged of Brazil

项目 Item　　年份 Year	2008	2009	2010	2011	2012	2013	2014	2015
一、经常项目差额 Current Account Balance	−41.16	−37.05	−75.23	−32.76	−94.27	−111.08	−161.4	−146.92
贷方 Credit	1281.56	891.45	929.55	1 111.47	1 050.11	1 028.05	1 110.82	1 015.00
借方 Debit	1 322.72	928.50	1 004.78	1 144.23	1 144.38	1 139.14	1 272.22	1 161.92
A.货物和服务差额 Goods and Services Balance	−89.31	−54.92	−64.23	−47.05	−59.20	−50.33	−55.83	−56.06
贷方 Credit	756.10	595.91	667.60	773.49	768.83	775.91	835.58	781.65
借方 Debit	845.40	650.83	731.83	820.54	828.03	826.24	891.41	837.70
a.货物差额 Goods Balance	−173.46	−128.56	−152.45	160.65	−171.72	−168.58	−197	−191.48
贷方 Credit	468.14	356.35	410.89	479.15	474.61	476.57	481.88	436.23
借方 Debit	641.60	484.91	563.34	639.80	646.34	645.15	678.88	627.71
b.服务差额 Services Balance	84.15	73.64	88.22	113.60	112.52	118.25	141.17	135.42
贷方 Credit	287.96	239.56	256.71	294.34	294.21	299.34	353.71	345.42
借方 Debit	203.81	165.93	168.49	180.75	181.69	181.09	212.53	209.99
B.初次收入差额 Primary Income Balance	74.64	40.66	20.68	49.38	0.39	−18.32	−63.89	−53.08
贷方 Credit	495.41	269.06	240.13	311.65	254.61	226.73	242.85	203.49
借方 Debit	420.77	228.40	219.45	262.27	254.22	245.05	306.74	256.57
C.二次收入差额 Secondary Income Balance	−26.49	−22.79	−31.68	−35.10	−35.46	−42.43	−41.68	−37.78
贷方 Credit	30.06	26.48	21.82	26.32	26.67	25.41	32.39	29.86
借方 Debit	56.55	49.27	53.50	61.41	62.13	67.84	74.08	67.64
二、资本项目差额 Capital Account Balance	6.05	5.14	5.73	5.18	6.65	8.34	−0.35	−1.69
三、金融项目净贷出（+）/净借入（−） Financial Account Net Lending(+)/Net Borrow(−)	−44.17	−48.57	−64.38	−12.21	−102.18	−104.75	−153.88	−144.16
1.直接投资差额 Direct Investment Balance	69.64	−30.06	−23.25	55.91	−10.95	−16.38	−131.69	−101.18
1.1资产 Assets	331.17	−26.00	38.08	92.15	55.88	18.75	−103.94	−43.44
1.2负债 Liabilities	261.54	4.06	61.33	36.24	66.83	35.13	27.76	57.73

单位：10亿美元
Unit: USD billion

项目 Item　年份 Year	2008	2009	2010	2011	2012	2013	2014	2015
2.证券投资差额 Portfolio Investment Balance	−588.92	−38.33	2.16	72.28	294.10	−48.45	−169.01	−410.61
2.1资产 Assets	−199.66	254.61	122.52	11.17	178.53	10.77	39.52	−22.84
2.2负债 Liabilities	389.27	292.94	120.36	−61.11	−115.57	59.22	208.53	387.77
3.金融衍生产品（储备除外）和雇员认股权差额 Derivatives (other than reserves) and Employee Stock Options Balance	219.23	−49.08	−49.88	4.16	−47.16	−0.65	−23.75	−49.94
3.1资产 Assets	0	0	0	0	0	0	0	0
3.2负债 Liabilities	−219.23	49.08	49.88	−4.16	47.16	0.65	23.75	49.94
4.其他投资差额 Other Investment Balance	259.05	59.18	−2.70	−152.51	−350.26	−46.96	159.08	386.26
4.1资产 Assets	−981.60	−507.91	345.35	170.67	−385.70	−342.17	188.01	−107.71
4.2负债 Liabilities	−1240.65	−567.08	348.05	323.18	−35.44	−295.21	28.93	−493.97
5.储备资产差额 Reserve Assets Balance	−3.17	9.73	9.28	7.95	12.09	7.69	11.5	31.32
四、净误差与遗漏 Net Errors and Omissions	−9.07	−16.66	5.11	15.37	−14.56	−2.02	7.87	4.45

巴西国际收支概览表

Balance of Payments Abridged of Brazil

项目 Item / 年份 Year	2008	2009	2010	2011	2012	2013	2014	2015
一、经常项目差额 Current Account Balance	-28.19	-24.30	-47.27	-52.48	-54.25	-81.37	-104.18	-58.94
贷方 Credit	246.22	194.28	245.69	309.92	297.96	296.84	282.59	16.64
借方 Debit	274.41	218.59	292.97	362.40	352.20	378.22	386.57	56.28
A.货物和服务差额 Goods and Services Balance	8.15	6.04	-10.69	-8.15	-21.64	-44.97	-54.74	-19.31
贷方 Credit	228.39	180.72	233.51	294.25	282.44	281.30	264.81	
借方 Debit	220.25	174.68	244.20	302.39	304.09	326.26	319.35	
a.货物差额 Goods Balance	24.84	25.29	20.15	29.81	19.43	2.56	-6.63	17.67
贷方 Credit	197.94	152.99	201.92	256.04	242.58	242.18	224.10	190.09
借方 Debit	173.11	127.70	181.77	226.23	223.15	239.62	230.73	172.42
b.服务差额 Services Balance	-16.69	-19.25	-30.84	-37.95	-41.08	-47.52	-48.11	-36.98
贷方 Credit	30.45	27.73	31.60	38.21	39.86	39.12	39.97	33.78
借方 Debit	47.14	46.97	62.43	76.16	80.94	86.64	88.07	70.76
B.初次收入差额 Primary Income Balance	-40.56	-33.68	-39.49	-47.32	-35.45	-39.77	-52.17	-42.36
贷方 Credit	12.51	8.83	7.41	10.75	10.89	10.07	12.85	11.93
借方 Debit	53.07	42.51	46.89	58.07	46.34	49.84	65.02	54.29
C.二次收入差额 Secondary Income Balance	4.22	3.34	2.90	2.98	2.85	3.36	2.72	2.72
贷方 Credit	5.32	4.74	4.77	4.92	4.63	5.48	4.93	4.71
借方 Debit	1.09	1.40	1.87	1.93	1.78	2.11	2.21	1.99
二、资本项目差额 Capital Account Balance	1.06	1.13	1.12	1.57	-1.88	1.19	0.23	0.44
三、金融项目净贷出（+）/净借入（-）Financial Account Net Lending(+)/Net Borrow(-)	-25.33	-23.52	-49.69	-52.18	-55.74	-79.35	-111.43	-58.26
1.直接投资差额 Direct Investment Balance	-24.60	-36.03	-36.92	-67.69	-68.09	-67.54	-70.86	-61.58
1.1资产 Assets	26.12	-4.55	16.43	3.85	8.02	13.35	26.04	13.50

单位：10亿美元
Unit: USD billion

项目 Item　　年份 Year	2008	2009	2010	2011	2012	2013	2014	2015
1.2负债 Liabilities	50.72	31.48	53.34	71.54	76.11	80.89	96.89	75.07
2.证券投资差额 Portfolio Investment Balance	–1.13	–50.28	–63.01	–35.31	–8.27	–25.69	–38.71	–20.65
2.1资产 Assets	–1.90	–4.12	4.78	–16.86	8.26	8.97	2.82	–2.15
2.2负债 Liabilities	–0.77	46.16	67.79	18.45	16.53	34.66	41.53	18.50
3.金融衍生产品（储备除外）和雇员认股权差额 Derivatives (other than reserves) and Employee Stock Options Balance	0.31	–0.16	0.11	0	–0.02	–0.11	1.57	3.45
3.1资产 Assets	–0.30	–0.32	–0.13	–0.25	–0.15	–0.38	–7.61	–20.66
3.2负债 Liabilities	–0.61	–0.17	–0.25	–0.25	–0.12	–0.27	–9.18	–24.11
4.其他投资差额 Other Investment Balance	–2.87	16.30	1.02	–7.81	1.75	19.92	–3.44	20.51
4.1资产 Assets	5.27	30.38	42.57	38.98	24.28	39.56	50.67	46.19
4.2负债 Liabilities	8.14	14.08	41.54	46.80	22.52	19.64	54.10	25.68
5.储备资产差额 Reserve Assets Balance	2.97	46.65	49.10	58.64	18.90	–5.93	10.83	1.57
四、净误差与遗漏 Net Errors and Omissions	1.81	–0.35	–3.54	–1.27	0.38	0.83	3.35	1.81

俄罗斯国际收支概览表

Balance of Payments Abridged of Brazil

项目 Item / 年份 Year	2008	2009	2010	2011	2012	2013	2014	2015
一、经常项目差额 Current Account Balance	103.94	50.38	67.45	97.27	71.28	32.76	59.46	69.56
贷方 Credit	592.6	382.72	487.16	629.9	653.99	652.75	628.19	440.56
借方 Debit	488.66	332.34	419.7	532.63	582.71	619.99	568.73	370.99
A.货物和服务差额 Goods and Services Balance	157.21	95.63	120.87	163.4	145.08	121.69	134.5	111.90
贷方 Credit	523.43	342.95	441.83	573.45	589.77	593.16	563.56	393.26
借方 Debit	366.23	247.32	320.96	410.05	444.7	471.47	429.06	281.36
a.货物差额 Goods Balance	177.63	113.23	146.99	196.85	191.66	180.31	189.74	148.51
贷方 Credit	466.3	297.15	392.67	515.41	527.43	523.29	497.76	341.47
借方 Debit	288.67	183.92	245.68	318.55	335.77	342.98	308.03	192.95
b.服务差额 Services Balance	−20.42	−17.6	−26.12	−33.46	−46.59	−58.62	−55.24	−36.61
贷方 Credit	57.14	45.8	49.16	58.04	62.34	69.87	65.8	51.79
借方 Debit	77.56	63.4	75.28	91.5	108.93	128.49	121.04	88.40
B.初次收入差额 Primary Income Balance	−46.48	−39.74	−47.1	−60.4	−67.66	−79.76	−67.18	−36.71
贷方 Credit	61.82	33.4	38.06	42.69	47.76	42.1	46.91	37.18
借方 Debit	108.3	73.14	85.17	103.09	115.42	121.86	114.09	73.89
C.二次收入差额Secondary Income Balance	−6.79	−5.51	−6.32	−5.72	−6.13	−9.17	−7.85	−5.62
贷方 Credit	7.35	6.37	7.26	13.77	16.46	17.49	17.72	10.12
借方 Debit	14.13	11.88	13.58	19.49	22.59	26.66	25.58	15.74
二、资本项目差额Capital Account Balance	−0.1	−12.47	−0.04	0.13	−5.22	−0.41	−42.01	−0.33
三、金融项目净贷出（+）/净借入（−）Financial Account Net Lending(+)/Net Borrow(−)	100.78	31.52	58.28	88.75	55.69	20.44	26.22	72.55
1.直接投资差 Direct Investment Balance	−19.12	6.7	9.45	11.77	−1.77	15.64	35.48	16.73

单位：10亿美元
Unit: USD billion

项目 Item　年份 Year	2008	2009	2010	2011	2012	2013	2014	2015
1.1资产 Assets	55.66	43.28	52.62	66.85	48.82	94.91	56.44	21.57
1.2负债 Liabilities	74.78	36.58	43.17	55.08	50.59	79.26	20.96	4.84
2.证券投资差额 Portfolio Investment Balance	35.69	1.88	1.5	15.28	−17.03	11.58	39.87	26.64
2.1资产 Assets	7.77	10.6	3.44	9.84	2.28	11.94	16.74	13.97
2.2负债 Liabilities	−27.92	8.72	1.95	−5.44	19.31	0.36	−23.13	−12.67
3.金融衍生产品（储备除外）和雇员认股权差额 Derivatives (other than reserves) and Employee Stock Options Balance	1.37	3.24	1.84	1.39	1.36	0.35	4.78	7.43
3.1资产 Assets	−9.12	−9.89	−8.84	−16.44	−16.7	−8.49	−16.58	−21.22
3.2负债 Liabilities	−10.49	−13.13	−10.68	−17.83	−18.05	−8.83	−21.36	−28.65
4.其他投资差额Other Investment Balance	121.76	16.32	8.74	47.68	43.12	14.94	53.64	21.75
4.1资产 Assets	185.86	−9.24	19.23	83.37	83.7	76.59	26.5	−15.14
4.2负债 Liabilities	64.1	−25.57	10.49	35.69	40.59	61.65	−27.14	−36.89
5.储备资产差额 Reserve Assets Balance	−38.92	3.38	36.75	12.63	30.02	−22.08	−107.55	1.70
四、净误差与遗漏 Net Errors and Omissions	−3.05	−6.39	−9.14	−8.66	−10.37	−11.91	8.77	5.03

中国国际投资头寸表

China's International Investment Position

项目 Item	2008年末	2009年末	2010年末	2011年末	2012年末	2013年末	2014年末	2015年末
净头寸 Net International Investment Position	**14 938**	**14 905**	**16 880**	**16 884**	**18 665**	**19 960**	**17 764**	**15 965**
A.资产 Assets	**29 567**	**34 369**	**41 189**	**47 345**	**52 132**	**59 861**	**64 087**	**62 189**
1.直接投资 Direct investment	**1 857**	**2 458**	**3 172**	**4 248**	**5 319**	**6 605**	**7 443**	**11 293**
1.1 股权 Equity and investment fund shares	—	—	—	—	—	—	—	9 393
1.2 关联企业债务 Debt instruments	—	—	—	—	—	—	—	1 901
2.证券投资 Portfolio investment	**2 525**	**2 428**	**2 571**	**2 044**	**2 406**	**2 585**	**2 625**	**2 613**
2.1 股权 Equity and investment fund shares	214	546	630	864	1 298	1 530	1 613	1 620
2.2 债券 Debt securities	2 311	1 882	1 941	1 180	1 108	1 055	1 012	993
3.金融衍生工具 Financial derivatives (other than reserves) and employee stock options	**—**	**—**	**—**	**—**	**—**	**—**	**—**	**36**
4.其他投资 Other investment	**5 523**	**4 952**	**6 304**	**8 495**	**10 527**	**11 867**	**15 026**	**14 185**
4.1 其他股权 Other equity	—	—	—	—	—	—	—	1
4.2 货币和存款 Currency and deposits	1 529	1 310	2 051	2 942	3 906	3 751	5 541	3 895
4.3 贷款 Loans	1 071	974	1 174	2 232	2 778	3 089	3 747	4 569
4.4 保险和养老金 Insurance, pension, and standardized guarantee schemes	—	—	—	—	—	—	—	172
4.5 贸易信贷 Trade credit and advances	1 102	1 444	2 060	2 769	3 387	3 990	4 677	5 137
4.6 其他应收款 Other accounts receivable	1 821	1 224	1 018	552	457	1 038	1 061	412
5.储备资产 Reserve assets	**19 662**	**24 532**	**29 142**	**32 558**	**33 879**	**38 804**	**38 993**	**34 061**
5.1 货币黄金 Monetary gold	169	371	481	530	567	408	401	602
5.2 特别提款权 Special drawing rights	12	125	123	119	114	112	105	103
5.3 在国际货币基金组织的储备头寸 Reserve position in the IMF	20	44	64	98	82	71	57	45

单位：亿美元
Unit: USD 100 million

项目 Item	2008年末	2009年末	2010年末	2011年末	2012年末	2013年末	2014年末	2015年末
5.4 外汇储备 Foreign currency reserves	19 460	23 992	28 473	31 811	33 116	38 213	38 430	33 304
5.5 其他储备资产 Other reserve assets	—	—	—	—	—	—	—	7
B. 负债 Liabilities	**14 629**	**19 464**	**24 308**	**30 461**	**33 467**	**39 901**	**46 323**	**46 225**
1. 直接投资 Direct investment	**9 155**	**13 148**	**15 696**	**19 069**	**20 680**	**23 312**	**26 779**	**28 423**
1.1 股权 Equity and investment fund shares	—	—	—	—	—	—	—	26 181
1.2 关联企业债务 Debt instruments	—	—	—	—	—	—	—	2 242
2. 证券投资 Portfolio investment	**1 677**	**1 900**	**2 239**	**2 485**	**3 361**	**3 865**	**5 143**	**8 105**
2.1 股权 Equity and investment fund shares	1 505	1 748	2 061	2 114	2 619	2 977	3 693	5 906
2.2 债券 Debt securities	172	152	178	371	742	889	1 449	2 200
3. 金融衍生工具 Financial derivatives (other than reserves) and employee stock options	**—**	**—**	**—**	**—**	**—**	**—**	**—**	**53**
4. 其他投资 Other investment	**3 796**	**4 416**	**6 373**	**8 907**	**9 426**	**12 724**	**14 402**	**9 643**
4.1 其他股权 Other equity	—	—	—	—	—	—	—	—
4.2 货币和存款 Currency and deposits	918	937	1 650	2 477	2 446	3 466	5 030	3 267
4.3 贷款 Loans	1 030	1 636	2 389	3 724	3 680	5 642	5 720	3 293
4.4 保险和养老金 Insurance, pension, and standardized guarantee schemes	—	—	—	—	—	—	—	93
4.5 贸易信贷 Trade credit and advances	1 296	1 617	2 112	2 492	2 915	3 365	3 344	2 721
4.6 其他应付款 Other accounts payable	552	121	106	106	277	144	207	172
4.7 特别提款权 Special drawing rights	—	106	116	107	107	108	101	97

外汇储备

Foreign Exchange Reserves

单位：亿美元
Unit: USD 100 million

年份 year	外汇储备余额 Foreign Exchange Reserves	外汇储备增加额 Increase of Foreign Exchange Reserves
1990	111	55
1991	217	106
1992	194	-23
1993	212	18
1994	516	304
1995	736	220
1996	1 050	315
1997	1 399	348
1998	1 450	51
1999	1 547	97
2000	1 656	109
2001	2 122	466
2002	2 864	742
2003	4 033	1 168
2004	6 099	2 067
2005	8 189	2 090
2006	10 663	2 475
2007	15 282	4 619
2008	19 460	4 178
2009	23 992	4 531
2010	28 473	4 481
2011	31 811	3 338
2012	33 116	1 304
2013	38 213	5 097
2014	38 430	217
2015	33 304	-5 127

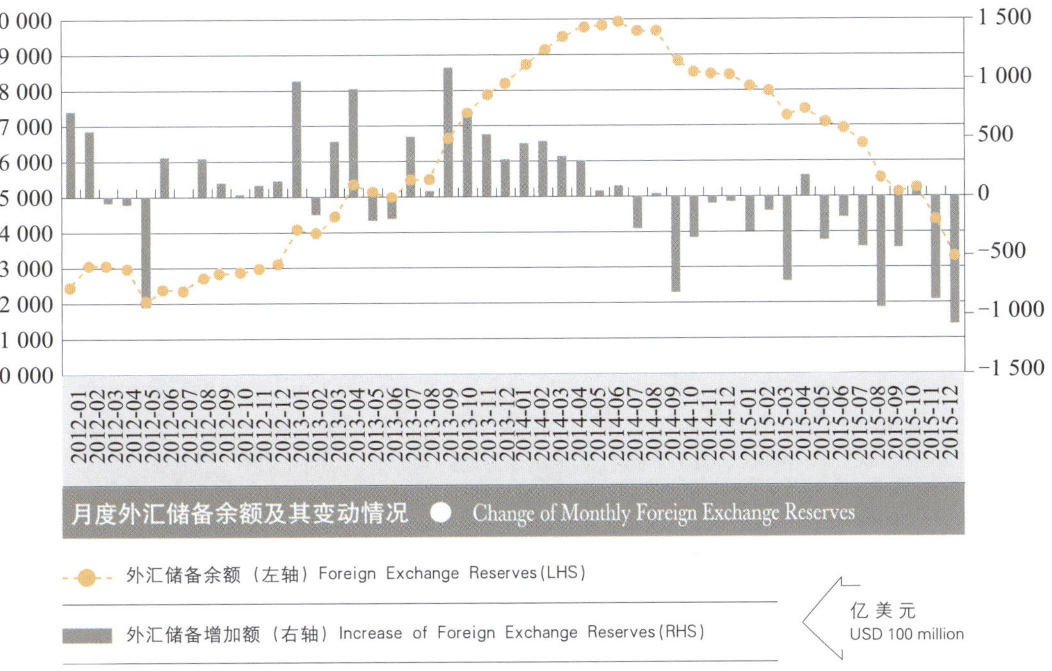

月度外汇储备余额及其变动情况 ● Change of Monthly Foreign Exchange Reserves

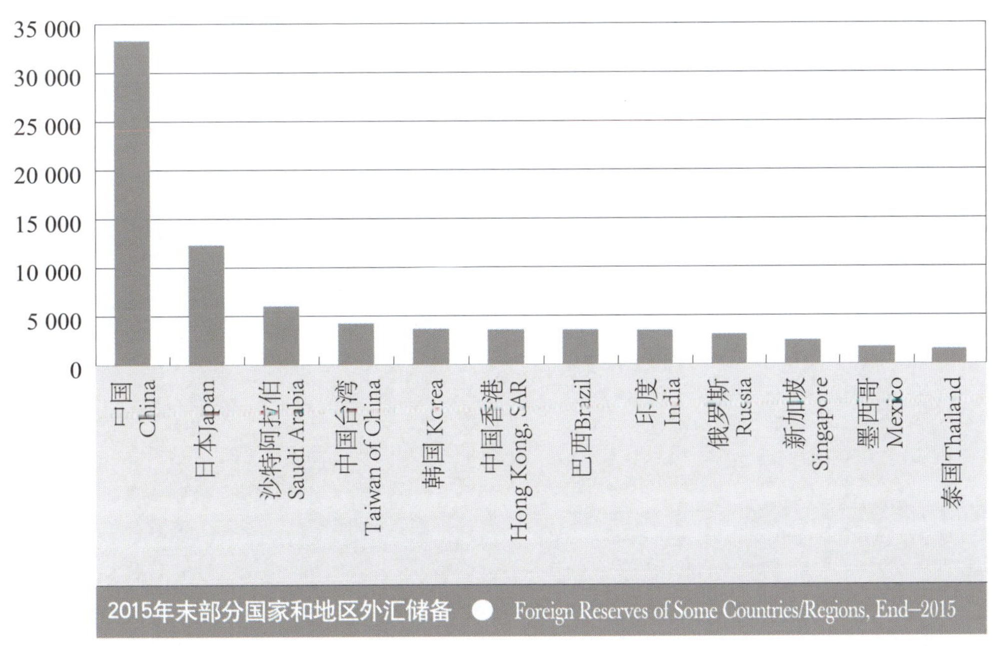

2015年末部分国家和地区外汇储备 ● Foreign Reserves of Some Countries/Regions, End-2015

二、对外贸易①

Ⅱ. Foreign Trade

2015年世界货物贸易出口前十名

Top 10 Countries/Regions of Goods Export in 2015

国家/地区 Countries/Regions	出口额（10亿美元） Export（USD billion）	增长 Increase（%）	占世界出口总额比重 Ratio to total export of the world（%）	2014年排名 Ranking in 2014
世界World	16 482	-13.2	100	
1.中国China	2 275	-2.9	13.8	1
2.美国USA	1 505	-7.1	9.1	2
3.德国Germany	1 329	-11	8.1	3
4.日本Japan	625	-9.5	3.8	4
5.荷兰Netherlands	567	-15.7	3.4	5
6.韩国Korea	527	-8	3.2	7
7.中国香港Hong Kong,SAR	511	-2.6	3.1	9
8.法国 France	506	-12.8	3.1	6
9. 英国UK	460	-8.9	2.8	10
10. 意大利 Italy	459	-13.4	2.8	8

① 数据来源：海关总署；世界贸易组织。
Sources: General Administration of Customs; World Trade Organization.

2015年世界货物贸易进口前十名

Top 10 Countries/Regions of Goods Import in 2015

国家/地区 Countries/Regions	进口额（10亿美元） Import（USD billion）	增长 Increase（%）	占世界进口总额比重 Ratio to total import of the world（%）	2014年排名 Ranking in 2014
世界World	16 766	–12.2	100	
1.美国USA	2 308	–4.3	13.8	1
2.中国China	1 682	–14.2	10	2
3.德国Germany	1 050	–13	6.3	3
4.日本Japan	648	–20.2	3.9	4
5.英国UK	626	–9.4	3.7	5
6.法国France	573	–15.4	3.4	6
7.中国香港Hong Kong,SAR	559	–6.9	3.3	7
8.荷兰Netherlands	506	–14.2	3	8
9.韩国Korea	436	–16.9	2.6	9
10.加拿大Canada	436	–9.1	2.6	10

中国进出口总值

China's Total Value of Import & Export

单位：亿美元
Unit: USD 100 million

年度 Year	进出口 Import & Export	出口 Export	进口 Import	差额 Balance
1981	440	220	220	0
1982	416	223	193	30
1983	436	222	214	8
1984	535	261	274	-13
1985	696	274	423	-149
1986	738	309	429	-120
1987	827	394	432	-38
1988	1 028	475	553	-78
1989	1 117	525	591	-66
1990	1 154	621	534	87
1991	1 357	719	638	81
1992	1 655	849	806	44
1993	1 957	917	1 040	-122
1994	2 366	1 210	1 156	54
1995	2 809	1 488	1 321	167
1996	2 899	1 511	1 388	122
1997	3 252	1 828	1 424	404
1998	3 239	1 837	1 402	435
1999	3 606	1 949	1 657	292
2000	4 743	2 492	2 251	241
2001	5 097	2 661	2 436	226
2002	6 208	3 256	2 952	304
2003	8 510	4 382	4 128	255
2004	11 546	5 933	5 612	321
2005	14 219	7 620	6 600	1 020
2006	17 604	9 689	7 915	1 775
2007	21 766	12 205	9 561	2 643
2008	25 633	14 307	11 326	2 981
2009	22 072	12 017	10 059	1 957
2010	29 728	15 779	13 948	1 831
2011	36 421	18 986	17 435	1 551
2012	38 668	20 489	18 178	2 311
2013	41 603	22 100	19 503	2 598
2014	43 030	23 427	19 603	3 825
2015	39 569	22 749	16 820	5 930

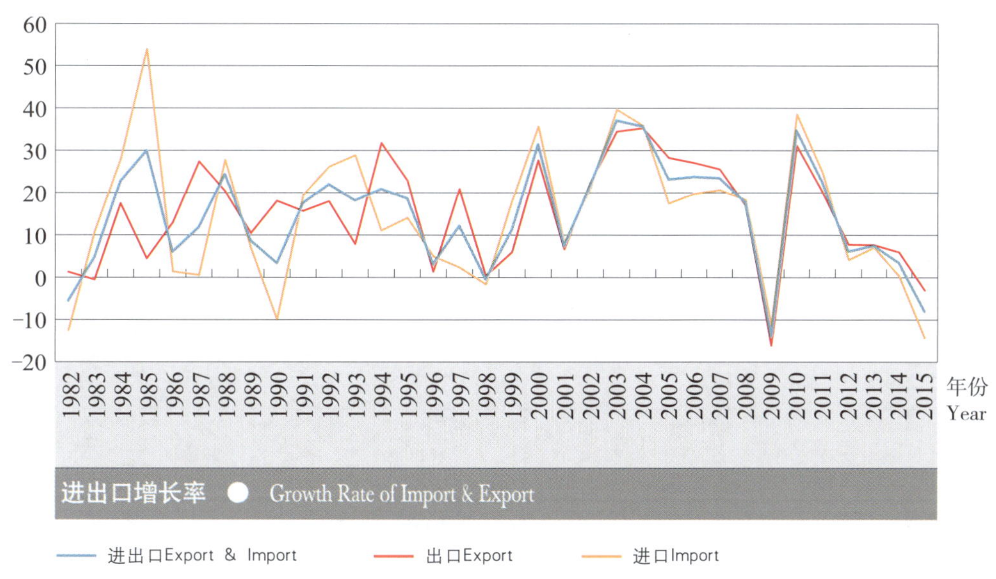
60
50
40
30
20
10
0
-10
-20
1982
1983
1984
1985
1986
1987
1988
1989
1990
1991
1992
1993
1994
1995
1996
1997
1998
1999
2000
2001
2002
2003
2004
2005
2006
2007
2008
2009
2010
2011
2012
2013
2014
2015
年份
Year
进出口增长率 Growth Rate of Import & Export
进出口Export & Import
出口Export
进口Import

增长率 (%)
Growth Rate (%)

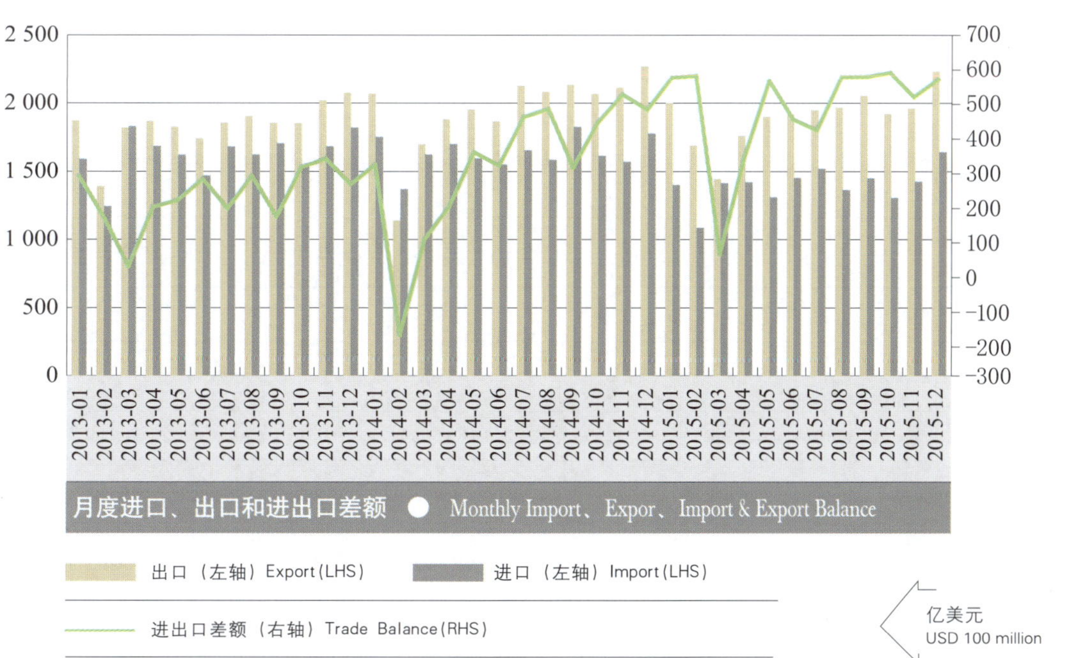
2 500
2 000
1 500
1 000
500
0
700
600
500
400
300
200
100
0
-100
-200
-300
2013-01
2013-02
2013-03
2013-04
2013-05
2013-06
2013-07
2013-08
2013-09
2013-10
2013-11
2013-12
2014-01
2014-02
2014-03
2014-04
2014-05
2014-06
2014-07
2014-08
2014-09
2014-10
2014-11
2014-12
2015-01
2015-02
2015-03
2015-04
2015-05
2015-06
2015-07
2015-08
2015-09
2015-10
2015-11
2015-12
月度进口、出口和进出口差额 Monthly Import、Expor、Import & Export Balance
出口（左轴）Export (LHS)
进口（左轴）Import (LHS)
进出口差额（右轴）Trade Balance (RHS)
亿美元
USD 100 million

按贸易方式分类进出口

Import & Export by Trading Forms

贸易方式Trading Forms	2005	2006	2007	2008	2009	2010	2011	2012	2013	2014	2015
进口Import	**660 118**	**791 614**	**955 818**	**1 133 086**	**1 005 555**	**1 394 829**	**1 743 458**	**1 817 826**	**1 950 289**	**1 960 290**	**1 681 951**
一般贸易Ordinary Trade	279 719	333 181	428 648	572 677	533 872	767 978	1 007 464	1 021 819	1 109 718	1 109 513	923 188
国家间、国际组织间无偿援助和捐赠的物资 Foreign Aid and Donation by Overseas	49	65	35	49	43	22	16	27	21	38	15
其他捐赠物资 Other Donations	19	22	10	58	136	185	266	338	11	10	48
来料加工装配贸易 Processing and Assembling Trade	67 029	73 834	89 165	90 162	75 993	99 295	93 635	84 459	87 543	97 537	91 569
进料加工贸易 Processing with Imported Materials	206 997	247 662	279 228	288 243	246 345	318 134	376 161	396 710	409 447	426 843	355 434
寄售代销贸易 Goods on Consignment	6	3	2	2	2	2	2	1	0	0	
边境小额贸易 Border trade	5 721	6 214	7 589	8 975	7 196	9 634	14 448	15 289	14 065	9 856	7 160
加工贸易进口设备 Equipment Imported for Processing & Assembling	2 862	2 817	3 277	2 859	953	1 212	885	912	969	687	635
租赁贸易 Goods on Lease	3 681	8 067	8 280	6 932	3 448	5 628	5 459	6 760	8 656	10 212	9 041
外商投资企业作为投资进口的设备物品 Equipment or Materials Imported as Investment by Foreign-invested Enterprises	27 674	27 823	25 906	27 677	15 176	16 312	17 508	13 429	9 835	9 059	6 161
出料加工贸易 Outward Processing Trade	33	33	39	160	78	126	73	236	252	307	300
易货贸易 Barter Trade	3	6	4	1	8	1	2	0	1	3	3
免税外汇商品 Duty Free Commodities on Payment of Foreign Exchange	8	6	6	6	5	10	13	26	28	20	15
保税监管场所进出境货物 Customs Warehousing Trade	20 065	32 018	41 720	57 277	54 392	61 099	79 658	83 969	84 844	99 870	88 705
海关特殊监管区域物流货物 Entrepot Trade by Bonded Area	44 255	55 508	66 910	73 739	64 259	109 241	140 831	185 132	218 448	186 689	182 004
海关特殊监管区域进口设备 Equipment Imported into Export Processing Zone	1 411	3 623	4 108	3 118	2 113	3 994	4 741	6 094	3 993	5 133	6 544
其他 Others	586	732	890	1 150	1 535	1 957	2 296	2 624	2 458	2 950	9 510

单位：百万美元
Unit: USD million

贸易方式Trading Forms	2005	2006	2007	2008	2009	2010	2011	2012	2013	2014	2015
出口Export	**761 999**	**969 073**	**1 218 015**	**1 428 546**	**1 201 663**	**1 577 932**	**1 898 600**	**2 048 935**	**2 210 042**	**2 342 747**	**2 274 950**
一般贸易 Ordinary Trade	315 091	416 318	538 576	662 584	529 833	720 733	917 124	988 007	1 087 553	1 203 682	1 215 697
国家间、国际组织间无偿援助和捐赠的物资 Foreign Aid and Donation by overseas	225	211	201	231	291	294	471	551	456	478	493
其他捐赠物资 Other Donations	0	0	0	2	8	3	11	2	8	6	6
补偿贸易 Compensation Trade	0	1	0	0	0	0	0	0	0	0	
来料加工装配贸易 Processing and Assembling Trade	83 970	94 483	116 043	110 520	93 423	112 317	107 653	98 866	92 479	90 692	84 097
进料加工贸易 Processing with Imported Materials	332 511	415 892	501 613	564 663	493 558	628 017	727 763	763 913	768 337	793 668	713 692
寄售代销贸易 Goods on Consignment	1	2	4	4	6	1	2	4	1	0	0
边境小额贸易 Border trade	7 409	9 943	13 739	21 904	13 667	16 408	20 203	24 216	30 929	37 207	30 465
对外承包工程出口货物 Contracting Projects	1 705	3 071	5 188	10 963	13 357	12 617	14 923	14 782	16 011	16 326	16 132
租赁贸易 Goods on Lease	90	214	84	189	117	145	166	562	305	327	265
出料加工贸易 Outward Processing Trade	27	24	44	118	46	185	198	196	199	235	205
易货贸易 Barter Trade	17	19	48	16	1	1	1	1	2	3	2
保税监管场所进出境货物 Customs Warehousing Trade	7 956	13 069	18 624	28 404	26 793	35 366	43 294	42 477	46 510	53 288	49 246
海关特殊监管区域物流货物 Entrepot Trade by Bonded Area	11 615	14 463	20 977	23 937	21 476	36 502	49 655	94 819	141 990	110 395	109 580
其他 Others	1 380	1 361	2 916	5 011	9 088	15 343	17 135	20 540	25 262	36 438	55 069

按企业类型分类进出口

Import & Export by Type of Enterprises

单位：亿美元
Unit: USD 100 million

企业类型Type of Enterprises	2005	2006	2007	2008	2009	2010	2011	2012	2013	2014	2015
进口Import	**6 601**	**7 916**	**9 558**	**11 331**	**10 056**	**13 948**	**17 435**	**18 178**	**19 503**	**19 603**	**16 820**
国有企业State-owned Enterprises	1 972	2 252	2 697	3 538	2 885	3 876	4 934	4 954	4 990	4 911	4 078
外商投资企业 Foreign-funded Enterprises	3 875	4 726	5 594	6 200	5 452	7 380	8 648	8 712	8 748	9 093	8 299
中外合作 Sino-foreign Contractual Joint Ventures	96	99	88	88	66	74	86	82	83	87	62
中外合资 Sino-foreign Equity Joint Ventures	1 184	1 356	1 549	1 818	1 586	2 095	2 561	2 748	2 842	2 858	2 461
外商独资 Foreign Investment Enterprises	2 595	3 270	3 957	4 294	3 799	5 212	6 002	5 883	5 823	6 149	5 776
集体企业/私营企业① Collective Enterprises/Private owned Enterprises	205	200	232	289	265	349	407	353	4 368	4 475	4 116
其他Other Enterprises	549	738	1 035	1 304	1 454	2 343	3 445	4 158	1 397	1 124	326
出口Export	**7 620**	**9 691**	**12 180**	**14 285**	**12 017**	**15 779**	**18 986**	**20 489**	**22 100**	**23 427**	**22 749**
国有企业State-owned Enterprises	1 688	1 913	2 248	2 572	1 910	2 344	2 672	2 563	2 490	2 565	2 424
外商投资企业 Foreign-funded Enterprises	4 442	5 638	6 955	7 906	6 722	8 623	9 953	10 227	10 443	10 747	10 047
中外合作 Sino-foreign Contractual Joint Ventures	157	177	181	183	146	165	177	162	157	136	114
中外合资 Sino-foreign Equity Joint Ventures	1 360	1 638	1 988	2 269	1 824	2 376	2 731	2 873	3 009	3 055	2 825
外商独资 Foreign Investment Enterprises	2 925	3 824	4 786	5 454	4 752	6 082	7 046	7 193	7 277	7 556	7 109
集体企业/私营企业 Collective Enterprises/ Private owned Enterprises	365	411	469	547	405	499	554	509	8 633	9 547	9 738
其他Other Enterprises	1 125	1 728	2 508	3 260	2 979	4 314	5 807	7 190	534	958	541
差额Balance	**1 019**	**1 775**	**2 622**	**2 955**	**1 961**	**1 831**	**1 551**	**2 311**	**2 598**	**3 825**	**5 930**
国有企业State-owned Enterprises	-284	-339	-449	-966	-975	-1 532	-2 262	-2 391	-2 500	-2 346	-1 654
外商投资企业 Foreign-funded Enterprises	567	912	1 361	1 706	1 270	1 243	1 305	1 515	1 695	1 654	1 748
中外合作 Sino-foreign Contractual Joint Ventures	61	78	93	95	80	91	91	80	74	49	52
中外合资 Sino-foreign Equity Joint Ventures	176	281	439	451	238	281	170	125	167	197	364
外商独资 Foreign Investment Enterprises	330	553	829	1 160	953	870	1 044	1 310	1 454	1 407	1 333
集体企业/私营企业 Collective Enterprises/ Private owned Enterprises	160	211	237	258	140	150	147	156	4 265	5 072	5 622
其他Other Enterprises	576	990	1 473	1 956	1 525	1 971	2 362	3 032	-863	-166	214

① 2013 年该项下的数据由集体企业调整为私营企业。Data of Collective Enterprises was replaced by that of Private Owned Enterprises from 2013.

2015年按贸易方式分类的进口构成
Components of Import by Trading Forms in 2015

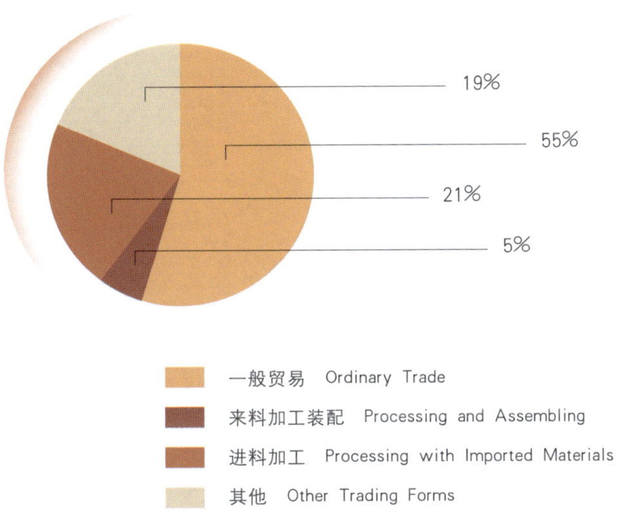

2015年按贸易方式分类的出口构成
Components of Export by Trading Forms in 2015

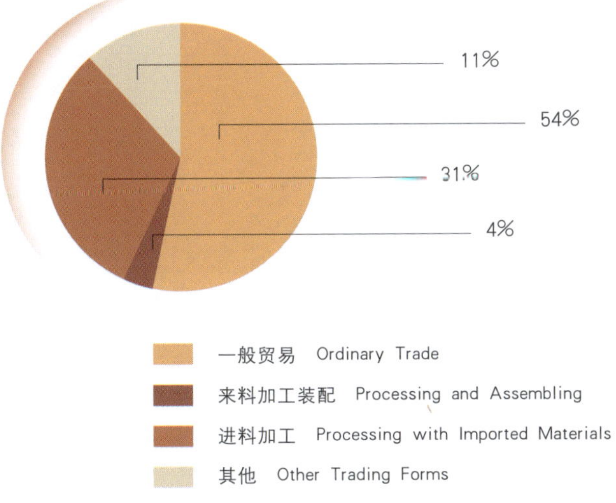

2015年按企业类型分类的进口构成
Components of Import by Type of Enterprises in 2015

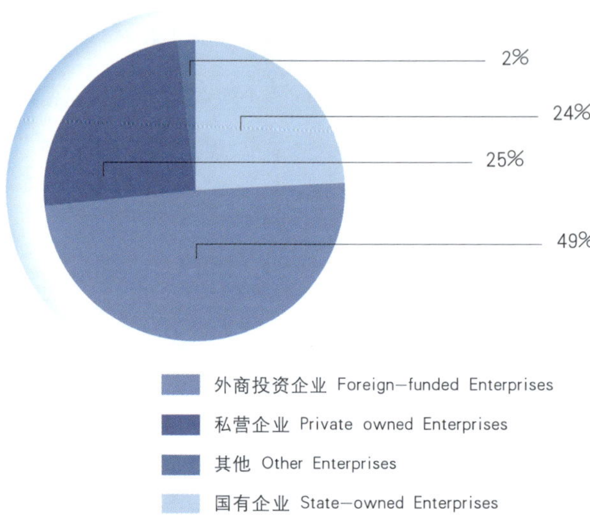

外商投资企业 Foreign-funded Enterprises
私营企业 Private owned Enterprises
其他 Other Enterprises
国有企业 State-owned Enterprises

2015年按企业类型分类的出口构成
Components of Export by Type of Enterprises in 2015

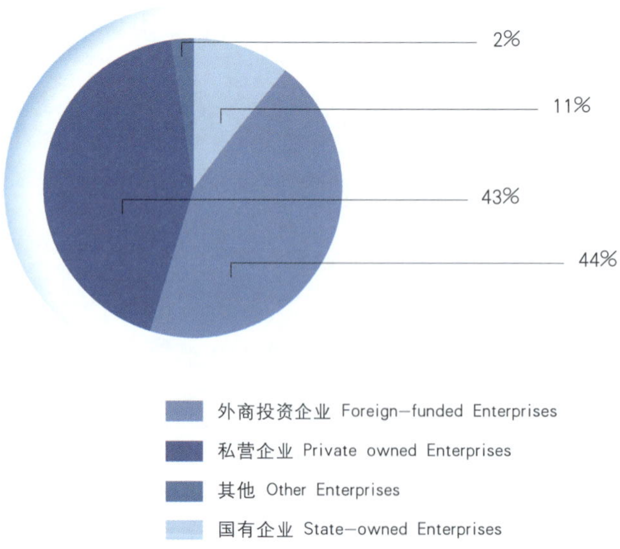

外商投资企业 Foreign-funded Enterprises
私营企业 Private owned Enterprises
其他 Other Enterprises
国有企业 State-owned Enterprises

2015年进出口按贸易方式分类

Import & Export by Trading Forms in 2015

单位：亿美元
Unit: USD 100 million

贸易方式 Trading Forms	进口 Import 金额Value	同比（%）Increase	出口 Export 金额Value	同比（%）Increase	进出口差额 Import & Export Balance
总值 Total Value	**16 820**	**−14.2**	**22 749**	**−2.9**	**5 930**
一般贸易 Ordinary Trade	9 232	−16.8	12 157	1.0	2 925
加工贸易 Processing Trade	4 473	−14.7	7 980	−9.8	3 507
来料加工装配 Processing and Assembling	916	−6.1	841	−7.3	−75
进料加工贸易 Processing with imported materials	3 554	−16.7	7 137	−10.1	3 583
其他贸易 Other trading forms	3 115	−4.6	2 613	2.6	−502

2015年进出口按企业类型分类

单位：亿美元
Unit: USD 100 million

Import & Export by Type of Enterprises in 2015

企业类型 Type of Enterprises	进口 Import 金额Value	进口 Import 同比（%）Increase	出口 Export 金额Value	出口 Export 同比（%）Increase	进出口差额 Import & Export Balance
总值 Total Value	**16 820**	**-14.2**	**22 749**	**-2.9**	**5 930**
国有企业 State-owned Enterprises	4 078	-17.0	2 424	-5.5	-1 654
外资企业 Foreign-funded Enterprises	8 299	-8.7	10 047	-6.5	1 748
私营和其他企业 Private Owned and other Enterprises	4 442	-20.7	10 278	1.6	5 836

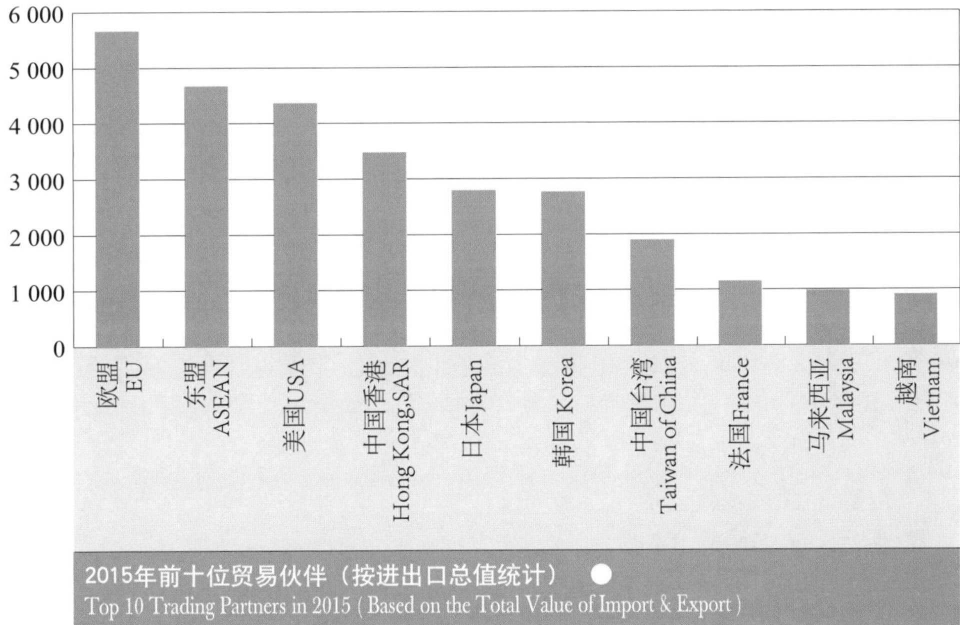

2015年前十位贸易伙伴（按进出口总值统计）
Top 10 Trading Partners in 2015 (Based on the Total Value of Import & Export)

亿美元
USD 100 million

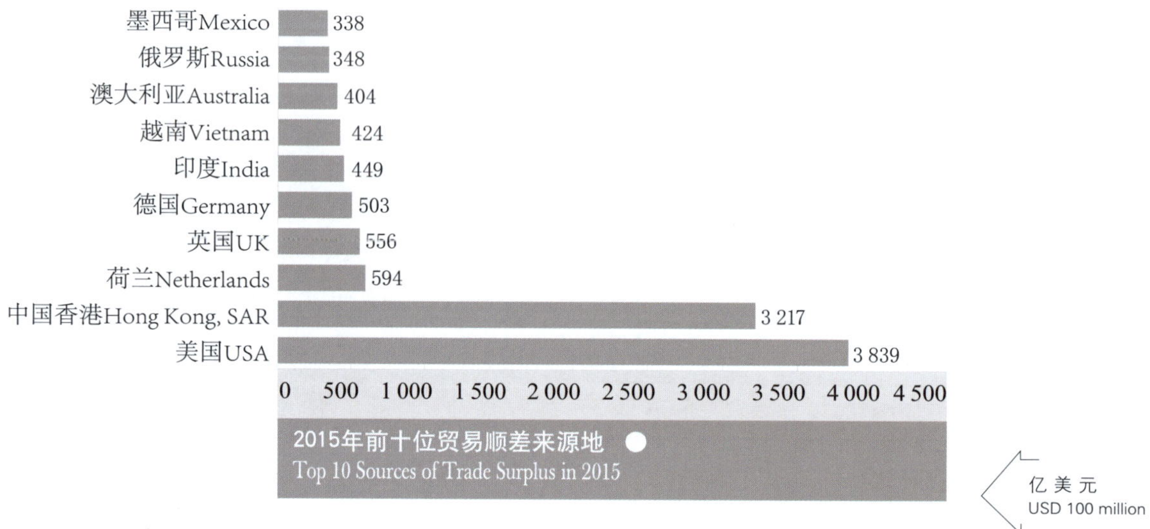

2015年前十位贸易顺差来源地
Top 10 Sources of Trade Surplus in 2015

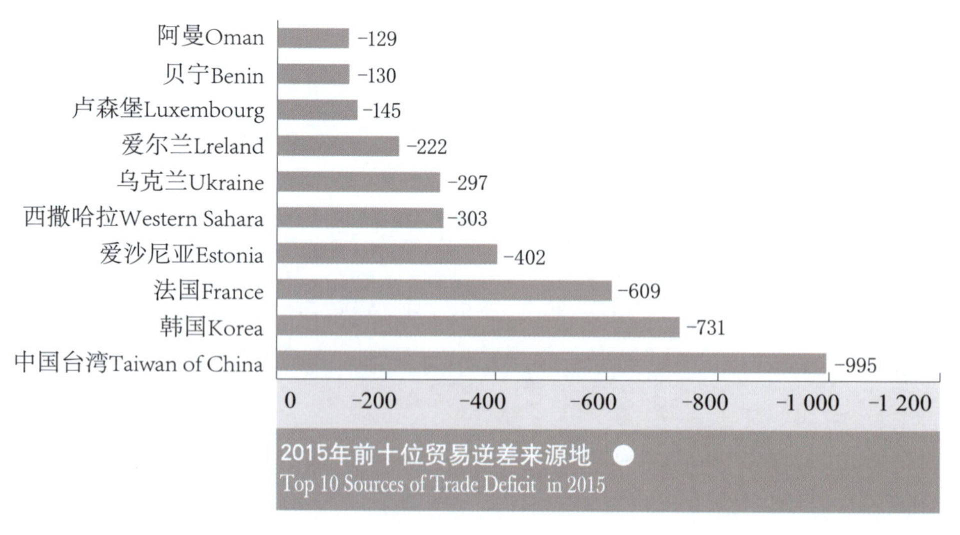

2015年前十位贸易逆差来源地
Top 10 Sources of Trade Deficit in 2015

三、外汇市场和人民币汇率①

Ⅲ. Foreign Exchange Market and Exchange Rate of RMB

人民币对美元交易中间价月平均汇价

人民币元/100美元
RMB per 100 USD

Monthly Average Transaction Mid Rates of Renminbi against USD, 1980—2015

月份Month \ 年份Year	1980	1981	1982	1983	1984	1985	1986	1987	1988	1989	1990
1月/Jan.	149.37	154.87	176.77	192.01	204.12	280.88	320.15	372.21	372.21	372.21	472.21
2月/Feb.	150.05	161.06	181.74	196.03	205.72	282.51	320.70	372.21	372.21	372.21	472.21
3月/Mar.	155.12	162.80	183.79	197.80	206.08	284.51	321.20	372.21	372.21	372.21	472.21
4月/Apr.	155.70	166.20	185.19	198.72	208.91	284.11	320.61	372.21	372.21	372.21	472.21
5月/May	149.06	172.27	180.97	198.52	218.21	284.75	319.44	372.21	372.21	372.21	472.21
6月/Jun.	146.50	176.05	189.70	198.95	221.22	286.25	320.35	372.21	372.21	372.21	472.21
7月/Jul.	145.25	175.98	192.36	198.88	229.39	287.38	363.82	372.21	372.21	372.21	472.21
8月/Aug.	147.26	179.52	193.87	198.00	236.43	290.23	370.36	372.21	372.21	372.21	472.21
9月/Sept.	146.81	175.01	195.04	198.14	253.26	296.26	370.66	372.21	372.21	372.21	472.21
10月/Oct.	148.03	175.05	198.22	196.17	264.00	306.73	371.64	372.21	372.21	372.21	472.21
11月/Nov.	151.73	173.46	199.41	198.90	266.16	320.15	372.21	372.21	372.21	372.21	495.54
12月/Dec.	154.19	173.78	193.99	198.69	278.91	320.15	372.21	372.21	372.21	423.82	522.21
年平均 Annual Average	**149.84**	**170.50**	**189.25**	**197.57**	**232.70**	**293.66**	**345.28**	**372.21**	**372.21**	**376.51**	**478.32**

①资料来源：国家外汇管理局。
Source: State Administration of Foreign Exchange.

人民币对美元交易中间价月平均汇价

人民币元/100美元
RMB per 100 USD

Monthly Average Transaction Mid Rates of Renminbi against USD, 1980—2015

年份Year / 月份Month	1991	1992	1993	1994	1995	1996	1997	1998	1999	2000	2001	2002
1月/Jan.	522.21	544.81	576.40	870.00	844.13	831.86	829.63	827.91	827.90	827.93	827.71	827.67
2月/Feb.	522.21	546.35	576.99	870.28	843.54	831.32	829.29	827.91	827.80	827.79	827.70	827.66
3月/Mar.	522.21	547.34	573.13	870.23	842.76	832.89	829.57	827.92	827.91	827.86	827.76	827.70
4月/Apr.	526.59	549.65	570.63	869.55	842.25	833.15	829.57	827.92	827.92	827.93	827.71	827.72
5月/May	531.39	550.36	572.17	866.49	831.28	832.88	829.29	827.90	827.85	827.77	827.72	827.69
6月/Jun.	535.35	547.51	573.74	865.72	830.08	832.26	829.21	827.97	827.80	827.72	827.71	827.70
7月/Jul.	535.55	544.32	576.12	864.03	830.07	831.60	829.11	827.98	827.77	827.93	827.69	827.68
8月/Aug.	537.35	542.87	577.64	858.98	830.75	830.81	828.94	827.99	827.73	827.96	827.70	827.67
9月/Sept.	537.35	549.48	578.70	854.03	831.88	830.44	828.72	827.89	827.74	827.86	827.68	827.70
10月/Oct.	537.90	553.69	578.68	852.93	831.55	830.00	828.38	827.78	827.74	827.85	827.68	827.69
11月/Nov.	538.58	561.31	579.47	851.69	831.35	829.93	828.11	827.78	827.82	827.74	827.69	827.71
12月/Dec.	541.31	579.82	580.68	848.45	831.56	829.90	827.96	827.79	827.93	827.72	827.68	827.72
年平均 Annual Average	**532.33**	**551.46**	**576.20**	**861.87**	**835.10**	**831.42**	**828.98**	**827.91**	**827.83**	**827.84**	**827.70**	**827.70**

人民币对美元交易中间价月平均汇价

人民币元/100美元
RMB per 100 USD

Monthly Average Transaction Mid Rates of Renminbi against USD, 1980—2015

年份Year 月份Month	2003	2004	2005	2006	2007	2008	2009	2010	2011	2012	2013	2014	2015
1 月/Jan.	827.68	827.69	827.65	806.68	778.98	724.78	683.82	682.73	660.27	631.68	627.87	610.43	612.72
2 月/Feb.	827.73	827.71	827.65	804.93	775.46	716.01	683.57	682.70	658.31	630.00	628.42	611.28	613.39
3 月/Mar.	827.72	827.71	827.65	803.50	773.90	707.52	683.41	682.64	656.62	630.81	627.43	613.58	615.07
4 月/Apr.	827.71	827.69	827.65	801.56	772.47	700.07	683.12	682.62	652.92	629.66	624.71	615.53	613.02
5 月/May	827.69	827.71	827.65	801.52	767.04	697.24	682.45	682.74	649.88	630.62	619.70	616.36	611.43
6 月/Jun.	827.71	827.67	827.65	800.67	763.30	689.71	683.32	681.65	647.78	631.78	617.18	615.57	611.61
7 月/Jul.	827.73	827.67	822.90	799.10	758.05	683.76	683.20	677.75	646.14	632.35	617.25	615.69	611.67
8 月/Aug.	827.70	827.68	810.19	797.33	757.53	685.15	683.22	679.01	640.9	634.04	617.08	616.06	630.56
9 月/Sept.	827.71	827.67	809.22	793.68	752.58	683.07	682.89	674.62	638.33	633.95	615.88	615.28	636.91
10 月/Oct.	827.67	827.65	808.89	790.32	750.12	683.16	682.75	667.32	635.66	631.44	613.93	614.41	634.86
11月/Nov.	827.69	827.65	808.40	786.52	742.33	682.86	682.74	665.58	634.08	629.53	613.72	614.32	636.66
12月/Dec.	827.70	827.65	807.59	782.38	736.76	684.24	682.79	665.15	632.81	629.00	611.60	612.38	644.76
年平均 Annual Average	**827.70**	**827.68**	**819.42**	**797.18**	**760.40**	**694.51**	**683.10**	**676.95**	**646.14**	**631.25**	**619.32**	**614.28**	**622.72**

2015年1-12月人民币市场汇率汇总表

林吉特、卢布单位：外币/100人民币
其他9种币种单位：人民币元/100外币
MYR, RUB Unit: foreign currency per 100 RMB
Other 9 Currency unit: RMB per 100 foreign currency

Transaction Mid Rates of Renminbi in 2015

月份Month	币种 Currency	期初价 Beginning of Period	期末价 End of Period	最高价 Highest	最低价 Lowest	期平均 Period Average	累计平均 Accumulative Average
1月 Jan.	美元	612.48	613.70	613.84	611.88	612.72	612.72
	港元	78.97	79.17	79.18	78.92	79.03	79.03
	日元	5.12	5.21	5.28	5.12	5.20	5.20
	欧元	734.61	696.78	734.61	687.44	713.57	713.57
	英镑	939.89	927.53	939.89	922.83	930.07	930.07
	澳元	497.17	478.76	505.12	478.76	496.23	496.23
	新西兰元	471.74	447.93	481.26	447.93	469.51	469.51
	新加坡元	460.84	455.44	463.04	455.20	459.59	459.59
	加元	520.13	486.60	520.95	486.60	506.77	506.77
	林吉特	57.10	58.67	58.72	57.10	58.06	58.06
	卢布	952.92	1 105.19	1 105.19	952.92	1 037.71	1 037.71
2月 Feb.	美元	613.85	614.75	614.75	612.61	613.39	613.00
	港元	79.18	79.27	79.27	79.01	79.10	79.06
	日元	5.25	5.18	5.25	5.12	5.20	5.20
	欧元	696.26	692.56	705.31	692.56	698.77	707.23
	英镑	928.51	951.90	957.51	925.74	941.13	934.81
	澳元	478.98	482.19	485.25	472.17	479.22	488.94
	新西兰元	447.47	465.35	465.83	447.47	456.60	463.98
	新加坡元	455.97	455.81	458.25	452.21	455.55	457.86
	加元	483.18	491.68	493.56	483.18	490.02	499.59
	林吉特	58.60	56.88	58.60	56.61	57.32	57.74
	卢布	1 113.97	986.35	1 113.97	986.35	1 049.67	1 042.83
3月 Mar.	美元	615.13	614.22	616.17	613.75	615.07	613.80
	港元	79.33	79.21	79.38	79.14	79.28	79.14
	日元	5.16	5.13	5.17	5.09	5.13	5.17
	欧元	689.07	666.48	690.14	648.52	668.71	692.36
	英镑	951.15	911.08	951.15	909.28	924.78	930.94
	澳元	480.79	471.10	484.13	470.14	477.09	484.37
	新西兰元	465.95	461.84	470.86	450.13	461.00	462.83
	新加坡元	452.81	447.58	453.79	444.58	448.63	454.30
	加元	491.40	484.52	495.16	481.14	487.99	495.11
	林吉特	57.56	59.35	59.35	57.56	58.57	58.06
	卢布	992.46	930.89	1 007.18	925.24	970.30	1 014.83

2015年1–12月人民币市场汇率汇总表

林吉特、卢布单位：外币/100人民币
其他9种币种单位：人民币元/100外币
MYR, RUB Unit: foreign currency per 100 RMB
Other 9 Currency unit: RMB per 100 foreign currency

Transaction Mid Rates of Renminbi in 2015

月份Month	币种 Currency	期初价 Beginning of Period	期末价 End of Period	最高价 Highest	最低价 Lowest	期平均 Period Average	累计平均 Accumulative Average
4月 Apr.	美元	614.34	611.37	614.34	611.37	613.02	613.59
	港元	79.23	78.88	79.23	78.88	79.09	79.13
	日元	5.14	5.15	5.17	5.11	5.14	5.16
	欧元	661.47	680.82	680.82	651.63	662.61	684.35
	英镑	912.76	945.50	945.50	901.10	917.78	927.40
	澳元	469.37	490.58	490.59	465.63	474.64	481.75
	新西兰元	459.18	466.96	473.31	457.58	465.68	463.59
	新加坡元	449.07	464.55	465.49	449.07	455.52	454.63
	加元	484.23	508.75	508.75	484.23	496.16	495.40
	林吉特	59.24	57.00	59.24	57.00	58.40	58.15
	卢布	940.77	821.92	940.77	804.15	855.88	972.04
5月 May	美元	611.65	611.96	612.02	610.79	611.43	613.15
	港元	78.91	78.93	78.94	78.80	78.87	79.08
	日元	5.11	4.96	5.14	4.96	5.08	5.15
	欧元	685.72	671.89	700.22	667.35	683.94	684.27
	英镑	928.48	939.32	965.53	927.61	948.05	931.61
	澳元	479.43	469.28	497.07	469.28	483.97	482.20
	新西兰元	461.02	439.53	462.81	439.53	453.05	461.44
	新加坡元	461.07	455.54	464.09	454.59	459.96	455.71
	加元	502.75	492.76	510.81	491.50	502.49	496.84
	林吉特	57.23	58.59	58.64	57.23	57.89	58.10
	卢布	826.19	850.83	850.83	796.96	816.74	940.34
6月 Jun.	美元	612.07	611.36	612.25	611.04	611.61	612.88
	港元	78.95	78.86	78.95	78.82	78.89	79.04
	日元	4.94	5.01	5.01	4.91	4.96	5.11
	欧元	671.30	686.99	696.98	670.25	687.11	684.77
	英镑	936.85	964.22	973.45	932.59	953.19	935.42
	澳元	468.84	469.93	477.42	467.60	472.67	480.52
	新西兰元	435.27	419.12	439.17	419.12	429.35	455.78
	新加坡元	454.70	455.80	460.24	452.08	456.10	455.78
	加元	490.83	492.32	499.95	488.67	494.64	496.46
	林吉特	58.98	61.02	61.02	58.98	60.19	58.47
	卢布	846.16	903.15	905.76	846.16	879.43	929.59

2015年1-12月人民币市场汇率汇总表

林吉特、卢布单位：外币/100人民币
其他9种币种单位：人民币元/100外币
MYR, RUB Unit: foreign currency per 100 RMB
Other 9 Currency unit: RMB per 100 foreign currency

Transaction Mid Rates of Renminbi in 2015

月份Month	币种 Currency	期初价 Beginning of Period	期末价 End of Period	最高价 Highest	最低价 Lowest	期平均 Period Average	累计平均 Accumulative Average
7月 Jul.	美元	611.49	611.72	611.99	611.33	611.67	612.68
	港元	78.88	78.91	78.96	78.87	78.91	79.02
	日元	5.01	4.95	5.08	4.94	4.98	5.09
	欧元	682.40	670.78	682.59	664.31	674.59	683.12
	英镑	961.98	956.78	961.98	942.07	954.33	938.48
	澳元	472.20	447.34	472.20	446.39	455.17	476.42
	新西兰元	416.19	405.09	416.19	399.98	408.11	448.06
	新加坡元	455.65	447.03	455.65	447.03	451.23	455.05
	加元	489.74	470.73	489.74	468.93	476.83	493.28
	林吉特	60.50	61.55	61.75	60.50	61.29	58.93
	卢布	894.62	964.55	967.81	894.62	925.18	928.88
8月 Aug.	美元	611.69	638.93	640.85	611.62	630.56	614.98
	港元	78.90	82.44	82.68	78.89	81.33	79.32
	日元	4.95	5.27	5.39	4.92	5.12	5.10
	欧元	672.94	717.93	739.89	667.13	701.93	685.54
	英镑	958.10	988.64	1007.20	950.71	983.50	944.28
	澳元	447.76	456.57	471.36	445.81	460.10	474.31
	新西兰元	403.91	412.59	422.24	400.58	412.99	443.54
	新加坡元	447.24	453.37	458.10	443.61	451.58	454.60
	加元	466.19	482.79	492.71	463.74	479.68	491.52
	林吉特	61.56	62.72	66.21	61.56	63.63	59.53
	卢布	981.71	1 020.15	1 106.51	981.71	1 034.57	942.50
9月 Sep.	美元	637.52	636.13	637.91	635.84	636.91	617.38
	港元	82.26	82.08	82.31	82.04	82.18	79.63
	日元	5.27	5.30	5.35	5.27	5.30	5.12
	欧元	717.18	716.08	725.68	708.74	716.24	688.90
	英镑	979.88	964.11	989.98	964.11	977.66	947.93
	澳元	453.26	445.91	458.07	441.01	449.95	471.65
	新西兰元	404.84	405.05	406.97	398.82	403.19	439.13
	新加坡元	452.13	446.02	455.57	444.93	450.24	454.12
	加元	484.82	473.73	484.82	473.73	480.12	490.28
	林吉特	65.13	69.94	69.94	65.13	67.18	60.37
	卢布	1 007.02	1 037.10	1 084.37	1 007.02	1 046.53	953.87

2015年1–12月人民币市场汇率汇总表

林吉特、卢布单位：外币/100人民币
其他7种币种单位：人民币元/100外币
MYR, RUB Unit: foreign currency per 100 RMB
Other 7 Currency unit: RMB per 100 foreign currency

Transaction Mid Rates of Renminbi in 2015

月份Month	币种 Currency	期初价 Beginning of Period	期末价 End of Period	最高价 Highest	最低价 Lowest	期平均 Period Average	累计平均 Accumulative Average
10月 Dot.	美元	635.05	634.95	636.14	632.31	634.86	618.87
	港元	81.94	81.93	82.08	81.59	81.92	79.83
	日元	5.29	5.25	5.34	5.24	5.29	5.13
	欧元	714.44	697.71	726.94	694.59	713.30	690.97
	英镑	973.34	973.29	984.27	967.18	975.86	950.30
	澳元	457.36	450.63	464.66	450.63	459.57	470.62
	新西兰元	420.32	426.89	434.10	420.32	427.88	438.17
	新加坡元	450.52	453.36	460.45	450.52	455.39	454.23
	加元	486.44	482.81	492.97	478.56	486.30	489.94
	林吉特	65.91	67.32	67.32	64.86	66.12	60.86
	卢布	979.18	1 010.51	1 028.22	964.18	984.92	956.50
11月 Nov.	美元	631.54	639.62	639.62	631.54	636.66	620.56
	港元	81.49	82.53	82.53	81.49	82.14	80.05
	日元	5.24	5.21	5.25	5.16	5.20	5.14
	欧元	697.10	676.73	697.44	676.73	684.39	690.35
	英镑	975.17	961.49	977.29	959.54	968.64	952.05
	澳元	450.67	459.12	463.55	448.06	455.13	469.15
	新西兰元	427.30	417.14	428.28	412.93	418.32	436.29
	新加坡元	451.44	452.11	454.82	447.00	450.61	453.89
	瑞士法郎	634.26	620.70	635.90	620.70	629.16	629.16
	加元	482.87	477.97	485.09	477.97	480.10	489.00
	林吉特	67.60	66.36	68.64	65.69	67.44	61.48
	卢布	1 015.02	1 037.83	1 047.07	987.64	1 018.00	962.35
12月 Dec.	美元	639.73	649.36	649.36	638.51	644.76	622.84
	港元	82.53	83.78	83.78	82.39	83.19	80.34
	日元	5.19	5.39	5.39	5.19	5.30	5.15
	欧元	675.98	709.52	711.83	675.98	701.62	691.41
	英镑	963.35	961.59	980.64	956.14	966.85	953.44
	澳元	462.80	472.76	472.83	461.80	467.37	468.98
	新西兰元	422.30	444.26	445.42	422.30	434.94	436.16
	新加坡元	453.29	458.75	461.07	452.91	458.14	454.29
	瑞士法郎	621.71	640.18	656.70	621.71	646.77	639.82
	加元	479.22	468.14	479.41	464.05	470.90	487.30
	林吉特	66.35	66.05	66.60	65.69	66.21	61.93
	卢布	1 036.20	1 131.00	1 131.00	1 036.20	1 083.03	973.72

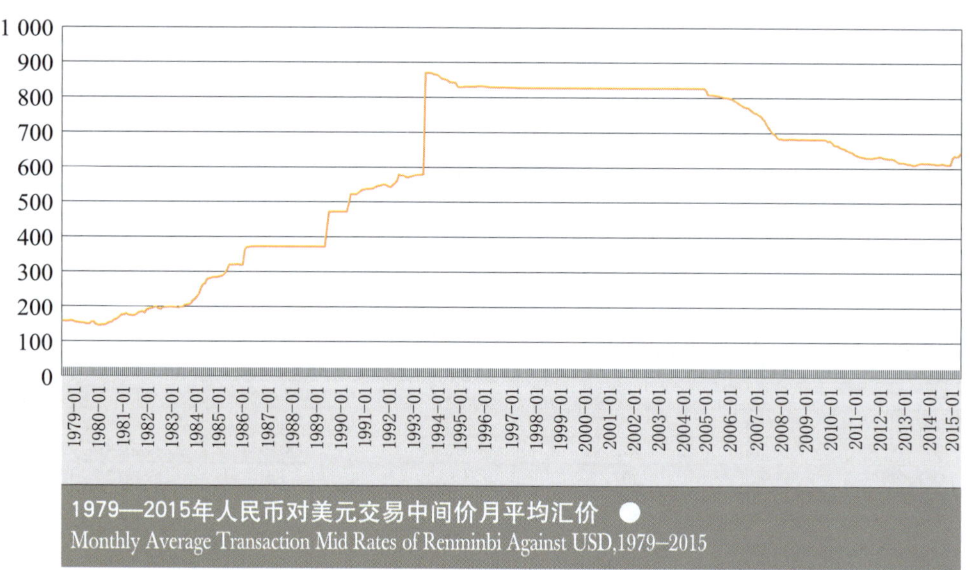

1979—2015年人民币对美元交易中间价月平均汇价

Monthly Average Transaction Mid Rates of Renminbi Against USD,1979–2015

人民币元/100美元
RMB per 100 USD

四、利用外资[①]

Ⅳ. Foreign Investment Utilization

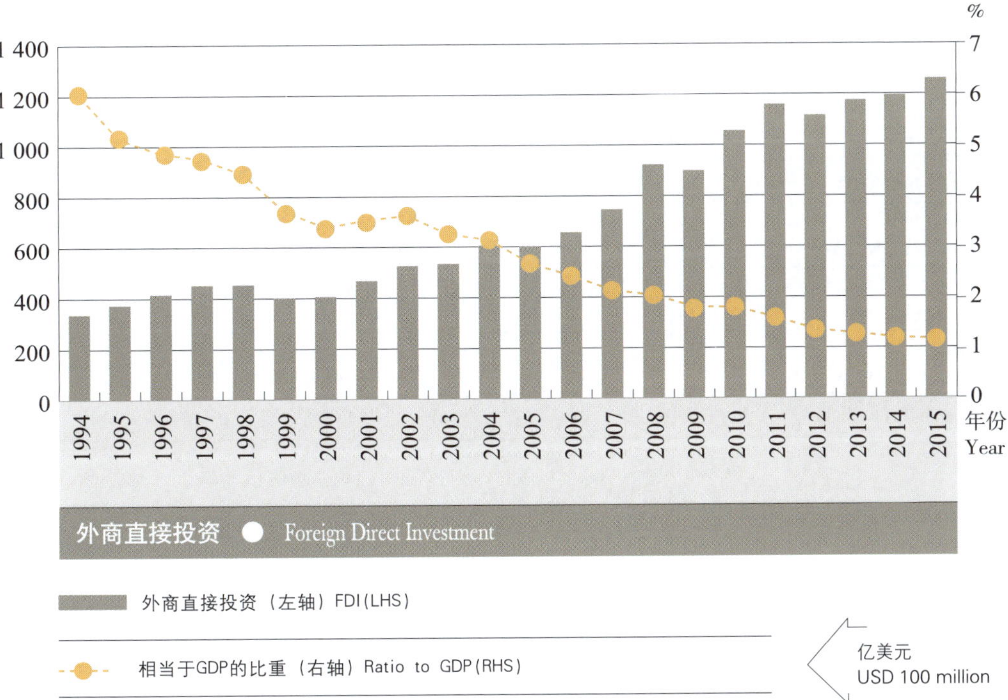

①资料来源：商务部。
Source: Ministry of Commerce.

2015年利用外资

单位：亿美元
Unit: USD 100 million

Foreign Direct Investment in 2015

利用外资方式 Mode of Foreign Investment Utilization	本年批准外资项目数 Approved Foreign Investment Programs		本年实际使用外资 Actual Utilization of Foreign Investment	
	本年累计 Accumulative in This Year	同比增长(%) Increase	本年累计 Accumulative in This Year	同比增长(%) Increase
总计 Total	26 575	11.8	1 262.7	5.5
一、外商直接投资 Direct Foreign Investment	26 575	11.8	1 262.7	5.6
中外合资企业 Sino-Foreign Equity Joint Venture	5 989	24.2	258.9	23.3
中外合作企业 Sino-Foreign Contractual Joint Venture	110	5.8	18.5	13
外资企业 Foreign Investment Enterprise	20 398	8.5	952.9	0.6
外商投资股份制 Stock-Holding by Foreign Investment	78	90.2	32.5	48.5
合作开发Cooperation Exploitation	0	0	0	0
其他 Others	0	0	0	0
二、外商其他投资 Other Foreign Investment	0	0	0	-100
对外发行股票 Issue Stocks to the Outside	0	0	0	0
国际租赁 International Tenancy	0	0	0	0
补偿贸易Compensative Trade	0	0	0	0
加工装配 Processing & Assembling	0	0	0	-100

注：统计数据为非金融领域。
Note: The data is subject to non-financial sectors.

五、外债[1]

V. External Debt

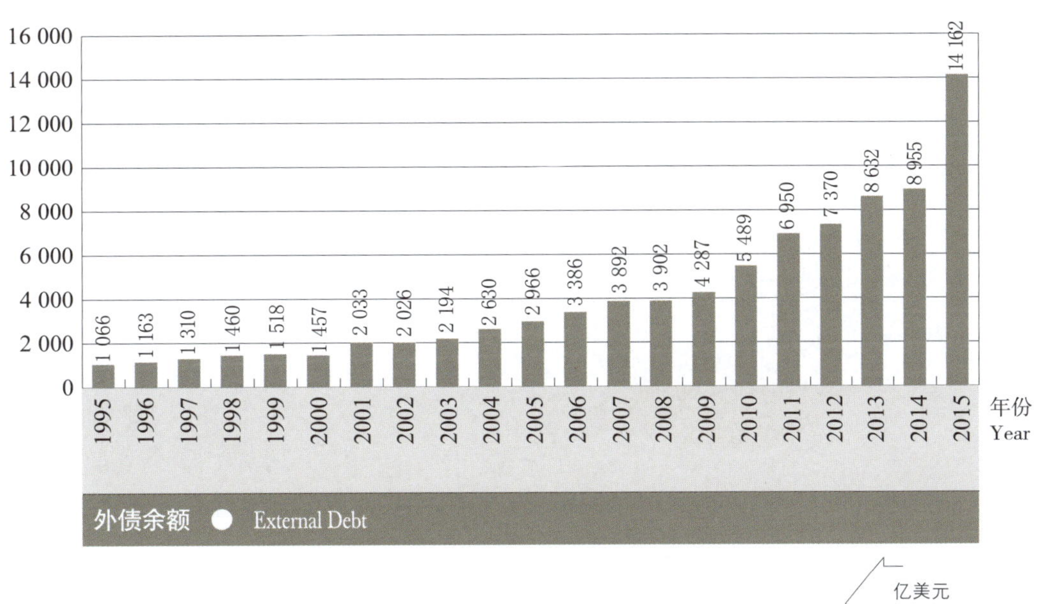

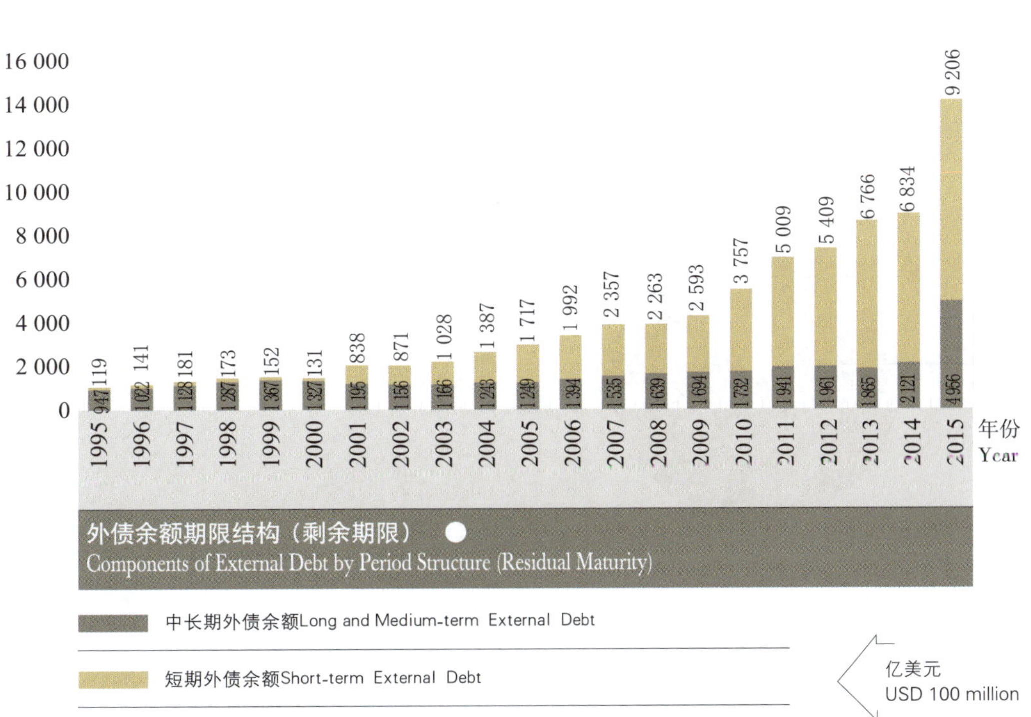

① 数据来源：国家外汇管理局。
Sources: State Administration of Foreign Exchange.

2015年末外债余额期限结构（剩余期限）
Components of External Debt by Period Structure (Residual Maturity), End-2015

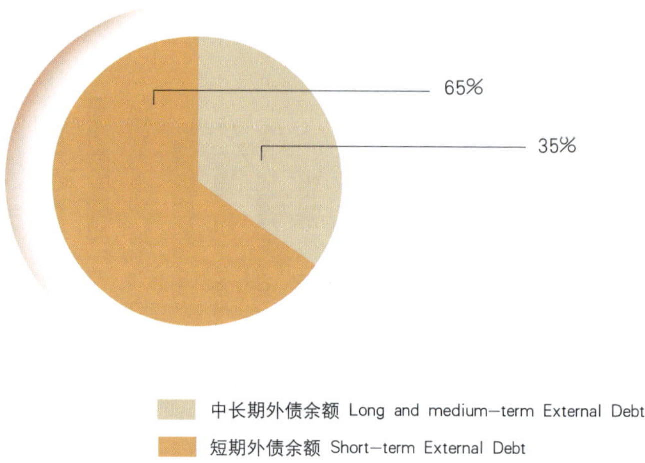

中长期外债余额 Long and medium-term External Debt
短期外债余额 Short-term External Debt

2015年末登记外债余额主体结构
Components of Registered External Debt by Type of Debtor, End-2015

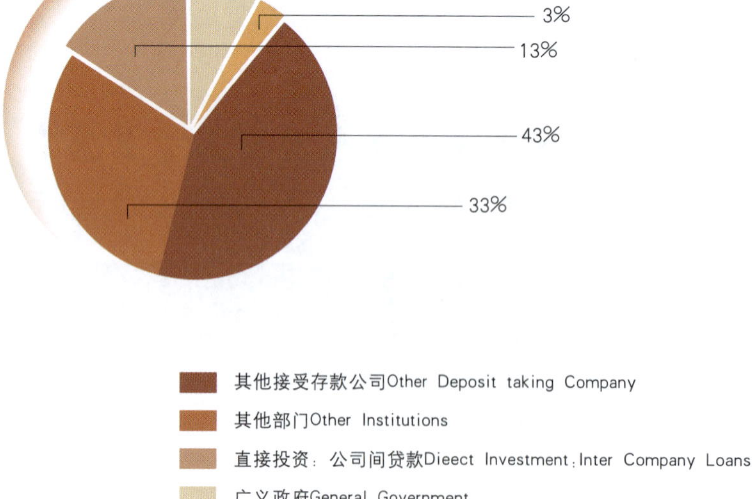

其他接受存款公司Other Deposit taking Company
其他部门Other Institutions
直接投资：公司间贷款Dieect Investment:Inter Company Loans
广义政府General Government
中央银行The Central Bank

六、国际旅游[①]

Ⅵ. International Tourism

入境过夜旅游者人数和旅游外汇收入

Number of Inbound Stay–over Tourists and Foreign Exchange Income from Tourism

年份 Year	入境过夜旅游（万人次） Inbound Stay-over Tourists(10 000 persons)	旅游外汇收入（亿美元） Foreign Exchange Income from Tourism(USD 100 million)	年份 Year	入境过夜旅游（万人次） Inbound Stay-over Tourists(10 000 persons)	旅游外汇收入（亿美元） Foreign Exchange Income from Tourism(USD 100 million)
1978	71.6	2.63	1997	2 377.0	120.74
1979	152.9	4.49	1998	2 507.3	126.02
1980	350.0	6.17	1999	2 704.7	140.99
1981	367.7	7.85	2000	3 122.9	162.24
1982	392.4	8.43	2001	3 316.7	177.92
1983	379.1	9.41	2002	3 680.3	203.85
1984	514.1	11.31	2003	3 297.1	174.06
1985	713.3	12.50	2004	4 176.1	257.39
1986	900.1	15.31	2005	4 680.9	292.96
1987	1 076.0	18.62	2006	4 991.0	339.49
1988	1 236.1	22.47	2007	5 472.0	419.19
1989	936.1	18.60	2008	5 304.9	408.43
1990	1 048.4	22.18	2009	5 087.5	396.75
1991	1 246.4	28.45	2010	5 566.5	458.14
1992	1 651.2	39.47	2011	5 758.1	484.64
1993	1 898.2	46.83	2012	5 772.5	500.28
1994	2 107.0	73.23	2013	5 568.6	516.64
1995	2 003.4	87.33	2014	5 562.2	569.13
1996	2 276.5	102.00	2015	2 768	1 136.5

①资料来源：国家旅游局。
Soicrce: China National Tourism Administration.

七、世界经济增长状况①

Ⅶ. Growth of World Economy

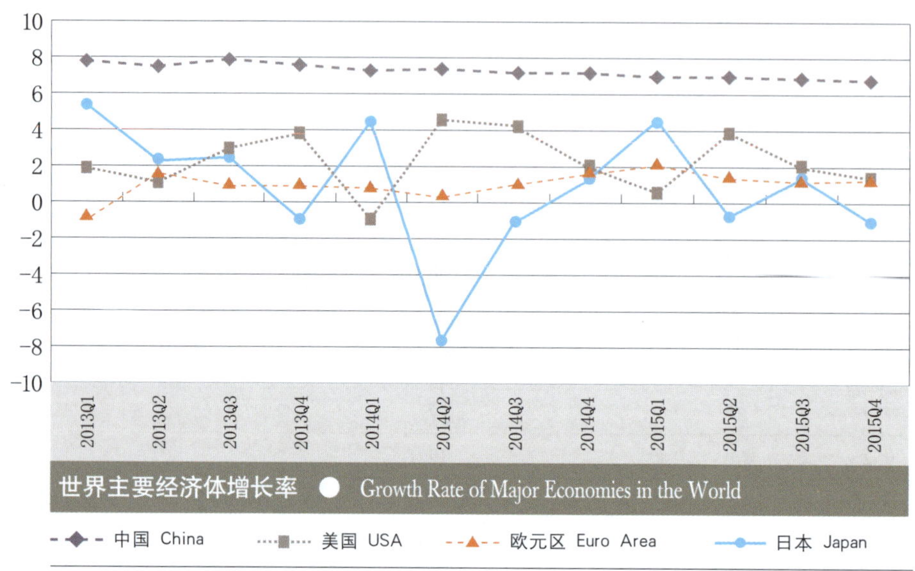

世界主要经济体增长率 ● Growth Rate of Major Economies in the World

注：美国、日本和欧元区是实际GDP季比折年增速，中国为年比增速。
Note: The growth rates of USA, Japan and Euro Area are the annualized quarterly growth rates, and the growth rate of China is the year-on-year quarterly growth rate.

经济增长率 (%)
Growth Rate of Economy (%)

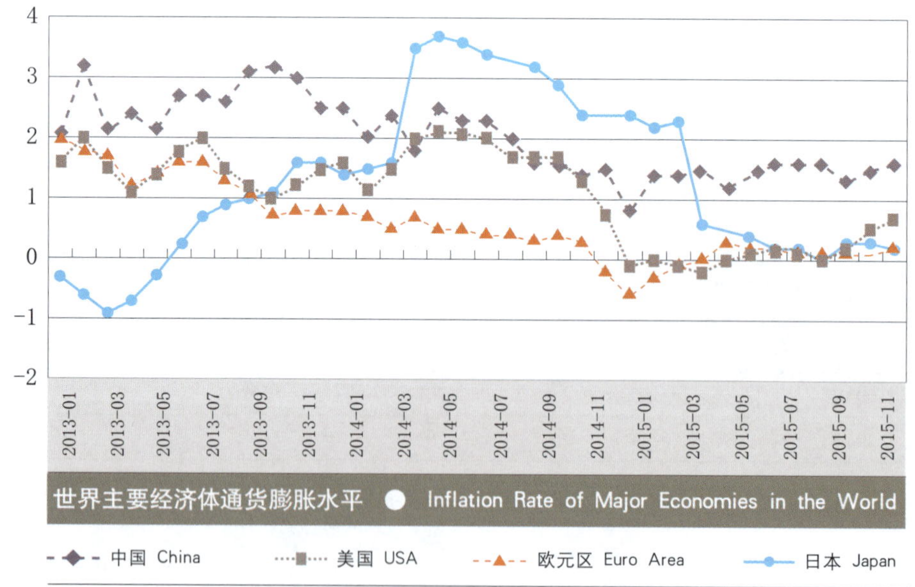

世界主要经济体通货膨胀水平 ● Inflation Rate of Major Economies in the World

居民消费价格指数
CPI（%）

①资料来源：彭博资讯；CEIC Asia Database。
Source: Bloomberg, CEIC Asia Database.

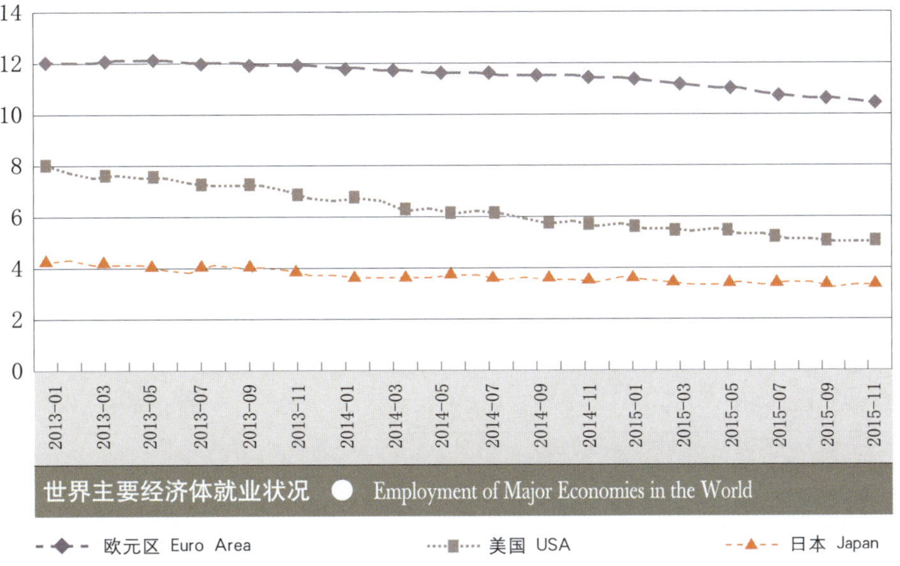

世界主要经济体就业状况 ● Employment of Major Economies in the World

失业率 (%)
Unemployment Rate (%)

八、国际金融市场状况①

Ⅷ. International Financial Market

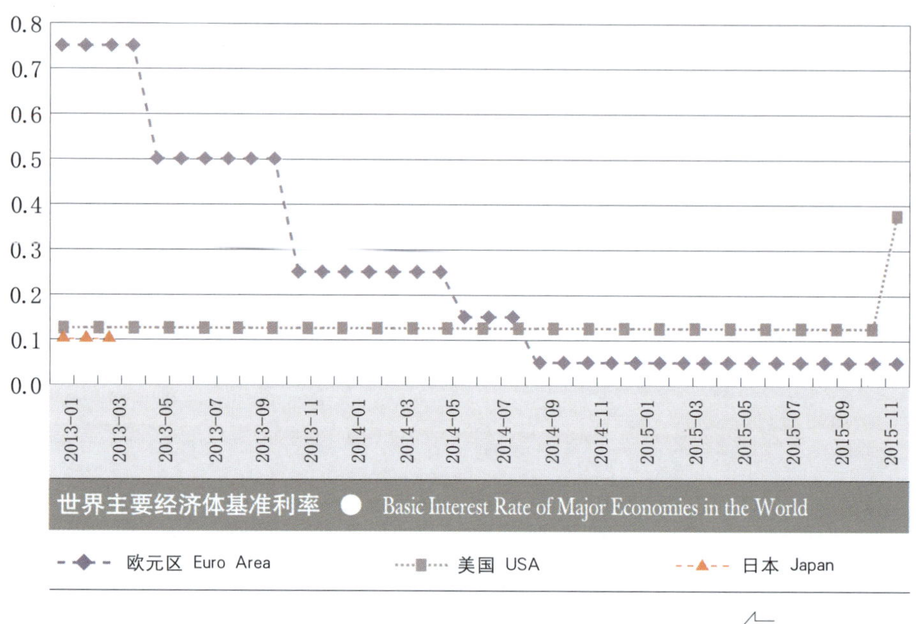

世界主要经济体基准利率 Basic Interest Rate of Major Economies in the World

基准利率 (%)
Basic Interest Rate (%)

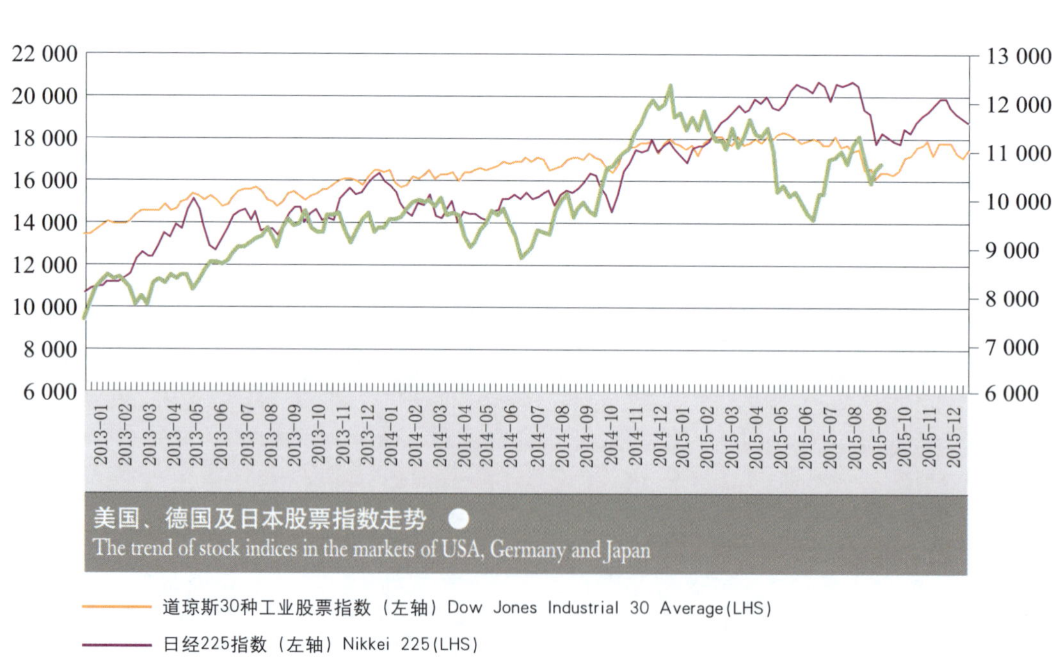

美国、德国及日本股票指数走势 The trend of stock indices in the markets of USA, Germany and Japan

①资料来源：彭博资讯。
Source: Bloomberg.

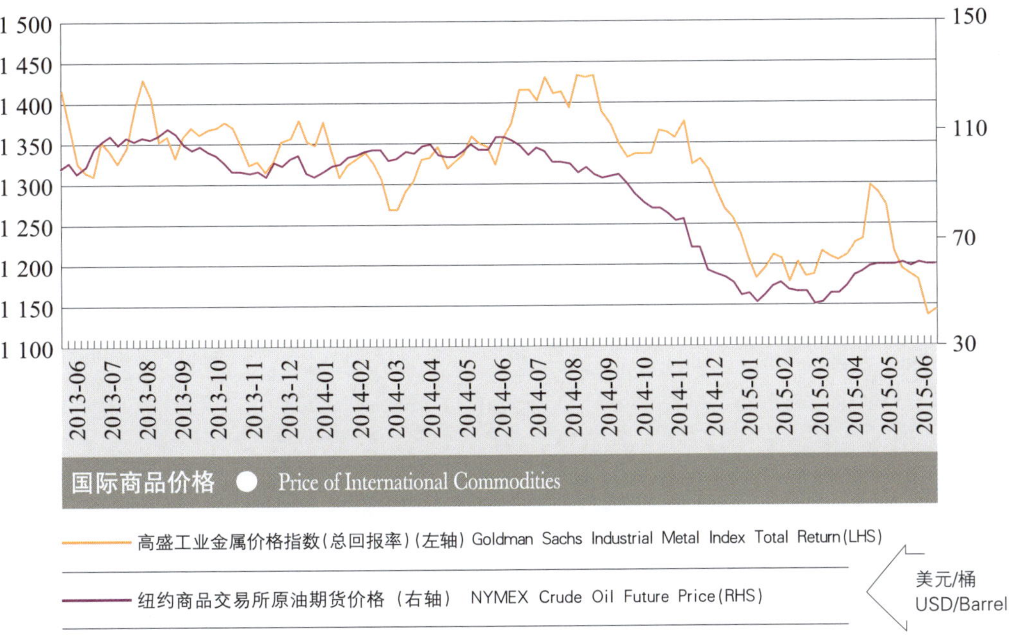

国际商品价格 ● Price of International Commodities

高盛工业金属价格指数(总回报率)(左轴) Goldman Sachs Industrial Metal Index Total Return(LHS)

纽约商品交易所原油期货价格（右轴） NYMEX Crude Oil Future Price(RHS)

美元/桶 USD/Barrel

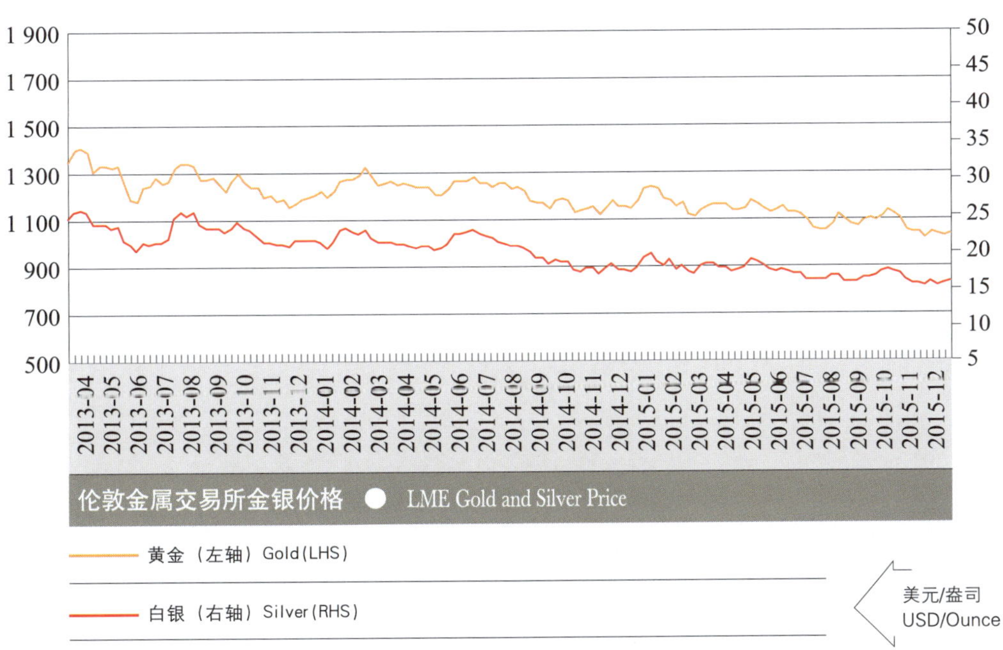

伦敦金属交易所金银价格 ● LME Gold and Silver Price

黄金（左轴）Gold(LHS)

白银（右轴）Silver(RHS)

美元/盎司 USD/Ounce